MEINE SEELE WEINT

AUTONOME PROVINZ BOZEN SÜDTIROL
PROVINCIA AUTONOMA DI BOLZANO ALTO ADIGE
Deutsche Kultur

Die Drucklegung dieses Buches wurde ermöglicht durch
die Südtiroler Landesregierung/Abteilung Deutsche Kultur,
Restaurant-Pizzeria-Steakhouse-Bar Anny – Marling,
Alm-Gasthof-Appartements Gampl – Vigiljoch,
Happm Pappm – Marling,
Landhandel Inderst – Marling.

2016 · Zweite Auflage
Alle Rechte vorbehalten
© by Athesia AG, Bozen (2015)
Korrektorat: Eberhard Anger
Illustrationen: Jochen Gasser für die Initiative „Meine Seele weint"
Autorenfoto: Olga Schuster #An Guane
Design & Layout: Athesia-Tappeiner Verlag
Druck: Athesia Druck, Bozen

ISBN 978-88-6839-104-1

www.athesiabuch.it
buchverlag@athesia.it

designed + produced
IN SÜDTIROL

Monika Habicher

MEINE SEELE WEINT

Gewalt in der Familie – eine Tochter erzählt

 **ATHESIA** VERLAG

Menschen werden in der eigenen Familie misshandelt,
doch von der Gesellschaft vernachlässigt!

Inhaltsverzeichnis

Prolog

In meiner Arbeit als Sozialpädagogin treffe ich jeden Tag auf Kinder und Jugendliche in Krisensituationen: emotionale Störung, Bindungsstörung, verschiedene Formen von aggressivem oder autoaggressivem Verhalten bis hin zum kompletten Kontrollverlust. Viele von ihnen können nicht mit Worten beschreiben, was in ihnen vor sich geht, was sie dazu führt, Verhaltensweisen an den Tag zu legen, die sie vielleicht gar nicht ausführen möchten. Zu diesem Thema nehme ich des Öfteren Unverständnis in der Gesellschaft wahr. „Das ist doch kein Benehmen", oder, „Denen geht es einfach viel zu gut!" Solche und ähnliche Sätze kommen mir zu Ohren. Aber viele Menschen wissen nicht, wie es überhaupt zu Auffälligkeiten dieser Art kommt. Sie können nicht verstehen, welche Geschichten und welcher Leidensweg hinter bestimmten Verhaltensformen stecken könnten. Und Unverständnis führt nicht selten zu einer Verstärkung des Problems, da der Betroffene sich nicht ernst genommen, aufgefangen oder unterstützt, sondern vielmehr zurückgewiesen fühlt. Kinder sind in ihrer Kommunikation noch sehr eingeschränkt, vor allem aber, wenn der Grund für die Problematik in der eigenen Familie liegt, und das Kind somit vielleicht niemals gelernt hat, über Probleme zu sprechen, oder einfach niemanden hat, der ihm zuhört.

Zu fast jedem psychologischen und pädagogischen Thema gibt es Fachliteratur – meist in Hülle und Fülle. Doch für den Laien, für Menschen ohne spezifische Ausbildung ist diese Literatur oft unverständlich, fast schon eine Art Fremdsprache. Aus diesem Grund möchte ich ihnen ebenso wie fachspezifisch arbeitenden Menschen Einblick in das Seelenleben eines Kindes unter extremen Stresssituationen verschaffen. Ich möchte aufzeigen, wie bestimmte Problematiken entstehen und welche Dynamiken sich daraus entwickeln können. Das Positive ist, dass es verschiedene Therapieformen gibt, aber ich möchte nicht verheimlichen, dass es eine Knochenarbeit ist, die Seele nach traumatischen Erfahrungen „neu zu programmieren".

Gewalt ist ein Thema, das zwar immer wieder in den Medien präsent ist, aber ich habe manchmal das Gefühl, dass es dennoch nicht ganz bis ins Bewusstsein der Menschen durchdringt. Es werden Zahlen genannt, Statistiken angeführt, aber es berührt uns nicht wirklich. In der Oberschule wurde ich einmal von einem Mitschüler ausgelacht, weil ich behauptet hatte, dass es in Südtirol viele Familien gibt, in denen der Umgang miteinander gewalttätig ist, in denen einzelne Familienmitglieder unterdrückt werden. Er meinte, ich hätte wohl zu viel ferngesehen.

Zahlen relativieren sich. Das Problem ist, dass vor allem in Südtirol die Scham, Probleme anzusprechen – und vor allem interfamiliäre Probleme – noch immer sehr groß ist. Ich finde es falsch, dass es in unserer Gesellschaft als wohlerzogen gilt, sich nicht in die Angelegenheiten anderer „einzumischen". So kommt es, dass Gewalt, sowohl in psychischer, physischer als auch sexueller oder finanzieller Form immer weiter unter den Tisch gefegt werden kann, dass Täter immer weiter gedeckt werden, ja schon fast einen Freifahrschein für ihr Handeln erhalten. Wenn etwas ganz Schlimmes öffentlich wird, dann werden Stimmen laut, die erklären, dass sie es „immer schon wussten". Da stellt sich mir die Frage – und ich bin voller Trauer –, warum hat denn niemand eingegriffen? Aufklärungskampagnen sind neutral gestaltet: ein Slogan, der aufrütteln soll, Zahlen und Fakten, die die Dringlichkeit zu handeln untermauern. Aber Zahlen verschwinden wieder aus unserem Kopf und Zahlen berühren meist nicht unser Herz. Doch dies ist notwendig, um eine Änderung zu bewirken.

Welche Chance hat ein Mensch, dessen Urvertrauen bereits von Anfang an zerstört wurde? Wie kann jemand Beziehung aufbauen, glücklich und entspannt leben, vertrauen, wenn er in seiner eigenen Familie, wo er Schutz und Geborgenheit erfahren sollte, tief in seiner Seele für immer verstümmelt wurde? Es ist eine Art der Verstümmelung. Die langfristigen Folgen sind für Betroffene katastrophal. Wunden heilen, doch es gibt emotionale Verletzungen, die nie wieder rückgängig gemacht werden können.

Ein weiterer Punkt, der sehr oft vernachlässigt wird: Auch wenn körperliche Gewalt nur ein Familienmitglied betrifft (Gewalt unter Ehepartnern o. Ä.), ist der psychische Druck auch für den Rest der Familie meist immens. Die Belastung, gerade für Kinder, wenn sie Zeugen von aktiver oder passiver Gewalt werden, wurde lange Zeit auch von Fachstellen nicht richtig erkannt und wahrgenommen. Die Kursleiterin einer Fachtagung für Frauenhäuser hat einmal angeführt, dass eine der grausamsten Foltermethoden im Krieg diejenige war, bei der Misshandlung einer geliebten Person zusehen zu müssen. In Anbetracht dessen bedenke man die Situation eines Kindes, das Gewalt zwischen den Eltern – vielleicht sogar regelmäßig – miterleben muss.

Aus diesen genannten Gründen möchte ich nun eine Geschichte aufzeigen, die nicht neutral ist. Es steht eine Person dahinter, ein konkretes Gesicht, ein Kind, ein Mensch. Ich möchte diesen Schritt wagen, um interfamiliäre Gewalt konkret darzustellen. Es ist Tatsache, dass in Südtirol, so wie in der ganzen Welt, für viele Menschen Gewalt noch auf der Tagesordnung steht. Es ist Fakt, dass – obwohl die sozialen Dienste sehr aktiv sind und vielen Kindern und Erwachsenen Unterstutzung bieten – noch immer viele Schicksale in der Dunkelheit bleiben, Menschen in der Familie misshandelt, aber von der Gesellschaft vernachlässigt werden.

Dies Buch erhebt keinen Anspruch auf eine reelle Wiedergabe der darin beschriebenen Ereignisse, denn es könnte sein, dass die zeitliche Einordnung in der folgenden Erzählung nicht zu einhundert Prozent mit den realen Abläufen übereinstimmt, es fehlen mir Belege dafür. Ebenso kann nicht mit Sicherheit gesagt werden, ob Erinnerungen aus der frühesten Kindheit nicht mit Erzählungen von anderen vermischt wurden. Dennoch habe ich mich dafür entschieden, durchgehend aus der Perspektive der eigenen Wahrnehmung zu berichten, denn die Gefühle und die daraus resultierenden persönlichen Folgen waren real, von Anfang an.

Vorwort

Nichts und niemand kann jemals Männergewalt gegenüber Frauen und Kindern rechtfertigen, weder in der Öffentlichkeit noch in den eigenen vier Wänden!

Das psychische Trauma, die Wunden, die einer Kinderseele durch Gewalt oder Missbrauch zugefügt werden, sind unheilbar. Die Verletzungen können geschlossen, überwunden, aufgearbeitet werden durch intensive Therapien, doch heilen können sie nie. Die Caritas-Männerberatung hat vor einigen Jahren begonnen, sich mit diesem Thema aus einer anderen Perspektive auseinanderzusetzen, und zwar aus der Perspektive des Mannes.

Dies ist keineswegs ein Beitrag zur Rechtfertigung oder Verharmlosung des Verhaltens von gewalttätigen Männern. Es ist vielmehr der Versuch, betroffenen Männern die Möglichkeit zu geben, sich ihren Problemen und der Unfähigkeit, Aggressionen zu bewältigen, zu stellen. Das Ziel des Anti-Gewalt-Trainings, das 2011 ins Leben gerufen wurde, ist es, Männern die Möglichkeit und Unterstützung zu geben, über ihr Verhalten nachzudenken, schlussendlich die Verantwortung dafür zu übernehmen und ein Bewusstsein für ihr Handeln zu entwickeln. In den Beratungsgesprächen stelle ich sehr oft fest, dass gewalttätige Männer eine sehr distanzierte Wahrnehmung zu den von mir angesprochenen Themen der Gewalt haben, so, als würde es sie gar nicht betreffen.

Sich mit gewalttätigen Männern zu befassen, jene aufzufangen, die aggressiv handeln, bedeutet für uns zu versuchen, betroffene Kinder und Frauen besser zu schützen. Mit diesen Männern zu arbeiten, bedeutet auch, zu verhindern, dass sie weiterhin gewaltsam im Umgang mit Kindern und Frauen agieren. Dafür ist es zwingend notwendig, gewalttätige Männer nicht nur als Täter abzustempeln – wie es viele gerne würden – sondern zu erkennen, dass diese Männer dringend Hilfe benötigen. Dies ist eine Voraussetzung, um aus dem Kreislauf der Gewalt herauszukommen.

Dieses Buch unterstreicht die Notwendigkeit, über erlebte Gewalt zu sprechen und diese auch öffentlich anzuprangern. Dem Beispiel von Monika, ihrem mutigen Vorangehen, sollten wir folgen, um eine Veränderung zu ermöglichen. Durch ihre Erzählung kann nun jeder nachvollziehen, warum es so wichtig ist, erlebte Gewalt anzuklagen und sein eigenes Recht auf aktives Handeln und sein Recht auf Leben laut hinaus zu schreien.

Doch dieses Buch ist auch hilfreich für gewalttätige Männer, die so vielleicht nachvollziehen können, welche immensen Verletzungen durch Gewalt und Missbrauch entstehen. Es könnte ein erster Schritt sein, um zu erkennen, dass es nicht nur möglich, sondern notwendig ist, aus der Spirale der Gewalt auszusteigen.

Dieses Buch hat meine persönliche Motivation, mit gewalttätigen Männern zu arbeiten, noch größer werden lassen – und dafür möchte ich Monika danken!

Dr. Massimo Mery
Psychologe und Psychotherapeut der Caritas-Männerberatung

Einleitung

Wie von der Tarantel gestochen schrecke ich aus dem Schlaf und setze mich kerzengerade im Bett auf. Mein Herz rast, es pocht so heftig gegen meine Brust, als wolle es sich schmerzhaft einen Weg aus meinem Körper bahnen. Ich spüre, wie meine Ohren sich anspannen, um jeden Lufthauch wahrzunehmen, höre mein Blut in den Adern rauschen. Ich wage es nicht, zu atmen, halte die Luft an. Verdammt! Ich drücke beide Hände gegen meine Brust, als könnte ich so das laute Hämmern zum Verstummen bringen. Die Augen weit aufgerissen, hilflos versuchen sie, in der pechschwarzen Nacht zu sehen. Muss ich zu Hilfe eilen? Was passiert? Als ich ganz langsam, um unnötige Geräusche zu vermeiden, die Luft aus meinem Mund entweichen lasse, merke ich, dass meine Hände zittern. „Reiß dich am Riemen!", ermahne ich mich in Gedanken, und mein Körper spannt sich noch mehr an. Irgendwann habe ich mich so an die Stille gewöhnt, dass ich gleichmäßige Atemzüge aus dem Nebenzimmer wahrnehmen kann. Sie scheint zu schlafen. Und sie ist am Leben. Dann höre ich einen tiefen, schweren Atemzug, ein rasselndes Ausatmen. Er schläft auch. Kaum merklich lässt die Anspannung in meinem Körper nach. Ich bin so müde. Mein Oberkörper neigt sich langsam gegen das Kissen, nicht ohne noch zweimal emporzuschnellen – um mich zu vergewissern, dass auch wirklich alles ruhig ist. Erst jetzt bemerke ich, dass mein Rücken schmerzt. Ich sinke ins Bett, die Augen schließen sich, und schon bald zucken und rasen sie unter geschlossenen Lidern unruhig durch einen bösen Traum. Die Ohren aber bleiben angespannt bis zum Morgen, jederzeit bereit, mich erneut zu warnen und aus dem Schlaf zu reißen.

Für alle, die immer für mich da waren,
auch als ich es nicht spüren konnte.
Vor allem für meine Patin und für Mama

Erstens

„Warum weinst du, Mama?" Ich stehe im Türrahmen, muss mich nach oben strecken, um die Türklinke mit meiner Hand fest umklammern zu können, meine Augen weiten sich entsetzt. Mama steht mit dem Rücken an den Herd gelehnt da und weint. Schnell verdeckt sie ihr Gesicht hinter den Handflächen. „Es ist nichts", sagt sie mit klammer Stimme: „Alles gut!" Aber warum weint sie dann? Ich fühle mich unwohl. Mama hat noch nie geweint. Mein Blick wandert zu Papa, der einen Schritt zurückgetreten ist, dann wieder zu Mama. Sekunden vergehen. Papa geht auf Mama zu, umarmt sie kurz und sagt leise: „Es tut mir leid! Es wird nie wieder vorkommen." Dann geht er aus dem Raum.

Mama dreht sich um und rührt in einem Topf. Ein bedrückendes Gefühl erfüllt meine Brust, aber ich verstehe nicht. Mama hat gesagt, dass alles gut ist. Ich versuche langsam, mich aus der Situation zu lösen. Versuche, meine Füße zu bewegen, meinen Blick abzuwenden. Ich drehe mich um, hole meine Puppe aus dem Schlafzimmer. Die braucht mich jetzt bestimmt, ich glaube sie ist traurig. Tröstend nehme ich sie in den Arm, drücke sie an meine Brust. „Schhhhh ...", flüstere ich ihr zu. „Du brauchst doch keine Angst zu haben, alles ist gut." Vorsichtig schaukle ich das Baby hin und her, hauche ihm Küsschen auf die Stirn, brabble weiter vor mich hin. Mit meiner Wange streiche ich sanft über ihr Gesicht, während meine kleinen Arme sie schützend halten. Ich vertiefe mich in mein Spiel – das eigentlich keines ist. Kümmere mich gut um meine Puppe. Sie scheint sich langsam zu beruhigen. Sie freut sich bestimmt, dass sie mich hat. Das unangenehme Gefühl verschwindet langsam, ebenso die Gedanken an die seltsame Situation. Die nächsten Wochen verlaufen wieder normal, alles ist gut.

*

Plötzlich ist mein kleines Brüderlein tot. Ich verstehe nicht, was tot heißt. Ich bemerke nur, dass viele Menschen hektisch durch unser Haus laufen. Nachbarn, Verwandte. Ein paar von ihnen weinen, alle schauen ganz traurig. Niemand lacht. Als ich mich auch zum Baby durchdränge, finde ich es seltsam, dass es sich nicht bewegt. Es sieht irgendwie anders aus als sonst. Vermutlich schläft es nur, denke ich. Die Großen übertreiben mal wieder mit ihrem Getue. Ich werde weggedrängt, von den vielen Menschen zurückgeschoben und beschließe, mich aus dem Staub zu machen.

Ich verstehe noch nicht, dass ich nie wieder mit dem Baby spielen werde. Ich bin erst zwei Jahre alt. Deshalb kann ich auch in den darauf folgenden Tagen absolut nicht verstehen, wo denn das Baby plötzlich ist. Es ist so still im Haus. Klar nervt es, wenn das Baby weint, und Mama sich dann um den Kleinen kümmert, aber so ganz ohne, ist auch doof. Außerdem ist mir langweilig; ich fühle mich sehr einsam. Und ganz tief in mir drin bin ich traurig; das verrate ich aber niemandem. Immer wieder höre ich etwas von einem „plötzlichen Kindstod", kann mir aber nicht erklären, was das bedeutet. Papa ist sauer auf Mama, seine Stimme klingt manchmal böse, wenn er mit ihr spricht. Hat sie vielleicht das Baby versteckt?

Ich verstehe nicht, aber ich machte mich auf den Weg. Meine großen Brüder sind im Kindergarten, der liegt ganz in der Nähe von unserem Haus; man muss nur quer über eine Wiese laufen. Ich überlege mir, auch dort hinzugehen, vielleicht darf ich ja mitspielen. In meinem Eifer bemerke ich gar nicht, dass ich bloß eine Windel trage. Das fällt mir erst auf, als mich im Kindergarten alle komisch anschauen. „Was willst du denn hier?", rufen meine Brüder erstaunt. Die scheinen gar nicht sonderlich erfreut darüber, mich zu sehen. „Wo ist denn deine Mama?", fragt mich die Kindergartentante. „Ich bin jetzt auch da zum Spielen", verkünde ich stolz und froh, nicht mehr alleine zu sein. Schnell laufe ich in den Raum, zu den Bauklötzen und beginne zu spielen.

Es macht wirklich Spaß unter all den Kindern. Doch bald steht Mama im Raum. „Da bist du ja, Mensch!", ruft sie erleichtert.

Wo sollte ich denn bitte sonst sein? Immer diese Spaßverderber, ich bin doch so schön am Spielen. Aber Mama will, dass ich mit nach Hause komme. Da hat sich doch vorher auch niemand um mich gekümmert, was soll ich denn da ...? In den darauf folgenden Tagen starte ich noch weitere Versuche, um der Einsamkeit zu entfliehen. Mal laufe ich die Straße entlang durch das Dorf zum Brunnen, mal versuche ich erneut, im Kindergarten zu spielen. Aber es endet jedes Mal ohne Erfolg; irgendwann kehre ich immer mehr oder weniger freiwillig nach Hause zurück.

Jetzt, ein Jahr später, hat sich etwas geändert: Wir haben ein neues Baby bekommen. Wahrscheinlich hat Mama das andere nicht wiederfinden können. Das neue Baby ist auch süß. Es ist wieder ein Junge, so wie das alte Baby. Oft schleiche ich mich heimlich in Mamas Schlafzimmer und gucke, wie das Baby schläft. Manchmal rüttle ich dann am Bettchen, und wenn das Baby zufällig wach wird, rufe ich schnell Mama. Zum Glück habe ich auf das Baby aufgepasst, Mama hätte vielleicht gar nicht bemerkt, dass es wach geworden ist. Am liebsten kitzle ich das Baby am Bauch, dann lacht es so lustig. Aber immer nur für einige Zeit, denn wenn ich heftiger kitzle, fängt es an zu weinen. Wie doof, gerade eben hat es ihm doch noch Spaß gemacht. Mama hebt das Baby hoch und drückt es tröstend an ihre Brust. Na super, ich bleibe alleine zurück und setze mich nachdenklich auf Mamas Bett.

*

Mittlerweile darf ich schon in den Kindergarten gehen. Endlich, das wurde aber auch Zeit. Ich bin gerne dort. Ich bastle und zeichne. Dank großer Brüder, von denen ich lernen konnte, bin ich den meisten Kindern in vielen Fähigkeiten voraus. Ich kann auch schon super mit der Schere umgehen, und muss das natürlich sogleich an meinen Haaren demonstrieren. Schnipp, schnapp, die Stirnfransen sind ab. Die „Tante" ist gar nicht darüber erfreut, die Kinder aber finden es lustig. Ich versuche, unauffällig immer mal wieder die Nähe der Frau zu suchen; ich würde mir wünschen, dass sie sich manchmal ein bisschen

Zeit für mich nimmt. Aber andere Kinder sind halt nicht so selbstständig wie ich. Außerdem war ich immer schon die Größte in der Gruppe. Die Kleinen brauchen mehr Fürsorge, Unterstützung und Zuneigung. Nur wenn ich richtig Quatsch mache, kommt die Tante angerannt und schimpft. Aber ich möchte doch, dass sie lieb zu mir spricht. Ist das so schwierig?

Beim „Bienenklatschen" auf der Wiese vor dem Kindergarten sticht mich eine Biene in die Hand, das tut ziemlich weh. Aber ich sage nichts. Warum denn auch? Es wird schon vorbeigehen, ich bin ja stark. Die anderen Kinder haben es gemerkt und laufen schreiend zur Tante hin. Dann kommen sie wieder zurück, das Schreien ist verstummt. Schulterzuckend erklären sie mir, dass ich gar nicht von einer Biene gestochen worden sein kann, denn sonst würde ich ja weinen. Ihre Gesichter sind sichtlich ratlos, sie hatten selbst gesehen, dass kurz vorher noch der Stachel samt Biene an meiner Hand hing. „Ich weine nicht", entgegne ich trocken und wende mich wieder meinem Spiel zu, um mich vom pochenden Schmerz in der Hand abzulenken.

*

Inzwischen bin ich vier. Heute will ich mit meinem Papa ins Schwimmbad. Ich bin ganz aufgeregt und freue mich so toll, dass ich kaum still sitzen kann. Endlich soll ich schwimmen lernen. Mein Papa ist der beste Lehrmeister, und es gibt nichts, das ich mehr liebe, als Zeit mit ihm zu verbringen. Er ist wahnsinnig lustig und liebevoll. Und ich bin „sein Mädchen". Manchmal berührt er mit seiner Nasenspitze die meine, um dann neckend mit den Stoppeln seines Dreitagebartes über meine Wangen zu raspeln. Ich quietsche entzückt auf, winde mich vor Lachen. „Du wirst sehen, vom Bartreiben wächst dir nun auch ein Bart!" Ich krieg mich kaum noch ein vor Lachen. Ein kleines Mädchen mit einem schwarzen Bart. Die Vorstellung davon ist einfach zu lustig.

Wir fangen an zu raufen und herumzutoben, ich bin schon richtig stark. Ich liebe diese Art der Neckerei. Dann stelle ich mich mit meinen kleinen Füßchen auf die großen Füße von meinem Papa, meine kleinen Hände suchen nach den seinen. Und ohne ein Wort zu sprechen, verstehen wir uns, gemeinsam summen wir die Melodie des Wiener Walzers und Papa schwingt seine Beine im Rhythmus der Melodie. So tanzen wir durch den Flur. Mit strahlenden Augen lächle ich von unten zu ihm auf. Ich bin überglücklich, ich liebe meinen Papa so sehr. „Mein Papa."

Hungrig und außer Puste setze ich mich nach unserer Tanzeinlage an den Küchentisch und beobachte, wie er geübt und mit flinken Händen einen Pizzateig zubereitet. Es gibt einfach nichts, das er nicht kann. Aus einer Kugel formt sich unter seinen Händen eine Scheibe, blitzschnell wirbelt er diese durch die Luft, wieder und wieder. Rasch aufs Blech damit und im Nu ist die perfekte Pizza garniert. Schon nach kurzer Zeit zieht ein umwerfender Duft durch den Raum, mir läuft bereits das Wasser im Mund zusammen. Während dieses Vorgangs erzählt mir Papa noch eine Geschichte, die er natürlich selbst erlebt hatte. Ein fremder Mann wollte auch einmal versuchen, die Pizza so geschickt in der Luft zu drehen wie er. Als die Pizza nicht wieder aus der Luft zurückkam, schaute der Mann verdutzt. Erst nach einiger Zeit hatte er kapiert, was geschehen war: Die Pizza war an einem aus der Wand stehenden Nagel über seinem Kopf hangen geblieben. Wieder fange ich an zu kichern. Ich liebe es, wenn Papa von spannenden Erlebnissen erzählt. Mit einem Zwinkern fügt er noch hinzu: „Weißt du, es gibt nur noch einen einzigen Mann auf der Welt, der so geschickt ist, wie ich. Der wohnt aber ganz weit weg, bestimmt in China oder in Amerika." Voller Liebe und Bewunderung strahle ich ihn an, während er die Pizza in große Stücke schneidet und diese auf unseren Tellern verteilt. Ja, das glaube ich. Mein Papa ist mit Sicherheit der klügste und talentierteste Mann auf der Welt. Er kann und weiß einfach alles. Mit Riesenappetit fangen wir an zu mampfen. Die beste Pizza der Welt. Später sind wir dann tatsächlich noch ins Schwimmbad gefahren. Was für ein supertoller Tag!

Nicht immer klappt das so, wie ausgemacht. Einige Male zuvor konnten wir leider nicht losfahren wie geplant. Obwohl ich schon mit gepackter Tasche auf der obersten Stufe der Treppe vor der Haustür saß, ist Papa nicht aufgetaucht. Er musste kurz vor dem Start noch ganz schnell etwas Wichtiges erledigen – und ist erst Stunden später wiedergekommen. Die ersten Male habe ich ihn noch vorwurfsvoll, megaenttäuscht und richtig traurig empfangen. Doch schnell habe ich gemerkt, dass dies nicht gut bei ihm ankommt. Er wurde nämlich wütend und hat mich dann für einige Zeit ignoriert. Da bin ich lieber still und warte darauf, bis Papa mich wieder auf seinen mächtig starken Armen trägt und wir gemeinsam scherzen, lachen und durch die Räume wirbeln.

Ich liebe meinen Papa über alles. Als einziges Mädchen von vier Kindern hatte ich schon seit jeher eine besonders innige Beziehung zu ihm. Ich darf ihn fast überallhin begleiten, wir machen gemeinsam Sport. Ich bin ein starkes Mädchen und darauf ist Papa besonders stolz. Ich bin mutig und klug, will alles lernen und ausprobieren. Ich habe gehört, dass er jemandem erzählt hat, wie aufmerksam ich bin und wie schnell ich mir selbst Worte in italienischer Sprache merken kann. Ich liebe es, dass Papa stolz auf mich ist.

*

Die erste Schlägerei, die ich miterlebe, schockiert mich zutiefst. Papa war eben nach Hause gekommen, spät abends, wir Kinder waren schon im Bett. Da höre ich, dass sich im unteren Stock etwas Schlimmes anbahnt. Ich höre erst schwere Schritte, ein lautes Poltern, jemand läuft hastig die Treppe hoch zu unserer Eingangstür. Auf den alten Holzstufen ist jeder Tritt laut hörbar, es klingt beängstigend. Es muss sich um eine große, schwere Person handeln, denn jede Bewegung ist durch die alten Mauern gut wahrzunehmen. Ein wildes Hämmern gegen die Tür, ein lautes Brüllen folgt, durchbricht Furcht einflößend die Stille der Nacht. Eine tiefe Männerstimme schreit, dass die Tür geöffnet werden soll.

Meine Angst ist groß. Wer mag das sein? Was geht hier vor? Ich sitze zitternd in meinem Bett und wage es kaum, zu atmen. Die Angst steigert sich ins Unermessliche, als ich einem Albtraum gleich höre, dass die riesige, uralte Eingangstür irgendwann dem tobenden Angriff, dem Druck und den unaufhörlichen Tritten nachgibt. Ein lauter Knall, zerberstendes Holz. Das morsche Eisen des alten Schlosses bricht auf und die Tür donnert gegen die Wand. Dem Eindringling steht nun der Weg frei.

Ich bereue es zutiefst, dass ich mir gewünscht habe, ein Einzelzimmer zu bekommen. Ob meine Geschwister wach sind und dasselbe gehört haben wie ich? Wenn sie doch jetzt bei mir wären. Was soll ich tun? Mein Kopf, mein Herz sind so von Angst erfüllt, dass es mich zu überwältigen droht. Ich kann nicht weinen, nicht schreien, bin der Situation mit all den für mich unerträglichen Gefühlen komplett ausgeliefert.

Ich höre Mamas Stimme, sie versucht anscheinend, die beiden Männer zu beschwichtigen. Doch fast im selben Moment höre ich ein Klatschen, schweres Atmen und Stöhnen. Immer wieder ein Rumpeln, dann ein Stampfen, wieder einen Knall. Papa und der Fremde prügeln sich heftig, ich höre das Geräusch von boxenden Fäusten, von flachen Schlägen, die anscheinend jedes Mal mit voller Wucht treffen. Das schmerzvolle Aufstöhnen vom Getroffenen. Ich höre, dass ein Kopf gegen die Wand donnert, höre das schwere Atmen zweier Männer, die beide krampfhaft versuchen, die Oberhand im Kampf zu gewinnen. Ich höre einen Körper, der mit schwerem Knall zu Boden geht, einen Tritt, ein schmerzhaftes nach Luft schnappen. Dazwischen immer wieder Mamas Stimme, die verzweifelt versucht, die Schlägerei zu beenden.

Ich schleiche mich aus dem Zimmer und kauere, versteckt hinter dem Geländer, am oberen Ende der Treppe. Ich habe solche Furcht. Was passiert denn da und warum ist der Mann so wütend? Ich habe Angst, dass mein Papa verletzt wird, obwohl ich weiß, dass er sehr geübt im Kampfsport ist und mit seiner großen, kräftigen Statur wahrscheinlich stärker als viele andere Männer ist. Ich höre ein Klatschen, jemand ist gegen die Wand gekracht und hat wohl versucht, den Aufprall mit den flachen Händen abzufangen. Meine Brüder schleichen sich auch aus ihren Zimmern, nähern sich meinem Versteck. Wir schauen uns bloß gegenseitig an, auch ihnen ist Panik ins Gesicht geschrieben. Zitternde Hände. Keiner getraut sich, auch nur zu flüstern, aus Angst, dass der Mann uns hört und zu uns kommt.

Ich kann von meinem Platz aus nichts sehen, doch die Minuten und der Kampf scheinen sich endlos weiter hinzuziehen. Ich müsste ganz dringend auf Toilette, doch die liegt am anderen Ende des Ganges und ich wage es nicht, mich zu bewegen. Der Verzweiflung nahe muss ich komplett entgeistert feststellen, wie sich am Boden zwischen meinen Beinen eine Pfütze bildet. „Nein, nein, nein!" Ich bete zu Gott, dass diese Situation aufhören möge und hoffe insgeheim, dass es einfach nur ein ganz furchtbarer Albtraum ist.

Irgendwann verlässt der fremde Mann fluchtartig das Haus. Ich beuge mich etwas vor und sehe, wie Papa versucht, das Türschloss zu reparieren. Ich sehe nur seinen Rücken, kann nicht erkennen, ob er verletzt ist. Mama kommt die Treppe hoch und trägt mich ins Bett, stumm. Sie sieht sehr erschöpft aus, reicht mir noch eine trockene Hose. Nun weine ich, die Situation war einfach zu viel für mich. Ich habe solche Angst, dass der Mann wiederkommt, vor allem auch, weil ich weiß, dass unsere Haustür nicht mehr abgesperrt werden kann. Klammere mich an Mamas Armen fest. In dieser Nacht kann ich kaum schlafen und werde, so wie auch in den darauf folgenden Nächten von schrecklichen Albträumen geplagt.

*

Wenn meine großen Brüder da sind, dann spielen wir gemeinsam. Wir streiten uns auch ganz oft und hauen uns gegenseitig. Ich verteidige mich dann aus voller Kraft. Am besten kommen wir miteinander klar, wenn nur einer der Jungs da ist, zu zweit spielen ist schön. Ansonsten finden sie es ganz oft blöd, dass ich mitspielen will. „Du doofes Mädchen", sagen sie, wenn wir uns streiten. Oder: „Du hässliche Kuh, was läufst du uns denn dauernd hinterher?" Ich kann doch nichts dafür, dass ich ein Mädchen bin, ich wäre liebend gern auch ein Junge. Ebenso habe ich es mir nicht ausgesucht, hässlich zu sein.

„Du bist selber hässlich!", brülle ich zurück und schubse den, der mir am Nahesten steht. Dann erklären die Jungs mir, dass ich doch eh nichts kapieren würde, weil ich doch offensichtlich behindert wäre. Ich bin sehr traurig über die Dinge, die sie mir an den Kopf werfen, aber ich lasse mir nichts anmerken, kontere immer mit einer Gemeinheit meinerseits.

Am meisten hassen es meine Brüder, wenn ich unbedingt mit zu ihren Freunden nach Hause zum Spielen will. „Such dir doch eigene Freunde." Aber das würde ich ja gern, es ist bloß gar nicht so einfach. Wenn die Nachbarskinder mich ärgern, bin ich traurig. Ich habe gehört, dass der Papa von einem Mädchen es nicht mag, dass wir gemeinsam spielen. Ich bin wohl nicht gut genug. Deshalb versuche ich eben doch immer wieder, auf den Fersen von meinen Brüdern zu bleiben, auch wenn wir uns gemeine Sachen an den Kopf werfen. Und wenn sie von ihren Freunden oder von deren Eltern etwas geschenkt bekommen, dann rege ich mich so lange lautstark darüber auf, bis ich auch etwas bekomme. Das macht meine Brüder natürlich erneut stinkwütend, und sie schwören mir, dass sie mich nie wieder irgendwohin mitnehmen werden.

Eines Abends dürfen wir noch mit Mama zum Einkaufen gehen. Mama trägt den kleinen Bruder, der gerade ein Jahr alt ist, auf dem Arm; an der anderen Seite halte ich ihre Hand. Die großen Jungs laufen vorneweg. Ich quassle ununterbrochen, nutze die Zeit, um Mama ganz viel zu erzählen. An der Straße müssen wir stehen bleiben, gegenüber sehe ich den Supermarkt, die Jungs stehen bereits davor. Ich hüpfe aufgeregt von einem Bein aufs andere, bin ganz ungeduldig. Mama erklärt mir, dass wir die Straße überqueren können, wenn das Motorrad vorbei gefahren ist. Aber den zweiten Teil vom Satz höre ich nicht mehr, ich bin schon losgelaufen. Es knallt ganz laut. Schreie. Stille.

Im Rettungshubschrauber träume ich, dass ich am Fenster stehe, über Mama hinwegfliege und ihr zuwinke. In meinem Traum bohren Männer in meinen Wunden, und das tut höllisch weh. Mein Kopf schmerzt unbeschreiblich, mein ganzer Körper brennt. Die Schmerzen sind unerträglich. Ich wache auf und muss mich übergeben. Dann wird alles wieder schwarz.

Ich merke gar nicht, dass man mich ins Krankenhaus bringt, merke nicht, dass Ärzte um mein Leben kämpfen. Erst sehr viel später ist auch Mama da, hält meine Hand. Sie erklärt mir, dass ich wohl großes Glück gehabt haben muss. Die Ärzte waren ursprünglich davon ausgegangen, dass ich – wenn überhaupt – nur mit einer Behinderung überleben würde.

Doch ich bin wieder ganz gesund und darf früher als geplant nach Hause. „Du hattest doch immer schon einen Dickschädel", scherzt Papa, als er mich die Treppe hoch zur Haustür trägt, und ich lächle erschöpft. Mein Kopf lehnt an seiner Brust. Ein schönes Gefühl.

Danach ist alles wieder beim Alten. Ich muss mich zwar etwas schonen, doch schon bald tobe ich wieder herum wie eh und je. Auch die alten Streitigkeiten unter uns Geschwistern sind wieder an der Tagesordnung. Aber in mir hat sich etwas geändert. Als meine Brüder wieder vor ihren Kumpels erklären, dass ich ihre doofe Schwester bin, total behindert eben, setze ich mich erst gegen diese Aussagen zur Wehr, doch langsam schwant mir Schlimmes. Ich erstarre schockiert. Ich erwidere nichts mehr. Also doch. Ich habe vom Unfall eine Behinderung davongetragen. Ich bin schockiert, traurig. Meine großen Brüder wissen doch schon so viel, die sind richtig klug. Wenn das also eine Tatsache ist, dann kann ich nichts mehr entgegenhalten. Von nun an trage ich starke Zweifel und eine große Portion Unsicherheit mit mir herum, wahrscheinlich bin ich nicht ganz richtig im Kopf. Alle scheinen es zu wissen, bloß mir hat man nichts davon gesagt …

*

Die zweite Schlägerei bekomme ich aus nächster Entfernung mit. Ein bekannter, junger Mann sitzt bei uns am Tisch, und wir essen zu Abend. Papa unterhält sich mit ihm, wir Kinder reden untereinander. Ganz leise, denn wir sollen nicht das Gespräch der Erwachsenen stören. Plötzlich springt Papa auf. „Entschuldigung, aber so ist es nun mal", sagt der Mann. Papa geht drohend auf ihn zu, die Faust erhoben. „Tut mir leid, aber es ist meine Meinung", sagt der Mann erneut und Papa tritt noch näher. Er sieht unglaublich wütend aus. Meine Kinnlade fällt nach unten. Was ist denn mit den Beiden los, die verstehen sich doch sonst so gut?

Dann geht alles ganz schnell. Papa fasst den Mann am T-Shirt direkt an der Brust. Seine Faust donnert mitten ins Gesicht seines Gegenübers. Das dabei entstehende Geräusch ist das schrecklichste Geräusch, das ich je in meinem bisherigen Leben gehört habe. Papa reißt den Mann aus der Küche, das T-Shirt zerfetzt. Der Mann landet mit seinem Kopf auf einer Kommode, die im Hausflur steht. Ich laufe ein Stück weit hinterher und bleibe in der Tür zwischen Küche und Gang stehen. „Hör doch auf, Papa!", schreie ich heulend. Ich habe das Gefühl, mich übergeben zu müssen. Mein Bauch tut weh, mein Kopf fühlt sich wie eine schwarze, laut rauschende Leere an, mein Brustkorb brennt. Meine Hände und Knie zittern. Meine Seele kauert am Boden, versteckt ihr Gesicht zwischen den angewinkelten Beinen. Ich aber bleibe aufrecht stehen, starre auf das, was hier vor sich geht. Ich sehe, wie dem Mann Blut über das Gesicht läuft, er wankt wie benommen vor und zurück, für einen Moment lang sieht es so aus, als würde er ohnmächtig werden. Dann läuft er zur Haustür hinaus, Papas Fuß holt gerade zu einem Tritt aus, streift ihn aber nur noch am Oberschenkel. Papa geht ein paar Schritte hinterher, vergewissert sich, dass der Mann weg ist.

Dann kommt er zurück. Ich stehe immer noch wie im Schock zitternd an der Küchentür und weine. Papa sieht mir von oben herab direkt in die Augen und herrscht mich an: „Was fällt dir ein, so ein Theater zu machen? Beherrsche dich gefälligst, du Rotzmädchen!" Mein Weinen verstummt abrupt, mein Herz setzt einen Schlag lang aus. Ich bleibe erstarrt und mit offenem Mund stehen, schnappe nach Luft.

Am Boden vor mir sehe ich ein paar Tropfen Blut und einen Ring. Der Ring gehörte bestimmt dem jungen Mann. Ob er schon gemerkt hat, dass er ihn verloren hat?

*

Der Winter ist angebrochen. Unmengen an Schnee fallen vom Himmel: dicke, weiße Flocken, unendlich viele. Manchmal versuche ich, sie zu zählen, muss aber immer nach kurzer Zeit aufgeben. Wie schön sie tanzen. Wenn ich die Zunge rausstrecke, fühlt es sich ganz lustig an. Kribbelig irgendwie. Schneeflocken schmecken fast durchsichtig und nicht immer kalt. Wenn man von einem Schneeball abbeißt, dann schmeckt es ganz anders, als wenn einzelne Flocken auf die Zunge tropfen. Das habe ich selbst erforscht. Irgendwie eigenartig. Schnee ist doch immer Schnee.

Auf der Wiese neben unserem Haus kann man Schlitten fahren, Schneeballschlacht machen und die größten Schneemänner der Welt bauen. Wenn man am oberen Ende des Hanges eine Schneekugel losrollt, dann ist diese riesengroß, wenn sie am unteren Ende ankommt. Wir wiederholen den Vorgang dreimal, denn drei Kugeln braucht man für einen richtigen Schneemann. (Das wissen nur die wenigsten.) Um die zweite Kugel auf die Erste zu heben, müssen mehrere von uns Kindern die ganze Kraft vereinen, denn der Schnee ist sauschwer, vor allem wenn er nass ist. Die dritte Kugel wird dann doch wieder etwas kleiner gemacht, etwas vom Schnee mit der Handfläche abgehackt, erstens, weil der Kopf doch nie gleich groß ist, wie der Bauch, und zweitens würden wir den sonst gar nicht mehr dahin bekommen, wo er hingehört. Knöpfe, Karottennase, Stöcke für die Arme, alles muss perfekt sein. Inzwischen hat es schon so viel geschneit, dass ich fast nicht mehr über die Schneedecke sehen kann, sie reicht jetzt genau bis zu meiner Nasenspitze. Wir bauen uns eine Festung um den Schneemann herum, arbeiten hart mit den großen Schippen. Was für eine Herausforderung. Ich bin zufrieden mit unserem Werk.

Das allerschönste Gefühl ist es aber, anschließend am Kachelofen zu sitzen und die durchgefrorenen Glieder wieder mit Wärme durchfluten zu lassen. Die Augen fallen schon wie von alleine zu. Mama trägt mich in mein Bett.

Direkt in der Nähe unseres Hauses verläuft eine Skipiste mit einem kleinen Bügellift. Dieses Jahr schaffe ich es schon, alleine im Lift zu fahren. Letztes Jahr konnte ich das noch nicht, da hat Papa mich immer mit meinen Skiern zwischen seine Beine gestellt, und so sind wir gemeinsam den Hang hochgesaust und anschließend wieder die Piste entlang runter. Jetzt fährt Papa hinter mir her; der muss sich richtig anstrengen, um nicht den Anschluss zu verlieren, weil ich ganz schön schnell unterwegs bin.

Mama geht mittlerweile wieder arbeiten. Sie ist Kindergärtnerin, aber nicht in unserem Dorf. Ich wollte mit in ihren Kindergarten gehen, doch das darf ich nicht. Somit sind den ganzen Tag fremde Kinder bei meiner Mama, aber nicht ich. Völlig ungerecht. Oft denke ich, dass Mama andere Kinder lieber mag als mich. Sie bereitet sogar Spiele und Geschichten vor für sie. Vor Kurzem wollte sie sogar „MEIN" Lieblingsbuch mit zu den anderen Kindern nehmen, um es diesen vorzulesen. „Die Schneekönigin". Von dem Buch kann ich kaum genug bekommen. Die Nachfrage hat mich unglaublich verletzt, empört, aber als Mama dann ohne mein Buch aus meinem Zimmer gegangen ist, und ohne mich, hat mich das seltsamerweise auch sehr traurig gemacht, obwohl ich mich doch erfolgreich durchgesetzt habe. Ihr enttäuschtes Gesicht war schwer für mich zu ertragen und brennt noch für einige Zeit in meiner Seele. Aber warum hat sie denn auch aufgegeben? Ich hätte doch bloß hören wollen, dass ich trotzdem am Allerwichtigsten für sie bin, auch wenn sie anderen Kindern vorliest. Und dass sie mich lieb hat, weil ich doch ihr einziges Mädchen bin. Aber sie hat mich nur enttäuscht angesehen und ist von mir fortgegangen.

*

Heute konnte ich die ganze Nacht kaum schlafen und bin schon ganz früh wach. Endlich ist es soweit. Heute ist Weihnachten, das Christkind kommt. Ich bin aufgeregt. Hurtig springe ich aus dem Bett. Auf meinem Nachtkästchen sehe ich die Einzelteile meines Weckers. Es war mein erster Wecker, ein roter, den habe ich von meiner Tante geschenkt bekommen. Obwohl ich die Uhrzeit noch nicht lesen kann, habe ich mich sehr gefreut; das gleichmäßige Ticken hat mir sehr gefallen. Nachdem meine Brüder das Innenleben des Weckers begutachten wollten, hat das Ticken aufgehört. Wehmütig wende ich den Blick ab.

Schon bin ich wieder ganz aufgeregt. Was mir wohl das Christkind heute bringen wird? Eigentlich habe ich mir, wie jedes Jahr, vom Christkind eine Schwester gewünscht. Wenn ich eine Schwester hätte, dann wäre ich nicht mehr so einsam. Dann hätte ich jemanden, der mich versteht und der immer mit mir spielt. Aber ich denke, dass dieser Wunsch auch heute nicht in Erfüllung gehen wird. Somit hoffe ich auf ein tolles Spiel, eine Puppe vielleicht. Der Tag vergeht in Zeitlupe. Wann ist denn endlich Abend?

Als ich am Abend zum Essen in die Küche will, wird die Tür von innen zugehalten. Ich hämmere gegen die Tür und höre die Jungs flüstern. „Lasst mich rein", rufe ich und haue weiter mit den Fäusten gegen das Holz. „Macht auf!" Doch die Tür bleibt verschlossen. Verzweifelt fange ich an zu weinen; warum werde ich denn ausgeschlossen? Ich höre Mama reden; warum hilft sie mir denn nicht? Ich setze mich lautstark heulend auf den Boden und fühle mich so einsam, alleine. Es kommt mir ewig vor, bis die Tür sich öffnet und ich endlich in den Raum darf. Was soll das denn? Das ist so gemein. Die Jungs tuscheln und kichern. Endlich essen wir zu Abend. Nudelsuppe mit Würstchen und anschließend Schneemilch, lecker. Aber nur halbherzig genieße ich das Essen; ich will endlich in die Stube, um zu sehen, ob das Christkind Geschenke unter den Christbaum gelegt hat. Mama geht auf Toilette; da erklingt ein Glöckchen. Das Christkind!

Jetzt gibt es kein Halten mehr. Wir laufen ungestüm in die holzgetäfelte Stube. Der Ofen strahlt eine wohlige Wärme aus. Unzählige Kerzen tauchen den Raum in goldenes Licht, Lametta glitzert, es funkelt überall. Unsere Kinderaugen leuchten um die Wette. Ehrfürchtig schaue ich zu Mama und Papa. „Dürfen wir?" Die Eltern nicken. Ich schnappe mir mein Geschenk und reiße atemlos die Verpackung auf. Ein Karton. Ob es die Puppe ist? Der Karton klemmt; endlich kann ich ihn öffnen und sehe – rote Schuhe. Ich erstarre. Habe ich das richtige Paket erwischt? Mein Herz rutscht in die Hose. Ich gucke erneut in den Karton, drehe und wende ihn, doch weiter finde ich nichts. Tränen steigen in meine Augen. Ich bin so enttäuscht. Hat das Christkind mich denn nicht lieb? Warum schenkt es mir denn Schuhe? Und zu allem Überfluss sind diese Schuhe auch noch rot. Muss denn jeder gleich sehen, dass ich ein Mädchen bin? Wo Mädchen doch so doof sind? Mein Blick schweift in die Runde; ich sehe, dass meine Brüder mit roten Wangen eifrig dabei sind, ihre neuen Spiele zu testen. Da rollt eine Träne lautlos über mein Gesicht.

Am nächsten Morgen spaziere ich unauffällig mit den neuen Schuhen aus dem Haus. Gegenüber steht eine Mülltonne, der Müllwagen biegt soeben um die Ecke. Ich steige auf einen großen Stein und strecke mich. Ein Hops und der eine Schuh fliegt in hohem Bogen in die Tonne. Jetzt kann ich wieder ins Haus zurück. „Ich habe einen Schuh verloren", rufe ich zu Mama in die Küche. Aus den Augenwinkeln sehe ich, wie die Müllmänner die Tonne in den Wagen kippen und brummend ihre Fahrt wieder aufnehmen. Erleichtert atme ich aus. Das war's mit roten Mädchenschuhen.

*

Mein fünfter Geburtstag geht vorbei. Es war ein Tag voller gemischter Gefühle. Ich habe Kinder aus dem Kindergarten eingeladen. Drei Jungs und ein Mädchen. Doch die Jungs haben lieber mit meinen Brüdern gespielt, sind über die Couch gehüpft, und ich habe mit aller Kraft versucht, sie zu mir zu ziehen, um sie dazu zu bewegen, mit mir gemeinsam zu spielen. „Das ist mein Geburtstag!", meine Stimme überschlägt sich vor Wut. Doch ich kann die Situation nicht ändern und versuche, mich irgendwie ins Gerangel der Jungs einzufügen.

*

Heute Nacht hat es schon wieder ordentlich geschneit. Die Straße vor unserem Haus wurde bereits vom Schneepflug leer geräumt, aber links und rechts davon liegt der Schnee richtig hoch. Ich bleibe zögernd stehen. Eigentlich gehe ich den Weg zum Kindergarten immer gemeinsam mit dem Nachbarsjungen. Wir dürfen jetzt schon alleine in den Kindergarten, müssen dazu ja nur die Wiese überqueren. Jeden Morgen läute ich an der Tür des Nachbarhauses. Der Junge ist sehr schüchtern, manchmal stottert er beim Sprechen. Dann unterstütze ich ihn immer, und wenn ihn jemand auslacht oder ärgert, weil er stottert, dann beschütze ich ihn mit meiner ganzen Kraft. Jedenfalls muss ich mir heute einen Weg durch den tiefen Schnee bahnen, um zu seiner Haustür zu gelangen. Ich muss meine Füße ganz hoch anheben, Schritt für Schritt wate ich mit voller Kraft durch die kalte Decke, schwer konzentriert. „Sag mal, spinnst du?" Ich erschrecke mich, stolpere, falle hin. Warum brüllt Papa denn so plötzlich von der Haustür herüber? Ich drehe mich um, wate erstaunt und ängstlich zurück. „Was soll denn das?" Papa ist sichtlich erzürnt, ich verstehe aber nicht den Grund dafür. Er will, dass ich andere Hosen und Socken anziehe, hilft mir schnell, die Schuhe zu schnüren, und befördert mich dann wieder vor die Tür. „Los, jetzt ab mit dir in den Kindergarten", knurrt er, immer noch wütend. Klar, denke ich mir. Da wollte ich doch vorhin schon hin. Ich stapfe die Eingangstreppe hinunter und überquere die Straße. Dieses Mal ist es schon etwas einfacher, durch den tiefen Schnee zu waten, die Spuren von vorhin sind noch gut sichtbar. Aber ich komme wieder nicht weit. Dieses Mal höre ich kein Brüllen, aber ich höre ein Schnaufen, und schon spüre ich einen schmerzhaften Ruck an meiner Schulter, ich wirble durch die Luft. Voller Wut schleift Papa mich die Treppe hoch, kaum hinter der Haustür angekommen, trifft mich die flache Hand auf dem Po und gleich darauf im Gesicht. Geschockt starre ich Papa an, ich kann die Welt nicht mehr verstehen. Was ist denn heute los mit ihm? Er schmeißt mir wiederum ein Paar Hosen vor die Füße, ebenso Socken. Mit großem Aufwand schlüpfe ich aus meiner Jeans, die ist klitschnass und klebt an meinen Beinen, meine Haut ist ganz rot von der Kälte. Fast stolpere ich über das eine Hosenbein, spüre, dass mein Gesicht rot anläuft. Ich beeile mich, um Papa nicht noch mehr zu verärgern, aber das ist gar nicht so einfach. Hektisch schlüpfe ich in die neue Hose, meine Hände zittern. In trockenen Klamotten schaue ich ihn fragend an, aber der schiebt mich schon wieder vor die Tür. „Und wehe, wenn du nicht direkt in den Kindergarten gehst." Ich stehe auf der Straße, ratlos. Ich wollte doch schon längst in den Kindergarten. Was habe ich denn falsch gemacht? Ich bleibe stehen, überlege was ich machen soll. Da kommt mir auch schon der Nachbarsjunge entgegen. „Warum hat denn dein Papa eben so gebrüllt?", fragt er mich mit angehobener Augenbraue. „Keine Ahnung", murmle ich schulterzuckend und greife mir mit der Hand an die Wange, die immer noch leicht brennt. Dass ich einfach nicht in den tiefen Schnee sollte, um trocken in den Kindergarten zu gelangen, hab ich bis zum Schluss nicht kapiert. Wie denn auch, wenn ich nur angebrüllt werde und mir niemand die Situation erklärt. Schon bald vertiefen wir uns in ein Gespräch und planen gemeinsam eifrig, was wir heute im Kindergarten alles verwirklichen wollen.

*

Es wird Frühling. Der Schnee zerrinnt, Matsch läuft die Straße entlang. An manchen Stellen erkampft sich die Wiese ihren Platz vom Schnee zurück; die ersten Krokusse bahnen sich ihren Weg. Sie sind weiß oder lila, einfach wunderschön. Vögel zwitschern. An den Tannenbäumen sprießen die ersten Knospen. Von unserem Schneemann ist noch ein Rest übrig, er wird aber jeden Tag kleiner. Die Karottennase liegt runzelig am Boden, die Astarme sind nicht mehr da. Ui, der arme Schneemann. Ich kann mir kaum noch vorstellen, wie groß er einmal war.

Endlich können wir unsere Fahrräder aus dem Keller holen, leicht verstaubt vom langen Winter. Wie toll doch Fahrradfahren ist. Mit Schwung durch den Schneematsch düsen, links und rechts von den Rädern spritzt das Wasser hoch. Wie lustig. Man muss sich konzentrieren, um nicht auszurutschen und hinzufallen. Ich spreize die Füße links und rechts vom Fahrrad weit ab. Was macht das für einen Spaß, mit wehenden Haaren die Straße runter zu sausen. Manchmal ziehen wir auch Gummistiefel an und springen mitten in die Pfützen, dann platscht das richtig laut und der Matsch fliegt in hohem Bogen durch die Luft.

Im Kindergarten machen wir eine Frühjahrswanderung. Wir spazieren durch den Wald, singen Lieder und spielen Spiele. Was für ein herrlicher, unbeschwerter Tag. An einer Lichtung machen wir Halt, naschen Süßigkeiten und verstecken uns hinter den Bäumen, springen über Steine, toben wie wild herum. Wir unterhalten uns und erzählen Witze. Ich erzähle von meinem Papa, was der alles für tolle Sachen kann. Auch die Tante ist ganz von Papa angetan, sie pflichtet mir bei. Manchmal repariert er im Kindergarten etwas, weil er doch so geschickt ist. Und er ist immer so charmant. Ich weiß zwar nicht, was charmant heißt, aber es klingt treffend. Und Papa ist immer ganz lieb und freundlich zu allen. Und lustig. Deshalb mögen die ihn.

Bei all den Unterhaltungen, Spielen und Scherzen vergeht die Zeit wie im Flug, viel zu schnell geht der Tag vorbei. Und viel zu schnell geht es wieder zum Kindergarten zurück. Als wir ankommen, bin ich erschöpft, aber glücklich. Wir verabschieden uns von der Tante und treten den Heimweg an. „Oh nein, meine Brille", ruft plötzlich ein Mädchen aus der Nachbarschaft: „Ich muss sie verloren haben." Es fängt an zu weinen. „Du musst nicht weinen", tröste ich das Mädchen, „lass uns doch noch einmal in den Wald zurückgehen, da finden wir deine Brille bestimmt." Ich nehme sie an der Hand und gemeinsam laufen wir erneut den Weg von vorhin. Ich sehe die Brille von Weitem, sie liegt auf dem Stein, auf dem das Mädchen sich ausgeruht hat. Erleichtert und froh geht's nun ab nach Hause.

Mit einem stolzen Lächeln im Gesicht öffne ich die Haustür und trete über die Schwelle, bereit, von meinem tollen Tag zu berichten. Da gefriert mein Lachen im Gesicht, ich halte abrupt in meiner Bewegung inne. Vor mir steht Papa, seine Augen funkeln vor Zorn, seine Hände zittern. „Warum kommst du so spät?", sagt er gefährlich leise. Ich versuche zaghaft und mit schwacher Stimme die Situation zu erklären, doch er unterbricht mich: „Wo ist der Brief?" Seine Stimme ist jetzt ein Brüllen, mit einer Handbewegung deutet er auf den Fenstersims.

Mein Bauch zieht sich schmerzhaft zusammen, meine Brust wird eng, das Atmen fällt schwer. Ein Brennen steigt von meinem Magen durch meine Brust bis in den Kopf, als ob lauter rote Ameisen sich beißend ihren Weg durch meinen Körper bahnen wollten. Meine Ohren rauschen, ich kann keinen einzigen klaren Gedanken mehr fassen, blanke Panik erfüllt mich. Ich weiß genau, dass ich etwas sagen muss, aber ich habe keine Ahnung, wovon Papa spricht.

Hektisch wandern meine Augen durch den Raum, innerlich flehe ich, irgendwo einen Brief zu sehen. Ich wünsche in dunkler Vorahnung, ich könnte mich unsichtbar zu machen, mich verstecken, einfach nicht da sein. Dieser Situation entfliehen, die doch für mich nicht kontrollierbar ist. Da spüre ich einen stechenden Schmerz an meinem linken Ohr, ich spüre, wie meine Füße den Boden verlieren. Ehe ich verstehe, dass das Gewicht meines ganzen Körpers an meinem Ohrläppchen in die Luft gezogen wird, werde ich von einem schmerzhaften Fußtritt in den Po quer durch die Küche geschleudert. Auf allen Vieren lande ich auf dem harten Küchenboden, Tränen brennen heiß in meinen Augen.

„Wo ist der Brief? Ich weiß, dass du ihn genommen hast!", brüllt Papa erneut, seine Stimme überschlägt sich nun fast, so laut ist sie. „Ich weiß nicht, von welchem Brief du sprichst." Ich versuche, keine Schwäche zu zeigen, doch meine Stimme bricht, ein Schluchzen dringt aus meiner Kehle. Die Verzweiflung breitet sich immer weiter in mir aus, ich habe keine Ahnung, was als Nächstes passiert und weiß nicht, was ich tun soll. Ich wage es nicht, Papa direkt anzusehen, aus den Augenwinkeln versuche ich, seine nächsten Schritte zu erkennen. Er hält in seiner Bewegung inne. „Verschwinde in dein Zimmer", brüllt er mich an, „und komme ja nicht ohne den Brief zurück." Mit hochrotem Kopf und vor Angst geweiteten Augen laufe ich die Treppe hoch, versuche dabei einen möglichst weiten Bogen um ihn herum zu machen, um eventuellen Tritten ausweichen zu können.

Ich stürze mich auf mein Bett, nun gibt es für meine Tränen kein Halten mehr. Mein ganzer Körper wird durchgeschüttelt, im Kopfkissen versuche ich die Laute meines Heulens zu ersticken. Gedanken rasen durch meinen Kopf, suchen panisch in allen Windungen meines Hirnes nach einer Lösung, können sich jedoch nirgendwo festhalten. Ich weiß es einfach nicht. Der Knoten in meinem Bauch schmerzt, mein Herz rast.

Keine Ahnung, wie lange ich so da gelegen habe. Als ich meinen Namen rufen höre, stehe ich im selben Augenblick schon auf den Beinen. Mein Herzschlag setzt für einen Moment aus. Oh nein, was mache ich denn jetzt? Ich habe doch immer noch keinen Brief. Ich kann kaum ein Bein vor das andere setzen, so sehr zittern meine Knie. Aber ich muss mich beeilen, darf ihn nicht warten lassen, sonst wird er noch wütender. Meine Hand krampft sich am Treppengeländer fest, um zu verhindern, dass ich die Stiege runter stolpere.

Mein Herz ist schwer wie Blei, als ich die Küche betrete und mich nach Papa umsehe, in Gedanken vorbereitet auf den nächsten Hieb. Er sitzt am Küchentisch, strahlt mich mit seinem liebevollsten Lächeln an. „Wo warst du denn so lange?", fragt er mich mit freundlich verschmitzter Stimme. Mir fällt die Kinnlade runter, mit großen Augen starre ich ihn an. „Was guckst du denn so? Setz dich zu mir, du bist doch mein Mädchen." Zögernd und komplett verwirrt nähere ich mich dem Tisch. Ich nehme meinen ganzen Mut zusammen und frage mit zittriger Stimme: „Aber der Brief?" Papa erklärt mir fröhlich und wie nebenbei, dass er den schon längst gefunden hat, er habe ihn wohl am Morgen verlegt und jetzt sei er ihm zufällig wieder in die Hände gefallen. Er lacht und scherzt. Ich versuche schnell, sein Lächeln zu erwidern, doch es kostet mich viel Mühe und Kraft und ich spüre, dass auch das darauf folgende Lachen meine noch immer ängstlich geweiteten Augen nicht erreicht. Meine Seele kauert nämlich weiterhin ängstlich und zitternd in der Ecke und versteckt ihr Gesicht hinter beiden Händen. Sie traut dem Frieden nicht und fürchtet sich zu Tode.

Ich aber versuche, die Situation schon bald zu verdrängen, die Zeit mit meinem Papa zu genießen, der endlich wieder gut gelaunt ist und mich wieder lieb hat.

*

Der Sommer zieht ins Land. Ich bin viel im Freien unterwegs, klettere auf Bäume, fahre mit dem Fahrrad zum nahe gelegenen See und verbringe natürlich viel Zeit mit meinem Papa. Ich liebe es, ihm bei der Arbeit am Hof zu helfen. Wir besitzen ein paar Kühe, müssen also Heu für den Winter in die Scheune bringen. Demnächst wollen wir außerdem Salatfelder anlegen. Die Kühe verbringen den Sommer auf der Alm. Ab und zu geht es auch für uns in die Berge, um zu sehen, wie es um die Tiere steht. Mit dem Traktor fahren wir die Bergstraßen hoch und wandern dann zu Fuß durchs Gelände. Wir haben Salz dabei, die Kühe wissen das, und kommen auf unser Rufen hin angerannt, um unser ausgestreutes Salz mit riesigen, blauen Zungen von den Steinen zu schlecken. Durstig vom vielen Wandern erfrischen wir uns an einer Bergquelle, das kühle Nass fängt Papa in seinen großen Händen ein. Ich kann dann wie aus einer Tasse daraus trinken. Einmal übernachten wir sogar im Zelt und kehren erst am nächsten Tag nach Hause zurück. Meine Haut ist braun gebrannt, das blonde Haar ständig zerzaust, die Knie von diversen Stürzen aufgeschürft. Lederhosen mit Trägern und ein Hut, den üblicherweise Kuhhirten tragen, so sieht mein Lieblingsoutfit aus.

Zweitens

Im Herbst werde ich in die erste Klasse eingeschult. Ich freue mich sehr auf die neue Herausforderung und demonstriere stolz der Lehrerin, dass ich bereits das Alphabet auswendig aufsagen kann und in der Lage bin, jeden Buchstaben zu schreiben und zu lesen. Das Interesse an den Hausaufgaben meiner Brüder in der Vergangenheit hat sich bezahlt gemacht. Ich will lernen; das macht mir großen Spaß. So kommt es auch, dass ich von Anfang an sehr gute Noten kassiere, bin oft die Beste in meiner Klasse.

Mit unbändigem Stolz renne ich nach Hause, wenn das Ergebnis einer Klassenarbeit mitgeteilt wird. „Papa, Papa, ich habe die Note sehr gut erhalten in Mathe. Der Lehrer hat gesagt, ich habe das ganz super gemacht." Mit strahlenden Augen fuchtele ich mit dem Blatt vor seinem Gesicht rum. Er wirft kurz einen Blick darauf und meint dann freundlich, aber doch mit strengem Blick: „Und warum wurde es kein ausgezeichnet? Sieh zu, dass du das nächstes Mal besser machen kannst." Ich halte verdutzt inne und lächle dann unsicher; bestimmt hat Papa bloß einen Scherz gemacht. Doch er sagt immer wieder so etwas, scheint es tatsächlich ernst zu meinen. Ein richtiges Lob gibt es fast nie.

Aber den Jungs reibt er des Öfteren unter die Nase, dass ihre Noten nicht so gut sind wie meine. Sie sollen sich mehr anstrengen und sich ein Beispiel an mir nehmen. Die Stimmung zwischen uns Geschwistern bessert sich dadurch nicht gerade. Meine Brüder halten mich für verwöhnt, nennen mich manchmal egoistisch und selbstsüchtig. Aber das bin ich doch nicht, glaube ich. Ich weiß nicht mal genau, was das heißt.

Den Spaß am Lernen verliere ich dennoch nicht, mache viele Fleißaufgaben, und es dauert nicht lange, da verliere ich mich in meiner Freizeit in der Welt der Bücher. Lese stundenlang, erlebe unbeschwerte Abenteuer und träume von Freundschaften, die alle Hürden überstehen.

In der Schule bin ich sehr kommunikativ. Mein Mundwerk ist dauernd in Bewegung, ich quassle unnunterbrochen, hab viel zu erzählen. Ein normales, starkes und offenes Mädchen eben. In meinem Inneren sieht es jedoch anders aus. Obwohl ich mich inmitten von Kindern aufhalte und oft sogar die Führerrolle in der Gruppe innehabe, fühlt meine Seele sich unheimlich einsam. Ich habe das Gefühl, dass ich um jede Form der Zuneigung kämpfen muss. Etwas sagt mir, dass die anderen Kinder mehr wert sind als ich. Es fühlt sich so an, als ob jeder etwas Tolles an sich hat, außer mir. In mein erstes Tagebuch schreibe ich auf die vorderste Seite den Satz: Ich habe keine Freunde. In der Hoffnung, dass sich das bald ändern möge.

Die Lehrer lieben es, mit mir zu scherzen, sie necken mich oft und amüsieren sich, weil ich so schlagfertig bin und jeden Spaß mitmache. Aber unter dieser äußeren Fassade verletzen mich die Neckereien. Ich bin meistens traurig. Wenn die Traurigkeit überhandnimmt, verliere ich anderen Kindern gegenüber manchmal sogar die Kontrolle, werde jähzornig. Nur, wenn ich aus einer unangenehmen Situation nicht mehr auskomme. Doch dann haue ich auch mal zu. Ich will niemandem wehtun, deshalb schlage ich immer bloß mit der flachen Hand. Aber ich will auch nicht, dass sich jemand über mich lustig macht.

Es ist blöd, die Kontrolle zu verlieren. Eigentlich sogar ganz schlimm. Denn im Nachhinein schäme ich mich dafür und dann tut es mir auch immer leid. Aber wenn mir jemand zu nahe kommt, sehe ich eben rot. Wut ist das einzige Gefühl, das für mich greifbar und konkret ist. Es ist einfacher, richtig wütend zu werden, zu explodieren, Schimpfwörter zu verwenden, etwas zu Boden zu schmeißen und mit den Füßen zu stampfen, als Verletzlichkeit und Trauer zu zeigen. Mit Verletzlichkeit und Trauer kann ich nämlich alleine nicht klarkommen, ich wüsste nicht wohin damit, es schmerzt. Da bräuchte ich jemanden, der mich tröstet. Doch den gibt es nicht. Angst und Unsicherheit, Gefühle dieser Art sind also nur in Maßen zu ertragen, ansonsten nehmen sie mir die Luft zum Atmen. Es ist wirklich besser, richtig wütend zu sein. Ich brülle dann auch ganz laut. Und weine nur heimlich.

Einmal hat mich die Lehrerin gesehen, als ich mich in der Garderobe versteckt und geheult habe. Ich konnte es einfach nicht mehr zurückhalten. Sie hat gefragt, was denn mit mir los sei, ob etwas passiert wäre. Ich habe sie angeschnauzt, dass sie mich doch in Ruhe lassen soll, weil alles in Ordnung ist. Verzweifelt habe ich versucht, die Tränen am Laufen zu hindern und sie mit dem Handrücken schnell aus meinem Gesicht zu wischen, aber es hat nicht funktioniert. Doch die Lehrerin hat sich abwimmeln lassen. Kopfschüttelnd hat sie sich umgedreht, mich alleine gelassen und weiter ihre Runde über den Pausenhof gedreht.

Wenn ich sehe, dass ein schwaches Kind in der Schule geärgert wird, dann schreite ich ein. Ich zwinge die gemeinen Kinder, aufzuhören und sich zu entschuldigen. Viele erschrecken sich, und ein Junge stotterte mit hochrotem Kopf: „Ich hab doch dir nichts getan." Aber das ist mir egal. Ich will nicht, dass jemand sich an Schwächeren vergreift. Ich hasse Ungerechtigkeiten und kann einfach nicht tatenlos zusehen. Ich weiß, wie es sich anfühlt, wenn man sich nicht wehren kann.

*

Der Sonntag ist bei uns ein ganz besonderer Tag. Gemeinsam gehen wir immer in die Kirche; ich habe sogar eigene Kleidung, die ich nur sonntags anziehe. Papa zieht es vor, nicht in unserem Dorf in die Kirche zu gehen, sondern in einem naheliegenden Ort. Ich freue mich, wenn er mich mitnimmt. Es ist dann immer wie ein Ausflug. Ich darf oft nach der Messe bei den Priestern anklopfen und fragen, ob ich Reste von den selbstgemachten Hostien bekomme. Die schmecken ganz lecker. Sie packen mir meist eine ganze Papiertüte voll ein. Die trage ich stolz nach Hause und teile sie mit meinen Geschwistern. Wenn wir zurückgekehrt sind, dann essen wir alle gemeinsam Frühstück, mit allem Drum und Dran. Wir sitzen oft ganz lange am Tisch, unterhalten uns und scherzen. Diese Momente liebe ich ganz besonders.

Heute kommt auch Mama mit in die Kirche. Das ist eher selten; sie besucht normalerweise die Messe bei uns im Dorf. Wir Kinder sitzen also im Auto auf der Rückbank, spielen ein

Spiel, bei dem es darum geht, möglichst viele Autos derselben Farbe zu zählen. Papa und Mama unterhalten sich leise, ich verstehe nicht, worum es in ihrem Gespräch geht. Doch plötzlich schrecke ich aus meinem Sitz, Mama schreit ganz laut und verzweifelt: „Nein! Halt sofort das Auto an und lass mich raus!" Sie rüttelt hysterisch an der Tür. Mein Herz schlägt schnell, in meinem Kopf ertönt ein lautes Rauschen. Was ist geschehen? Ich höre die Antwort von Papa nicht, doch jetzt geht Mama noch einen Schritt weiter. Sie reißt doch tatsächlich die Tür des weiterhin fahrenden Autos auf, und für eine Sekunde lang glaube ich, dass sie rausspringen will. Ich bin einen Moment lang starr vor Schock, mit weit aufgerissenen Augen beuge ich mich vor. „Mama!", schreie ich dann. Sie fordert Papa weiterhin lauthals auf, sofort den Wagen anzuhalten, doch er ignoriert sie einfach.

Nach einer gefühlten Ewigkeit schließt sie die Tür, kauert sich in den Sitz, dreht den gesenkten Kopf zum Fenster, und ich merke an ihren zuckenden Schultern, dass sie weint. Ich spüre Chaos in mir, große Angst, einen Riesenschrecken, und mein Verstand kann sich nicht entscheiden, was er von dieser Situation halten soll. Wer trägt hier die Schuld – Mama oder Papa? Was war denn überhaupt vorgefallen? An der Kirche angekommen, spricht niemand ein Wort. Mama hat sich wieder gefasst, mit straffen Schultern geht sie auf den Eingang zu. Papa reicht mir seine Hand, seine Miene ist ausdruckslos. Meine Brüder schauen sich fragend an, auch sie scheinen ratlos. In der Kirche bete ich inbrünstig, dass solche Situationen nie wieder geschehen sollen. Ich bete zu Gott, dass er meine Mama beschützt, dass ihr nichts passiert. Dass sie aber auch nicht so dumm sein soll, Papa zu provozieren, weil der doch drei Köpfe größer ist als sie und bestimmt auch dreimal so stark. Und dass er meinen Papa immer lieb sein lässt.

Meine Seele fleht, heult. Sie kniet am Boden, winselt und bettelt vor Sorge. Ich würde ihr etwas mehr Haltung empfehlen, es ist doch peinlich, vor anderen Schwäche zu zeigen.

Nach der Messe fahren wir nach Hause, alles scheint wieder in Ordnung zu sein. Etwas mehr als sonst lache ich und scherze, obwohl mir nicht wirklich danach ist. Aber ich versuche nun, die ausgleichende Funktion im Raum zu übernehmen. Es scheint mir so, als ob es meine Aufgabe wäre, die negative Stimmung so schnell wie möglich zu verdrängen. Ich spüre, wie meine Gefühlssensoren endlos wachsen. Drohender Streit, aber auch kleinste Stimmungsschwankungen, ich nehme sie nun frühzeitig wahr und versuche, sofort zu reagieren und die Gefahr zu beseitigen.

Zu meinem Leidwesen steigt damit zeitgleich die innere Anspannung. Und sie lässt nicht mehr nach. Es ist unglaublich anstrengend. Ein immerwährender Druck lastet auf meinen Schultern. Unbeschwertheit gibt es nicht, selbst in ruhig scheinenden Momenten. Bald bemerke ich auch nur die feinsten Nuancen, lange bevor die anderen etwas wahrnehmen können. Am aufmerksamsten bin ich, wenn Papa und Mama im selben Raum sind, aber Papa kann, wie bereits erlebt, auch anderen Männern gegenüber unverhofft komplett ausrasten. Deshalb passe ich auf ihn auf, auch wenn Mama nicht da ist. Ich versuche, ganz schnell zu reagieren, um seinen Zorn nicht erst wachsen und somit die Situation nicht eskalieren zu lassen. Oft funktioniert das gut, wir haben ja eine ganz besondere Beziehung. Ich bin doch sein einziges Mädchen. Wenn es aber nicht funktioniert, kümmere ich mich um Schadensbegrenzung. Ich versuche, Papa so schnell wie möglich aus der Situation zu schleusen. Wenn er Mama angreift, dann stelle ich mich notfalls auch dazwischen.

Leider funktioniert diese Schadensbegrenzung nicht immer. Und es schmerzt umso mehr, wenn mich die Aggression persönlich trifft.

So passiert es am folgenden Sonntag. Papa und ich fahren wieder in die Kirche; ich frage wie üblich nach Hostienresten. Auf dem Rückweg pflücke ich Blumen am Wegesrand, einen tollen Strauß, den ich Mama schenken möchte. Zur Feier des Tages kehren wir noch in einer Bar ein. Ich hieve mich auf den hohen Sessel an der Theke und sitze dort schüchtern aber glücklich und stolz neben Papa. Einige Männer stehen um uns herum. Papa hat seine Bestellung schon abgegeben und fragt, was ich gerne haben möchte. „Orangensaft", flüstere ich Papa zu, doch anstatt des gewünschten Getränkes donnert Sekunden später seine Hand mitten in mein Gesicht. Ich habe Mühe, nicht vom Hocker zu fallen, klammere mich in letzter Sekunde an der Theke fest. Fassungslos starre ich Papa ins Gesicht, nehme nur am Rande wahr, dass meine Wange brennt und heiß anläuft. Wofür war das denn? Ich spüre, wie Tränen in meine Augen steigen, doch ich werde den Teufel tun, vor all den Männern zu heulen. Ich schäme mich, die Situation fühlt sich aus vielen verschiedenen Gründen alles andere als gut an, nicht zuletzt, weil sie in einem Raum mit vielen Personen stattfindet. „Antworte mir gefälligst!", brüllt Papa mich an. „Ich habe doch gesagt, dass ich einen Saft möchte", antworte ich ängstlich und etwas entrüstet. Doch Papa antwortet bloß, dass ich selbst Schuld sei, wenn ich nicht in der Lage wäre, anständig Antwort zu geben. Den Saft kann ich in Folge nicht genießen. Ich habe Angst davor, unbewusst eine falsche Bewegung zu machen und so Papa erneut zu erzürnen.

In Zukunft konzentriere ich mich auch mehr denn je, immer mit fester und klarer Stimme zu sprechen. Zu Hause angekommen, flüchte ich schnell in mein Zimmer und versuche, die Ereignisse in meinem Kopf und in meiner Seele richtig einzuordnen. Doch es gelingt mir keineswegs, ich verstehe es einfach nicht.

*

In der Nacht hatte ich einen Traum. Ich saß in einem Rollstuhl, konnte meine Beine nicht bewegen. Aufgrund eines Unfalles sollte ich für immer querschnittgelähmt bleiben. Doch das Seltsame an diesem Traum: Ich fühlte mich glücklich. Aufgrund der Behinderung nahmen mich plötzlich alle wahr. Die Nachbarskinder holten mich zum Spielen und Spazieren ab und stritten sich darum, wer meinen Rollstuhl schieben darf. Jeder kümmerte sich um mich, jeder war nett zu mir. Ich konnte niemandem mehr hinterher rennen, doch ich musste es auch nicht mehr. Aus meinem Sitz strahle ich zu den Kindern hoch, die um mich versammelt waren … Nach dem Aufwachen bin ich verwirrt. Warum fühlte es sich so gut an, im Rollstuhl zu sitzen? Das ist doch etwas Schlimmes. In diesem Moment kann ich einfach noch nicht verstehen, geschweige denn in Worte fassen, dass ich mich am tiefsten Grunde meiner Seele total vernachlässigt und ungeliebt fühle und mein kleines Herz sich nach Zuneigung und Fürsorge sehnt.

*

Heute ist Nikolaustag. In unserem Dorf gehören nach altem Südtiroler Brauch zu diesem Tag auch die Krampusse. Jungs und Männer verstecken sich dann unter Masken aus Holz, in unserer Gegend sind diese oft meterhoch. Die Fratzen sind mit roter Farbe „blutverschmiert", die Augen leuchten Angst einflößend durch batteriebetriebene Lichter. Von oben bis unten sind die Kreaturen von dunkler Schafwolle bedeckt, meist begleitet von einem unangenehmen Geruch. In der Hand hält der Krampus üblicherweise eine Rute oder eine Eisenkette zum Schlagen oder aber, und das ist noch um einiges schmerzhafter, einen Pferdeschwanz. Der Krampus wird schon von Weitem von einer lauten Kuhglocke angekündigt, die er um die Hüfte trägt. Wenn er jemanden verfolgt, schlägt die Glocke laut und schnell. Alleine das Geräusch führt zu Gänsehaut und Herzrasen, Stress pur im Körper.

Als ich mich nun auf dem Weg zur Schule mache, bin ich erst wenige Schritte vom Haus entfernt, als ich erschrocken innehalte. Oh nein, vor der Schule tummeln sich bestimmt an die zehn Krampusse. Ich habe riesige Angst. Doch zum Glück ist Papa da. Er ist gerade hinter dem Haus damit beschäftigt, mit der Motorsäge Holz für den Winter klein zu schneiden. Ich laufe schnell zu ihm hin, nicht ohne mich immer wieder zu vergewissern, dass noch kein Krampus die Verfolgung aufgenommen hat und hinter mir her ist. „Papa, Papa, du musst mich in die Schule begleiten, die Krampusse sind da!" Die Arbeit kann warten, in ein paar Minuten ist er wieder zurück, denke ich. Doch nicht so Papa. Er schaut mich von oben herab an, scheint erstaunt darüber, wie ich es wagen kann, aufgrund einer solchen Banalität seine Arbeit zu unterbrechen. Er nimmt einen Stock, der neben ihm liegt und schmeißt in mir gegen den Bauch. „Stell dich doch gefälligst nicht so an. Was soll das denn? Nimm den Stock und hau zurück. Denkst du im Ernst, dass ich Zeit für so einen Quatsch habe?" Mein Herz rutscht in die Hose. Oh nein, was soll ich denn jetzt machen? Soll ich mich wirklich alleine durch die Krampusse wagen? Das ist ein purer Albtraum. Meine Knie schlottern. Doch ich weiß genau, dass ich nicht zu lange zögern darf. Ansonsten droht die Haue nicht mehr alleine von den Krampussen.

Ich mache mich auf den Weg, den Stock fest umschlossen in meiner Hand. Ich kann die Fratzen sehen, ich hasse das Geräusch der Glocken. Mein Herz rast bis zum Hals; für einen Augenblick möchte ich weinen, ich möchte meiner Angst nachgeben, möchte mich umdrehen und schnell weglaufen, weit weg. Doch das mache ich nicht. Ich atme tief ein und ermahne mich innerlich, mich doch am Riemen zu reißen. Den Kopf hoch erhoben, die Schultern nach hinten und mit festem Blick marschiere ich mitten in die Menge hinein. Allein die schwitzenden Hände verraten meine große Angst, doch das kann zum Glück niemand sehen. Die Krampusse umzingeln mich, lautes, dumpfes Schreien dringt aus den Masken hervor, Ketten rasseln. Ich suche die Öffnungen, hinter denen ich die Augen vermute, bei dem Krampus, der mir am Nahesten steht. „Wage es ja nicht, mich zu berühren", zische ich mit fester Stimme und vernichtendem Blick. Um zu untermauern, wie ernst ich es meine, greife ich nach seiner Rute und breche sie in zwei Stücke. Dann schreite ich mit ruhigen und festen Schritten durch die Gruppe hindurch, auf die Schultür zu.

Ich glaube, die Jungs und Männer waren zu verdutzt, um mich weiter zu verfolgen. An der Tür angekommen, nehme ich noch aus den Augenwinkeln wahr, dass ich das einzige Kind der Schule bin, das ohne Begleitung gekommen ist. Überall schützende Eltern, die sich vor ihre Kinder stellen. Ich schlage die Tür hinter mir zu, durchquere die Halle und erst, als mich von draußen niemand mehr sehen kann, fange ich an zu laufen. Ich haste in das Klassenzimmer und schließe hinter mir die Tür. Mit zitternden Händen atme ich aus.

Als später, während des Erdkundeunterrichtes, der Lehrer sich einen Spaß erlaubt und die Krampusse ohne Vorwarnung in die Klasse lässt, versammle ich in Windeseile meine Mitschüler in einer Ecke und stelle mich schützend davor. Jetzt bin ich es doch schon fast gewohnt, mich trotz Riesenschreck den furchtbaren Krampussen gegenüberzustellen. Ein Mädchen aus meiner Klasse heult auch eine halbe Stunde später immer noch vor Angst und kann sich nicht mehr auf ihre Übung konzentrieren. Da beende ich für sie das Bild vom Vulkan, zeichne die Gänge des Magmas und die Ausgänge für die Lava. Der Lehrer bemerkt erstaunt, wie furchtlos ich doch bin und wundert sich sehr darüber, dass selbst die Krampusse mich nicht aus der Ruhe bringen konnten. Wenn der bloß wüsste ...

*

In den folgenden Jahren lerne ich sehr viel. Nicht nur Lesen, Schreiben, Italienisch und Mathematik, ich lerne auch, dass ich über bestimmte Dinge nicht sprechen darf. Vor allem nicht über Vorkommnisse innerhalb der Familie. Papa erklärt mir, dass wir zusammenhalten müssen, weil wir ein Team sind. Er erklärt mir weiter, dass man nach außen hin immer nur positiv von der Familie spricht, weil man sich doch ansonsten selber schlecht redet. Er sagt, dass die Menschen doch gleich verstehen würden, dass ich so bin, wenn ich Negatives erzählen würde. Er erklärt mir das mit einem Lächeln, als ob er mich in ein tolles Geheimnis einweiht und ich freue mich darüber, wie klug mein toller, geliebter Papa doch ist. Und ja, wir sind ein Team. In Liebe verbunden, für immer. Ich bin so stolz darüber, dass wir so eine besondere Beziehung zueinander haben, ich bin so glücklich. Der Rest der Welt kann mir nichts anhaben, solange wir zwei zusammenhalten.

Liebend gerne helfe ich aus diesem Grund auch bei allen anfallenden Arbeiten mit. Ich kann schon sehr viel, und das ist gut, denn die Arbeit wird stetig mehr. Wir sind gerade dabei, einen neuen, viel größeren Bauernhof zu bauen. Papa erledigt die meisten Arbeiten selbst und so oft es geht, bin ich an seiner Seite. Ich schleppe schon Zement, rühre Mörtel an, schneide Holz mit den Maschinen, verwende Bohrer und Zange wie selbstverständlich. Im Alter von acht Jahren kann ich bereits Traktor fahren, muss aber vom Sitz aufstehen, um die Bremse zu drücken, weil meine Beine noch zu kurz sind. Wir sind ein Team, Papa betont das immer wieder. Dass mein Rücken oft schmerzt, sage ich nicht. Und als ich eines Abends nach einem langen, anstrengenden Tag ohnmächtig zu werden drohe, finde ich eine Ausrede, um schlafen gehen zu dürfen, nachdem Papa auf meine Mitteilung, dass es mir nicht gut geht, nicht reagiert.

*

Seit einigen Tagen ist Mama krank. Sie ist eigentlich nie richtig krank, aber jetzt hat sie die Grippe. Sie beschwert sich nicht, aber da sie fast die ganze Zeit im Bett liegt, merke ich, dass es ihr dieses Mal tatsächlich nicht gut geht. Sie ist sehr schwach, versucht ein paarmal, zum Kochen aufzustehen, doch muss sie sich jeweils nach kurzer Zeit wieder hinlegen. Vierzig Grad Fieber zeigt das Thermometer an, schon seit zwei Tagen. „Das wird schon wieder", hat Mama gesagt. Doch als sie eben wieder Fieber gemessen hat, sagt sie das nicht mehr. Das Fieber ist weiter angestiegen, auf über zweiundvierzig Grad. „Ich muss sofort zum Arzt", sagt Mama schwach. Sie kann nicht mehr aufstehen. Papa fährt mit ihr zum Arzt, und der schlägt sofort Alarm. Auf direktem Weg ins Krankenhaus, es ist eine Gehirnhautentzündung.

47

Es sind über dreißig Kilometer bis zum nächsten Krankenhaus, Mama wird immer schwächer. Die Ärzte übernehmen. „Das war in letzter Sekunde", sagen sie. Ich warte zu Hause. Warte darauf, dass Papa mir endlich sagt, was mit Mama los ist. Ich mache mir große Sorgen. Mama, du schaffst es! In Gedanken versuche ich, ihr Kraft zu schicken. Mein Herz ist schwer wie Blei. Mein Kopf liegt schwer auf meiner Schulter;

ich fühle mich unglaublich erschöpft. Meine Gesichtszüge sind wie eingefroren; es scheint unmöglich, je ein Lachen über die Lippen zu bringen.

Da ich schon seit jeher recht selbstständig war, mache ich mich auch jetzt daran, die Küche aufzuräumen, Geschirr zu spülen. Ich fege den Boden und bespreche dann mit Papa, was es zu Mittag zum Essen geben soll. Ich kann einige Gerichte kochen und kontrolliere, ob alles da ist, was ich benötige. Ich gehe noch ins Geschäft, um etwas Mehl zu holen, dann mache ich Omeletts mit Marillenmarmelade. Wie selbstverständlich decke ich den Tisch, stelle Saft dazu, dann kommen die noch warmen Omeletts auf die Teller. Erst als die anderen satt sind, esse auch ich; Omeletts müssen schließlich frisch serviert werden.

Täglich warte ich nun auf Nachricht von Mama. Obwohl ich erst acht bin, bin ich jetzt im Arbeitsmodus. Die Heuernte muss gerade eingebracht werden, Papa und ich arbeiten den ganzen Tag über auf dem Feld. Die Jungs sind mittlerweile auf der Alm, dort arbeiten sie den Sommer über. Am Morgen packe ich ein Lunchpaket, belegte Brote und Saft. Am Abend helfe ich noch, den Haushalt in Gang zu halten. Bloß die Waschmaschine bedienen, kann ich noch nicht. Das macht Papa, aber dafür bin ich beim Bügeln sehr geschickt. Nach ein paar Tagen kommt eine Großtante, um uns zu unterstützen. Sie bringt süße Schnitten mit, und darüber freue ich mich sehr. Es ist total nett von ihr, uns jetzt zu unterstützen. Nur schade, dass sie mich nicht so besonders mag. Sie ist immer sehr streng, noch von der alten Schule, und ich schaffe es oft nicht, alles so zu machen, dass es für sie gut ist. Wir spülen immer gemeinsam Geschirr, täglich wechseln wir uns ab, einer spült, der andere trocknet. Gestern habe ich sie darauf aufmerksam gemacht, dass an einer Gabel noch ein kleiner Essensrest ist, heute muss ich dafür das komplette Geschirr zweimal spülen. Sie reicht mir jeden einzelnen Gegenstand zurück und sagt, dass er nicht sauber ist.

Ich atme schweren Herzens tief durch, den Blick in das Spülwasser gesenkt. Ach Mama, wenn du doch nur da wärst.

Nach der Arbeit möchte ich gerne vor das Haus, ich höre schon die ganze Zeit die Nachbarskinder im Spiel lachen und rumtollen. Doch die Großtante ist entrüstet über meine Frage. Wie ich denn ans Spielen denken kann, sagt sie, wo doch noch so viel zu erledigen ist. Schlussendlich schaffe ich es, mir wenigstens zehn Minuten Spielzeit einzuhandeln, dann mache ich mich an die Bügelwäsche.

Heute darf ich zum ersten Mal Mama im Krankenhaus besuchen. Ich bin so aufgeregt und kann es kaum erwarten. Ich möchte einen Marmorkuchen backen und diesen Mama mitbringen. Sie freut sich immer sehr über Selbstgemachtes, und einen Kuchen für sich alleine hat sie bestimmt noch nie bekommen. Wer weiß, ob das Essen im Krankenhaus überhaupt schmeckt. Wenn ich daran denke, wie sehr sie sich über meine Aufmerksamkeit freuen wird, bin ich selbst voller Vorfreude und mache mich sogleich an die Arbeit. Mit der Waage portioniere ich die benötigten Mengen, ich stelle einen Stuhl an die hohe Ablage, so geht das Hantieren mit dem Rührgerät einfacher. Ich bin schwer beschäftigt, als die Großtante zur Tür herein kommt. „Was zum Donnerwetter machst du da?" Sie ist entrüstet. Das sei totale Verschwendung; wie ich es mir überhaupt erlauben könne, all die Lebensmittel zu vernichten. Es wäre doch von vorneherein klar, dass da nichts bei rauskommen würde. Sie will mir schon den Teig aus der Hand reißen, überlegt es sich dann aber doch noch anders, da sie erkennt, dass ich eh schon in der Vorbereitung fertig bin. Angefressen verlässt sie den Raum und spricht den ganzen Tag über kein Wort mehr mit mir.

Ich bin so traurig. Warum freut sie sich denn nicht, wenn ich meine Mama aufmuntern will, wo die doch so schwer krank ist? Warum glaubt die denn, dass ich nicht Kuchen backen kann? Bei anderen Arbeiten geht sie doch auch ganz selbstverständlich davon aus, dass es einfach für mich ist, auch wenn dem oft ganz und gar nicht so ist. Ich habe mich eben mit Mama verbunden gefühlt, habe mich gefreut, etwas für sie tun zu können. Jetzt bin ich wieder tieftraurig und Zweifel kommen in mir auf. Was, wenn der Kuchen jetzt nicht gelingt?

Wenn Mama auch denkt, dass das Verschwendung ist? Doch ich schaffe es. Der Kuchen wird so, wie er sein soll. Ich räume die Arbeitsfläche sauber, putze das Geschirr und wickele den Kuchen in Papier.

Im Krankenhaus angekommen, muss ich feststellen, dass Mama viel zu schwach ist, um sich mit mir zu unterhalten. Total verloren stehe ich neben ihrem Bett. Stehe neben all den Geräten, Kabeln und Schläuchen. Ich stelle den Kuchen auf die Ablage. Mama bedankt sich kurz. Die Krankenschwester sagt, dass wir nicht lange bleiben dürfen. Schon bald verabschieden wir uns und treten den Heimweg an. Ich fühle mich einsamer denn je, doch genau dieses Gefühl löst ein schlechtes Gewissen in mir aus. Wie egoistisch das doch von mir ist, an mich selbst zu denken und mich schlecht zu fühlen, wo es doch Mama nicht gut geht. Ich versuche, wieder ganz stark zu sein und meine Pflichten zu erfüllen.

Beim nächsten Besuch ist Papa schlecht gelaunt. Er steht an Mamas Krankenbett und ist richtig gemein zu ihr. Ich habe nicht verstanden, worum es geht, doch Papa sagt sehr böse Worte. Mama ist immer noch sehr schwach und kann kaum etwas erwidern. Irgendwann sehe ich eine Träne über ihre Wange perlen.

Es zerreißt mir das Herz. Was geht hier vor sich? Mama soll doch von uns aufgemuntert werden! Eingeschüchtert von der fremden Umgebung und von den vielen Geräten, wage ich es nicht, etwas zu sagen und Papa zum Schweigen zu bringen. Ich bin fassungslos, mir ist schlecht. Diese Situation gerade kann einfach nicht wahr sein. Innerlich flehe ich Papa an, doch endlich aufzuhören und lieb zu Mama zu sein. Wie gemein ist das denn? Papa dreht sich um und herrscht mich an: „Los, wir gehen!" Ohne ein Wort der Verabschiedung verlässt er den Raum. Ich bin innerlich zerrissen. „Gute Besserung, Mama", flüstere ich ihr ins Ohr und versuche kurz, mich an sie zu drücken. Sie sieht mich traurig und erschöpft an.

Dann laufe ich schnell hinter Papa her, in der Angst, dass er ohne mich nach Hause fährt. Im Auto kann ich die Tränen nicht mehr zurückhalten. So hatte ich es mir nicht vorgestellt,

Mama endlich wiedersehen zu dürfen. Ich drehe mein Gesicht zum Fenster und presse meine Hand gegen den Mund, um zu verhindern, dass ein Wimmern entweicht. Das ist doch absolut menschenunwürdig, am Krankenbett so gemein zu sein. Meine Gedanken verlaufen wie in Zeitlupe, ich kann es einfach nicht glauben, dass das gerade eben so abgelaufen ist. Warum wollte er denn überhaupt hinfahren, wenn er es doch eh nicht nett gemeint hat? Zu Hause angekommen, bin ich froh, dass noch viel Arbeit zu erledigen ist. So bleibt mir nicht viel Zeit zum Nachdenken.

Eine gefühlte Ewigkeit vergeht, bis Mama aus dem Krankenhaus entlassen wird. Papa holt sie ab, ich darf nicht mit. Im Hausflur, gleich hinter der Eingangstür, warte ich ungeduldig, dass sie das Haus betritt. Endlich kommt Mama wieder. Endlich, endlich wird alles wieder gut. Vielleicht freue ich mich auch, endlich wieder die schwere Last der Verantwortung abgeben zu können, doch das ist mir im Moment nicht bewusst. Ich will einfach nur, dass Mama wieder da ist. Ich will ihr erzählen, wie es uns in der Zwischenzeit ergangen ist. Ich will ihr sagen, dass wir alles gut hingekriegt haben, dass es nur ein bisschen anstrengend war, und dass ich ganz viel gekocht und mich gut um alle gekümmert habe. Ich will ihr erzählen, dass die ganze Wäsche gemacht ist, dass sie sich deswegen keine Gedanken zu machen braucht. Ich bin sehr stolz darauf, dass wir das alles so gut gemeistert haben, und ich werde auch nicht erwähnen, dass ich auf ganz vieles verzichten musste.

Ich höre das Auto vorfahren. Sie kommen. Wie sich Mama freuen wird, wenn sie mich sieht. Ich verstecke mich etwas hinter der Treppe, um sie zu überraschen. Sie soll ja nicht sehen, dass ich schon dauernd gewartet habe. Die Tür geht auf, Papa kommt herein und Mama hinterher. Jetzt gibt es für mich kein Halten mehr. „Mama!", juble und juchze ich lautstark und laufe von meinen Gefühlen überwältigt auf sie zu. Ich öffne die Arme, um mich ihr an den Hals zu schmeißen, doch sie bremst mich mit der ausgestreckten Hand ab, sodass ich einen Schritt entfernt zum Stehen komme. Fragend blicke ich zu Mama auf, meine Bewegung ist wie eingefroren, die Arme immer noch zu Mama hin gestreckt. „Nicht", sagt sie leise: „Ich habe große Schmerzen." Dann dreht sie sich um, geht in ihr Zimmer und legt sich ins Bett.

Ich spüre regelrecht, dass in mir etwas bricht. Ich stehe immer noch an derselben Stelle, unfähig, mich zu bewegen. Ich war so lange stark gewesen, ganz tapfer, für Mama. Und jetzt, jetzt fühle ich mich einfach nur noch verlassen. Ich fühle mich zurückgewiesen, irgendwie auch verraten. Langsam gehe ich einen Schritt zurück, setze mich auf die unterste Stufe der Treppe. Ich kann die Tränen nicht am Laufen hindern, lautlos und unaufhaltsam kullern sie über mein Gesicht. Die Traurigkeit und die Einsamkeit in mir sind so groß, unbeschreiblich groß. Nach kurzer Zeit stehe ich auf, wie in Trance gehe ich in die Küche und mache mich an den Abwasch, überlege mir, was ich zum Abendessen kochen soll. Ich erfülle weiterhin meine Pflicht.

*

Der neue Stall ist fertig gebaut, das Wohnhaus noch nicht ganz. Die Kühe haben bereits Einzug gehalten. Jetzt besitzen wir einundzwanzig Rinder und ein paar Kälber, Schweine, Schafe, Hühner; insgesamt ganz schön viele Tiere für unsere Gegend. Natürlich fällt auch dementsprechend Mehrarbeit an. Es ist die Aufgabe von uns Geschwistern, am Abend die Tiere zu füttern und den Stall sauber zu machen, außerdem genügend Futter für den nächsten Morgen vorzubereiten. Wir machen die Arbeit eigentlich sehr gerne, vor allem wenn Papa gut gelaunt ist. Dann haben wir richtig Spaß. Aber manchmal ist es auch mühsam. Wir sprechen uns gemeinsam ab, wer was erledigt, bei den unangenehmeren und anstrengenderen Arbeiten wechseln wir uns ab. Es ist ein gutes Gefühl, etwas geleistet zu haben.

Zu Weihnachten beschließen wir, in das neue Haus zu ziehen, auch wenn es noch nicht fertig eingerichtet ist. Wir freuen uns alle viel zu sehr auf unsere tolle, neue Heimat, in der für jeden ein Zimmer bereitsteht.

Aus Kisten bastle ich mir ein Regal. Da alle Schlafzimmer noch ohne Türen sind, nagele ich eine Decke in den Rahmen, um mir eine gemütliche Höhle mit ausreichend Privatsphäre zu schaffen. Ich freue mich auf meinen persönlichen Raum, auf meinen Ort des Rückzuges. Freue mich darauf, hier zu lesen, Musik zu hören, in meiner eigenen Welt zu versinken.

Vom Balkon aus sehe ich in den anliegenden Wald, und wenn ich mich nach rechts drehe, kann ich über den See blicken, dahinter ragen imposant und beeindruckend die Berge empor. Unser Haus steht etwas höher als das restliche Dorf, ich kann über die anderen Häuser hinwegschauen. Ich liebe das Bild, das sich mir hier bietet. Diese Gegend, die Natur, die faszinierende Schönheit der Landschaft. Zurzeit liegt alles unter einer dicken, weißen Schneedecke. Die Äste der riesigen Lärchen neigen sich unter der schweren Last nach unten. Der See ist zugefroren, die Häuser verstecken sich unter einer zuckersanften Haube. Alles ist still, so friedlich, jedes Geräusch wird vom Schnee verschluckt. Dieser Ausblick, dieses wundervolle Bild, das ist für mich Heimat. Eine unglaubliche Ruhe strahlt aus dieser Szene. Ich atme tief die klare, kühle Luft in meine Lunge. Versuche bewusst, den Augenblick, die Intensität dieses Eindruckes in mir zu spüren und zu genießen.

Im Stock darunter liegt das Wohnzimmer, es umfasst fast eine komplette Etage und in der Mitte befindet sich ein mehrstufiger Holzofen, auf dem wir uns manchmal verteilen, wie die Hühner auf ihrer Leiter. In der Ecke haben wir einen Tannenbaum aufgestellt und geschmückt. Ein paar wenige Geschenke sind darunter verteilt, wir Kinder legen noch selbst gebastelte Geschenke und eine Schokolade für Mama und Papa dazu.

Es wird Abend. Heiliger Abend. In Kürze wollen wir essen, unser erstes Weihnachten als Familie in unserem neuen Haus feiern. Was für ein besonderer Tag. Eine feierliche Atmosphäre hüllt uns alle ein. Papa ist noch nicht da. Wir sind es schon gewohnt, dass er sich oft verspätet, manchmal lässt er uns auch ganz schön lange warten. Doch heute wird er bestimmt bald kommen. Dieser Abend ist für alle von großer Bedeutung. Die Zeit verstreicht. Als Papa nach über einer Stunde nach dem vereinten Zeitpunkt noch immer nicht da ist, werden die Stimmen nach und nach kleinlaut.

Ich habe Hunger. Und schließlich fangen wir ohne Papa an, zu essen. Zu Weihnachten. Wir essen, ohne viel zu sprechen, und setzen uns dann an den Baum. Ich bin hin und her gerissen. Es ist doch Weihnachten, ein Tag voller Freude! Warum fühlt es sich dann nicht mehr nach Freude an? Papa ist immer noch nicht da. Wir singen Lieder, doch es will keine rechte Stimmung aufkommen. Ich bin schon müde, meine Augen sind schwer. Da höre ich etwas und endlich kommt Papa zur Tür herein. Juhu! Ich strahle, erleichtert, glücklich. Doch nur für einen kurzen Moment, dann vereist mein Herz. Die Freude verpufft schlagartig. Warnsignale! Bauchschmerzen, ein Druck auf meiner Brust und stechende Schmerzen in meinem Herzen machen sich breit. Papa wankt, seine Augen sehen wütend aus. Ich wollte eben noch auf ihn zustürzen, mit meinem Geschenk für ihn in der Hand, doch halte in der Bewegung inne.

Was ist los? Papa geht durch den Raum ohne uns anzusehen, wirft dabei einen Stuhl zu Boden. Er geht zum Herd und beginnt, direkt aus den Töpfen zu essen, ohne überhaupt den noch stehenden Teller und den feierlich geschmückten Tisch zu beachten. Essen fällt zu Boden, Papas Körper schwankt von links nach rechts, er rülpst, dann bebt sein Körper vom Schluckauf. Er ist offensichtlich stark betrunken! Ungläubig beobachte ich die Szene, die Augen weit aufgerissen. Wie anders Papa doch aussieht, wenn er nicht imstande ist, geradezustehen. Es macht mich traurig, zu sehen, dass er anscheinend nicht fähig ist, mit dem Löffel in seinen Mund zu zielen. Er nimmt einen großen Schluck Saft direkt aus der Karaffe. Etwas davon rinnt an seinem Mund vorbei direkt aufs Hemd. Keiner von uns spricht ein Wort.

Schließlich dreht Papa sich um und kommt auf uns zu. Ich halte immer noch das Geschenk in der Hand, strecke es ihm entgegen. Mit einer Handbewegung reißt er das Paket aus meiner Hand und schleudert es in die Ecke des Raumes, sein Blick fixiert zornig den Baum. „Euren Scheiß könnt ihr für euch behalten!", zischt er böse, dreht sich um und verlässt den

Raum, nicht ohne die Tür donnernd ins Schloss zu schlagen. Ich höre, wie er die Treppe hochgeht, seine Füße suchen eine Stufe nach der nächsten, viel langsamer als sonst. Das Ächzen des Bettes ist bis ins Wohnzimmer zu hören. Ungläubig stehe ich immer noch an derselben Stelle, unfähig, einen klaren Gedanken zu fassen. Er ist tatsächlich ins Bett gegangen. Nachdem wir so lange gewartet haben. An Heiligabend. Dass er mein Geschenk nicht angenommen hat, verletzt mich zutiefst. Was habe ich getan? Ich bin unendlich traurig. So ein schlimmes Weihnachten habe ich noch nie erlebt, dabei hatte ich mich so auf diesen Tag gefreut. Ich möchte nie wieder Weihnachten, wenn dieser Tag so schmerzhaft ist.

Hilfe suchend drehe ich mich nach links, nach rechts. Mein Kopf sucht verzweifelt einen positiven Gedanken, oder überhaupt einen Gedanken zu fassen. Doch in meinem Kopf ist nur Schock, Rauschen, Ungläubigkeit. Ich gehe ebenfalls in mein Zimmer, lege mich ins Bett und versuche zu schlafen.

*

Im neuen Wohnhaus fehlt noch einiges, auch in der Küche steht nur eine provisorische Kochstelle. Dass die Einrichtung nicht komplett ist, kann ich verstehen. Der Bau hat Unmengen an Geld verschluckt, Papa hat von Anfang an versucht, so viele Arbeiten wie nur möglich selbst zu erledigen, um an dieser Stelle zu sparen. Aber dennoch können wir es uns nicht leisten, alles gleich zu kaufen. Erst wurden die Nutzgegenstände fertiggestellt. Der Stall und die Ferienwohnungen, die wir vermieten, hatten Vorrang. Ich merke dauernd, wie sehr Mama und Papa unter dem Druck der Geldsorgen leiden. Sie streiten sich immer öfter und nicht selten geht es dabei um Geld.

Mama gönnt sich selbst nichts, ich hab überhaupt noch nie gesehen, dass sie irgendwas für sich gekauft hat. Keine Kleidung, keine Zeitung, nichts. Sie geht in keine Bar und sie schminkt sich nicht. Das Auto, das eigentlich der ganzen Familie gehört, benutzt sie nicht mehr, Papa hat es ihr verboten. Darum fährt sie immer mit dem Fahrrad zur Arbeit, 45 Minuten pro Fahrt. Sie sagt, dass sie das gerne macht. Mama rechnet immer genau, bevor sie Essen für uns kauft; Süßigkeiten gibt es nicht. Aber dennoch schimpft Papa dauernd, dass Mama das Geld zum Fenster raus wirft. Er sagt oft, dass sie schuld ist, wenn der Hof „zum Teufel geht". Ich verstehe das nicht, vor allem, weil doch Mama im Gegensatz zu Papa ein geregeltes Einkommen hat. Ich mache mir große Sorgen. Werden wir den Hof tatsächlich verlieren, noch ehe wir richtig eingezogen sind? Ich getraue mich nicht mehr, Mama oder Papa um Geld zu bitten, wenn ich etwas brauche. Die beiden versuchen, nicht direkt vor uns Kindern über Geld zu sprechen. Sie sagen, dass es uns nichts angeht. Aber die Streitigkeiten und die Vorwürfe höre ich ständig.

Meine Sorgen werden größer und größer. „Wie viel Geld verdienst du bei deiner Arbeit?", frage ich Mama eines Tages unverblümt. „Ach, ein paar hundert Euro", antwortet sie mir leichthin. Ich ahne nicht, dass Mama mir keine ehrliche Auskunft über ihr Einkommen geben möchte, nehme ihre Antwort sehr ernst. Und bin schockiert darüber. Ich bin intelligent und ich kann gut beobachten. Ich bin oft dabei, wenn Papa Rechnungen bezahlt oder Baumaterial bestellt, ich weiß, was Mama im Lebensmittelgeschäft für ihre Einkäufe bezahlt. Es läuft mir heiß und kalt durch den ganzen Körper, mein Bauch zieht sich zusammen, wird zu einem harten Kloß. Durch meinen Kopf ziehen ein Rauschen und unangenehmes Rieseln. Meine Logik sagt mir, dass ein paar hundert Euro niemals im Leben ausreichen können, um die Rechnungen zu begleichen, geschweige denn um Schulden abzubezahlen. Ich kann in den Nächten kaum mehr schlafen, liege immer öfter stundenlang wach und versuche, wieder und wieder nachzurechnen oder alternative Lösungen zu finden. Aber es kommt einfach immer auf dasselbe raus. Ich verstehe nicht, wie es sein kann, dass Papa sich immer öfter und länger in Bars aufhält. Seltsamerweise scheint bei ihm das Geld bei Weitem nicht so knapp zu sein wie bei Mama. Wie soll es bloß weiter gehen?

*

Das Tolle an dem neuen Wohnhaus ist, dass ich nun direkt neben einem Mädchen aus meiner Klasse wohne. Wir treffen uns jeden Morgen, um gemeinsam in die Schule zu gehen. Ob mit dem Fahrrad oder zu Fuß, es bleibt uns genügend Zeit, um uns zu unterhalten. Eine tiefe Freundschaft entsteht. Wir haben viel Spaß, hecken Ideen aus, was wir am jeweiligen Tag machen wollen. Einmal tauschen wir unterwegs Jacken, Mützen und Schultaschen aus und beschließen, uns den ganzen Vormittag als die jeweils andere auszugeben. Natürlich glaubt niemand auch nur annähernd daran; ich bin die Größte in der Klasse und sie die Kleinste. Aber das ist uns egal, wir finden die Situation so komisch, dass wir uns fast schieflachen darüber.

Schade finde ich nur, dass ich meine Freundin nie zu Hause besuchen darf. Ihre Eltern möchten das nicht. Sie wollen, dass die Freizeit im Rahmen der Familie verbracht wird, gemeinsam mit Cousins, Onkeln und Tanten. Natürlich zweifle ich an dieser Aussage und tief in mir denke ich, dass ich wiederum nicht gut genug für sie bin.

Es macht mich traurig, dass ich keine Familie habe, die mich so sehr wertschätzt. In unserer Familie wird zwar von Zusammenhalt gesprochen, aber diesen kann ich nicht spüren. Das Wort hat keine reale Bedeutung, ebenso wenig wie Gemeinschaft und Geborgenheit. Es fühlt sich so an, als ob es keinen Platz gibt, der für mich gedacht ist. Nie bin ich wichtig, nie geht es um mich. In solchen Momenten ist die Einsamkeit noch gegenwärtiger und schmerzt besonders. Wenn ich sehe, dass andere Kinder von ihren Müttern in den Arm genommen werden, dass etwas in der Familie besprochen wird, dass die Eltern sich um aktuell wichtige Themen der Kinder kümmern, tue ich so, als ob ich das blöd und peinlich finden würde. Ich schaffe es meistens ganz gut, die unendliche Traurigkeit zu überspielen, sie hinter einer Fassade der Selbstständigkeit, guter Laune und sehr viel Stärke zu verstecken.

Seit ich sechs Jahre alt bin, kann ich fließend lesen und verschlinge Unmengen an Büchern, alles, was mir in die Hände kommt. Da ich in der Schule mit dem aktuellen Stoff oft unterfordert bin, mache ich mich daran, nebenher eigene Geschichten, Theaterstücke oder Tanzchoreografien zu schreiben.

Nun organisiere ich eine Aufführung vor der ganzen Schule. Es ist ein Theaterstück zu den Büchern von „Hanni und Nanni". Ich liebe die lustigen Zwillingsmädchen, die in einer Internatsschule täglich neue Streiche aushecken. Die Mädels aus meiner Klasse sind begeistert von der Idee und von nun an haben wir einen Grund, uns ab und zu außerhalb des Unterrichtes in der Schule zu treffen. Auch die Mama des Nachbarmädchens willigt ein, dass wir die Kleideranprobe bei ihr zuhause abhalten dürfen. Ich verteile Rollen, führe Regie, spiele selbst aktiv im Stück. Wir üben mit großem Fleiß an unserem Text, alles muss perfekt sein.

Am Tag der Aufführung sind wir aufgeregt, aber voller Vorfreude. Wir dürfen die Stunde vor der Pause dafür nutzen, um alles vorzubereiten. Die Mitschüler sind gespannt, wir haben selbst den Lehrern nicht verraten, worum genau es in unserer Vorführung geht. Und dann sind sie alle da. Die Kinder der gesamten Grundschule sitzen in der Halle und sehen uns mit erwartungsvollen Blicken entgegen. Das Stück beginnt. Wir sind Feuer und Flamme, spielen, als ob wir nie etwas anderes gemacht hätten. Die unzähligen Proben machen sich bezahlt, jede Einzelne ist sicher in ihrer Rolle, die Pointen sitzen perfekt, und das Publikum wird mitgerissen. Tosender Applaus honoriert unsere Leistung, mit glühenden Gesichtern und leuchtenden Augen strahlen wir uns gegenseitig an. Was für ein tolles Gefühl.

Der tägliche Schulweg ist jetzt mein Highlight des Tages. Die Gruppe erweitert sich, andere Kinder aus der Nachbarschaft schließen sich uns an. Manchmal dauert der Heimweg etwas länger, wir halten uns unterwegs oft auf, um noch ein Spiel zu spielen, im Winter gibt es meist eine Schneeballschlacht. In diesen Momenten denke ich nicht daran, dass es vielleicht Schelte fürs Zuspätkommen gibt. Ich genieße den Moment.

*

Im Frühjahr sollen neue Silos montiert werden. Drei riesige Ungetüme aus Holz. Die Scheune befindet sich im Stockwerk über dem Stall, doch ganz am hinteren Ende des Stalles ist der Raum nach oben hin offen, der Boden der Scheune reicht nur bis etwa drei oder vier Meter vor Ende des Raumes. Hier sollen die neuen Silos ihren Platz finden. Vom Boden des Stalles sollen sie durchgehend bis an die Decke der Scheune reichen, bestimmt acht oder neun Meter hohe Giganten. Es ist dunkel da hinten, das Licht des Stalles wird von einem schweren Holztor davon abgehalten, bis zum Raum für die Silos durchzudringen. In den Silos soll später Gras eingelagert werden. Durch den luftundurchlässigen Verschluss beginnt das Gras zu gären und die Nährstoffe ändern sich, der Anteil an Eiweiß steigt, was dazu führt, dass die Milchproduktion der Kühe angeregt wird. Deshalb muss bei der Montage darauf geachtet werden, dass alles perfekt ist, die kleinste undichte Stelle würde dazu führen, dass später Sauerstoff eindringt und das hätte dann zur Folge, dass das Futter vom Schimmel zerstört wird.

Mir ist also die Wichtigkeit dieses Aufbaus der Silos bewusst und ich freue mich, dass Papa mich zur Hilfe benötigt. Ja, wir sind ein Team, er braucht meine Unterstützung. Er übergibt mir viel Verantwortung, traut mir zu, dass ich so schwierige Arbeiten verrichten kann. Ich freue mich, dass ich auch mitfahren darf, um das Holz und die schweren Eisenringe abzuholen. Mit Papa einen Ausflug zu machen, fühlt sich immer besonders und toll an. Nach der Fahrt beginnt der Aufbau. Männer helfen mit, die meterlangen, schweren Bretter an die richtige Stelle zu positionieren, dafür bin ich doch noch zu klein. Die Eisenringe, die das Holz zusammenhalten, werden angebracht, Schrauben angezogen. An der Front wird eine dünne Eisenleiter montiert, sie führt vom Boden bis ans obere Ende der Holzwand, den ganzen Silo entlang. Eigentlich müsste um die Leiter eine Schutzwand aus Hartplastik gelegt werden; die wird in unserem Fall aber nicht montiert. Wer braucht so was schon. Auch die Absperrung am Rande der Scheune fehlt. Die stellen wir später hin, meint Papa. Die Silos stehen, die helfenden Männer verabschieden sich. Von nun an können wir alleine fortfahren. Der nächste Schritt ist es nun, an der Außenwand von jedem Silo die Rohre zu montieren, durch die dann das Gras, von einem Gebläse angetrieben, seinen Weg nach oben finden soll. Am oberen Ende des Silos kommt eine schwere Konstruktion aus Eisen hin, die sich mechanisch im Abstand von ein paar Sekunden dreht, sodass das Gras gleichmäßig verteilt wird. Diese Konstruktion gibt es nur einmal, sie wird dann über den jeweiligen Silo gelegt, der gerade gefüllt wird. Papa schraubt die Rohre fest, ich reiche ihm die schweren Einzelteile. Das klappt ganz gut. „Jetzt brauche ich deine Hilfe!", sagt Papa, nachdem dieser Vorgang abgeschlossen ist und fügt dann lächelnd hinzu, „du weißt doch, ohne dich wäre ich vollkommen aufgeschmissen." Ich strahle ihn an. Wie gerne ich so etwas höre. Ja, wir sind ein Team, Papa braucht mich.

Ich soll mich nun auf die Leiter vom Silo stellen. Wir starten von der Ebene der Scheune aus, das bedeutet, dass der Einstieg bereits in einiger Höhe liegt. Zögernd schaue ich nach unten, in der Dunkelheit kann ich den Boden unter mir nur noch erahnen. „Umklammere die Leiter fest mit der ganzen Hand", ermahnt mich Papa. Ich zeige meine Unsicherheit nicht, will ihn doch schließlich nicht enttäuschen. Wenn er mir diese Aufgabe zutraut, dann schaffe ich sie auch.

Zwischen Scheunenboden und Leiter liegt etwa ein halber Meter freier Raum, ich muss mich also nach vorne beugen, um das kalte Eisen greifen zu können. Ich verdränge die Angst und schiebe das Gefühl des Schwindels schnell beiseite, das in mir aufzukommen droht. Geschafft, meine Hände sind an der Leiter. Unmerklich atme ich auf. Es war mir gar nicht bewusst, dass ich die Luft angehalten habe. Jetzt ist es nicht mehr so schwer, auch die Füße auf die Eisensprosse zu stellen. Ich stehe auf der Leiter. Sie fühlt sich etwas rutschig an, das kalte Eisen ist sehr glatt.

Papa stellt sich hinter mich, wir gehen gemeinsam die Leiter hoch, Stufe für Stufe, bis ganz nach oben. An der letzten Sprosse angekommen, sehe ich den Rand des Silos, ganze zweieinhalb Zentimeter dick. Der Silo ist nach oben hin offen, doch quer über das schwarze Loch, das einen Durchmesser von mehreren Metern hat, liegt ein Holzbrett, nicht besonders breit. Erst langsam begreife ich, dass ich nun genau dahin soll. Bis zur Mitte des Kreises hin soll ich über das Brett rutschen, um dort die Schrauben am Verteiler zu montieren. Papa selbst ist zu schwer, das Brett würde ihn wohl nicht tragen, aus diesem Grund soll ich die Aufgabe übernehmen.

Ich mache den Fehler und blicke kurz zwischen meine Beine nach unten. Eiskalt läuft es über meinen Rücken, ein mulmiges Gefühl breitet sich in mir aus, in meinem Bauch verspüre ich Übelkeit, in meinem Kopf setzt sich ein watteartiges Gefühl des Schwindels fest. „Nicht nach unten sehen", ermahnt mich Papa. „Fokussiere dich nur auf dein Ziel." Ich atme tief durch. Dann steige ich mit den Füßen noch eine Stufe höher, die Hände haben keine Möglichkeit mehr, dem sichernden Eisenpfad zu folgen. Ich greife mit der einen Hand nach dem Holzrand, die Übelkeit droht mich zu übermannen. Erneut atme ich tief durch und lege auch die zweite Hand auf den Rand, während ich mit den Füßen eine weitere Stufe nach oben steige. Ich fühle mich komplett ausgeliefert, spanne meinen Körper an, um die Balance zu finden, ich darf jetzt weder zu weit nach vorne, um nicht kopfüber in den Silo zu fallen, noch zu weit zurück. „Greif mit den Händen an das Brett und zieh dich langsam hoch", fordert Papa mich mit ruhiger, sichernder Stimme auf. „Ich bin hinter dir." Papa passt bestimmt auf mich auf, er weiß doch, was er tut. Das versuche ich mir einzureden, doch des beruhigt mich nur wenig. Ich ziehe mich nach oben über den dünnen Rand des Silos hinweg auf das schmale Holzbrett.

Der Moment des Überganges, bei dem ich die letzte Stufe der Leiter verlasse, aber noch nicht ganz auf dem Brett angekommen bin, ist schlimmer als jeder Albtraum. Ich habe keinen Halt, keine Kontrolle, keine Sicherheit, unter mir der Abgrund. Acht oder neun Meter tief. Ich konzentriere mich auf mein Ziel, hindere den Schwindel mit ganzer Kraft daran, sich durchzusetzen. Versuche mit aller Konzentration die schwarze Leere unter mir auszublenden. Ebenso das Wissen, dass die endlos scheinende Tiefe auf einem kalten Betonboden endet.

Zum Glück hatte ich oft genug die Gelegenheit, mich darin zu üben, meine Gefühle und Gedanken in schwierigen Situationen zu kontrollieren, das kommt mir jetzt sehr zugute. Ich stütze mich kurz mit dem Knie auf dem Holzbrett ab, die Finger beider Hände umklammern den Rand so stark, dass die Knöchel weiß hervortreten. Dann lasse ich meine Beine links und rechts vom Brett nach unten gleiten. Ich spüre, dass Papa mich noch am Kragen meines Pullovers festhält. Ich sitze. Ausatmen. Ziel fokussieren.

Langsam rutsche ich auf dem Brett nach vorne, Zentimeter um Zentimeter. Mist, der Schraubenzieher. Ohne mich umzudrehen, verzweifelt darauf konzentriert, das Gleichgewicht zu halten, greife ich über meine rechte Schulter und nehme das Werkzeug in die Hand. Dann setze ich meinen Weg fort. Jetzt kann ich mich nur noch mit einer Hand am Brett festklammern, die andere Hand krallt sich am Schraubenzieher fest, krampfhaft, um ihn ja nicht an die endlos scheinende Dunkelheit unter mir zu verlieren. Ich rutsche weiter nach vorne, merke kaum, dass das Holz unangenehm an der Hose kratzt. Angekommen.

Schnell sehe ich die Schrauben, die es anzuziehen gilt, mit aller Kraft mache ich mich an die Arbeit. Jetzt kann ich mich am Eisen abstützen, die Angst legt sich etwas. „Fest zuziehen", ermahnt mich Papa von der Leiter aus. Mit aller Kraft drehe ich an den Schrauben, die Arbeit muss perfekt sein, sonst muss ich noch einmal hier hoch. Nachdem alle Schrauben sitzen, kontrolliere ich kurz das Ergebnis und trete dann den Rückweg an.

Da ich mich natürlich auf dem schmalen Brett nicht umdrehen kann, schiebe ich mich jetzt langsam rückwärts. Ich weiß nicht, was schlimmer ist, es gibt keine Steigerung mehr für diese Situation. Der Weg ist endlos. Dann spüre ich wieder die Hand von Papa in meinem Nacken. Er nimmt den Schraubenzieher aus meiner Hand und weist mich dann an, langsam ein Bein zu heben, und rückwärts über den Rand des Silos zu schieben. Eine Welle der Übelkeit droht mich erneut zu überrollen. Ziel fokussieren. Ich hebe langsam das Bein. Hände festklammern, Körper anspannen. Ich kann die erste Stufe der Leiter nicht finden, sehe hinter mir ja nichts. Mein Fuß tritt in die Leere. Papa führt mich, muss solange meinen Pulli los lassen, um sich selbst mit einer Hand festhalten zu können. Nun gilt derselbe Vorgang für meinen zweiten Fuß. Schwindel, Horror. Verdrängen. Millimeter für Millimeter wandern meine Hände am Brett weiter, ich wage es nicht, den Kontakt auch nur für eine Sekunde zu verlieren. Sprosse nach unten, Hände an das Eisen. Geschafft!

Ich stehe wieder auf der Leiter zwischen Papas Beinen. Der Weg nach unten scheint jetzt ein Kinderspiel. „Super, das hast du toll gemacht", lobt Papa mich stolz: „Bravo!" Ich lächle glücklich. Ja, auf mich ist Verlass, ich enttäusche meinen Papa nicht. Ich ahne zu diesem Zeitpunkt noch nicht, dass ich von jetzt an für immer unter Höhenangst leiden werde. Dass rein der Gedanke an diesen Tag auch Jahre später noch starke Übelkeit in mir auslösen wird. „Jetzt haben wir uns aber ein Abendessen verdient", zwinkert Papa mir zu und legt seine Hand um meine Schulter, drückt mir noch einen angedeuteten Kuss auf die Wange. „Du bist doch mein Mädchen. Das Allerbeste von allen Mädchen, die wir haben."

Ich lache über diesen Scherz, den Papa oft macht. Ich liebe diese Momente zwischen uns beiden, fühle mich einfach großartig. Die Verbindung zwischen ihm und mir ist so stark spürbar. Nur kurz droht mich anschließend, während ich mir im Bad die Hände wasche, die unfassbare Angst und der Schwindel aus der vorhergehenden Situation zu überwältigen. Kurz befürchte ich, mich übergeben zu müssen und ohnmächtig zu werden, doch schnell schiebe ich diese Empfindungen wieder beiseite. Kopf hoch, Schultern nach hinten und so gehe ich über das ganze Gesicht strahlend und leicht überdreht zu Tisch. Während des ganzen Essens lobt Papa mich fortwährend. Er wiederholt, wie wichtig ich doch für ihn bin, und fragt, was er denn ohne mich machen sollte. Ich bin so stolz und einfach nur glücklich. Ja, ich liebe meinen Papa von ganzem Herzen und würde einfach alles dafür tun, dass er sich über sein Mädchen freuen kann.

*

Ich wache ganz früh auf, voller Vorfreude. Heute ist mein neunter Geburtstag. Ich bin aufgeregt. Heute ist mein Tag, heute bin ich wichtig. Es ist noch zu früh zum Aufstehen, also bleibe ich liegen und warte, hoffe, dass die Zeit ganz schnell vorbei geht. Ein Lächeln huscht über mein Gesicht. Endlich höre ich Mamas Wecker aus ihrem Zimmer. Jetzt hält mich auch nichts mehr zurück. Mama lacht, als sie mich sieht. „Na, konntest du nicht mehr schlafen?", schmunzelt sie. Dann gratuliert sie mir schnell zum Geburtstag. Ich freue mich. Am Frühstückstisch warte ich, bis die anderen nach und nach, wenn auch noch müde und etwas verschlafen, den Tag beginnen. Alle wünschen mir alles Gute, Papa reibt zärtlich seine Nase an der meinen.

Ich bekomme ein neues Tagebuch geschenkt. Eins mit einem richtigen Schloss dran, mit zwei kleinen Schlüsseln. Ich freue mich riesig. Auf dem Titelblatt ist „Minnie Mouse", die ihren Finger an die Lippen hält, als wollte sie sagen: „Ich verrate nichts." Auf jeder Seite im Buch befindet sich am unteren Rand ein weiteres Bild von Minnie, dazu jeweils ein Reim. Ich kann es kaum erwarten, in das Tagebuch zu schreiben. Einen Schlüssel hänge ich mir sogleich mit einer Halskette über meine Brust, den anderen verstecke ich an einem geheimen Ort.

Dann geht's los in die Schule. Mit leuchtend roten Wangen laufe ich zu unserem täglichen Treffpunkt, bin etwas zu früh da. Langsam trudeln auch die anderen ein. Alles Gute! Von Weitem schon rufen sie mir zu, um mir zu gratulieren. Ich bin so glücklich, heute kann ich mich spüren und es fühlt sich gut an. Zu jeder neuen Stunde ruft meine Freundin dem Lehrer, der die Klasse betritt, zu, dass ich heute Geburtstag habe. Alle gratulieren mir, einige stimmen sogar mit der ganzen Klasse gemeinsam ein Geburtstagslied an. Ich kann mich nur schwer auf den Stoff konzentrieren, doch das macht nichts, heute ist mein Tag.

Zu Mittag laufe ich schnell nach Hause. Ich habe ein paar Mädchen und einen Jungen eingeladen und muss noch schnell die letzten Vorbereitungen treffen. Mama ist auf der Arbeit, aber sie hat mir schon am Tag davor einen Kuchen vorbereitet.

Ich decke den Tisch im Wohnzimmer, gestalte Kärtchen für jeden Gast und baue dabei auch eine Tombola ein. In jedem Kärtchen steht eine Nummer und bei einer anschließenden Ziehung kann man dann Bonbons gewinnen; die durfte ich mir heute zur Feier des Tages kaufen. Mein Glücksspiel habe ich aber so ausgedacht, dass am Ende jeder etwas gewinnt, ich möchte nämlich, dass bei mir alle glücklich sind und sich niemand ausgeschlossen oder benachteiligt fühlt.

Ich habe verschiedene Spiele vorbereitet und ein paar Zaubertricks als Einlage. Alles ist genau geplant, es soll nichts schief gehen heute. Ich kümmere mich gut um meine Gäste und freue mich über die kleinen Geschenke, die sie mir überreichen. Am Abend brauche ich heute nicht bei der Stallarbeit helfen; ich habe den ganzen Tag über „frei" bekommen. Wie toll es doch ist, Geburtstag zu haben.

Als Mama von der Arbeit kommt, bringt sie mir noch eine in Papier eingewickelte Tafel Schokolade mit; jetzt können wir auch noch eine Schokoladenschlacht machen. Dabei muss jeder Spieler, der eine Sechs würfelt, sich schnell Handschuhe, Mütze, Skibrille und einen Schal überziehen und dann versuchen, mit Buttermesser und Gabel die Schokolade aus ihrer Verpackung zu schneiden. Aber immer nur so lange, bis der nächste Spieler eine Sechs würfelt, dann muss die gesamte Ausrüstung weitergegeben werden. Das Spiel macht so viel Spaß; wir johlen und grölen vor Lachen. Am Ende, als wir es endlich geschafft haben, zur Schokolade durchzudringen, teilen wir diese unter allen Mitspielern auf. Dieser Tag ist ein voller Erfolg. Alle scheinen sich wohlzufühlen, und ich bin glücklich. Erschöpft und zufrieden verabschiede ich gegen Abend meine Freunde.

*

Das Schuljahr geht dem Ende zu. Viele spannende Tage rauschen an mir vorbei. In der Schule schreibe ich wie gewohnt gute Noten, mit meinen Klassenkameraden komme ich meist gut klar. Außerhalb der Klasse sind ein paar Jungs und Mädchen, mit denen ich mich manchmal streite. Wenn sie mich zu sehr provozieren, kommt es auch weiterhin vor, dass der Jähzorn mit mir durchgeht, und ich dann, wenn ich gar nicht mehr aus der Situation komme, zulange.

*

Die Sommerferien sind endlich da. Am letzten Schultag hat unser Klassenlehrer noch für alle ein Eis ausgegeben; jetzt müssen die Lehrer lange drei Monate ohne uns auskommen. Ich freue mich, obwohl mir die Schule auch ein bisschen fehlen wird. Aber jetzt habe ich den ganzen Tag lang Zeit, mit Papa zu arbeiten. Es ist noch so viel zu erledigen. Für die großen Brüder geht es gleich nach Schulende wieder auf die Alm zum Kühehüten. Ich beneide sie etwas, weil sie da ihr eigenes Geld verdienen. Das würde ich auch gerne.

Papa und ich machen uns gleich an die Arbeit. Vor dem Haus ist eine Wiese, die wollen wir in nächster Zeit bepflanzen und dort soll auch ein Spielplatz für die Kinder der Feriengäste entstehen. Gemeinsam fahren wir in den Wald. Der Förster hat mit Farbe die Bäume gekennzeichnet, die wir nun fällen und zerkleinern dürfen. Ich liebe diese Arbeit. Papa fällt den ersten Baum mit der Motorsäge, dabei muss man sehr vorsichtig sein und weit Abstand halten. Wenn der Baum am Boden aufschlägt, gibt es einen lauten Knall und man spürt, dass die Erde unter den Füßen bebt, so viel Wucht hat der Baum.

Dann bin ich am Zug. Mit einer Axt entferne ich die kleinen Äste und auch schon Teile der Rinde. Papa schneidet den großen Stamm in kleinere Stücke und mit vereinten Kräften beladen wir den Wagen, der vom Traktor gezogen wird. Papa ist unglaublich stark, er schafft es, riesige Holzstücke mit reiner Körperkraft auf den Wagen zu hieven. Aber ich bin auch schon sehr kräftig für mein Alter und strenge mich noch mehr an, um Papa in nichts nachzustehen. Wir sind ein gutes Team. Seite an Seite arbeiten wir den ganzen Tag, nur ab und zu machen wir eine kurze Pause, um an einer Quelle Wasser zu trinken. Zum Abendbrot esse ich fünf Knödel. Auch beim Essen kann ich mit Papa mithalten. Manchmal fällt es gar nicht auf, dass ich ein Mädchen bin; ich kann mich so verhalten und so anpacken wie die Jungs. Das ist mir wichtig, schließlich will doch niemand ein doofes Mädchen sein. Ich unterstreiche das zusätzlich, indem ich eine Latzhose und Schildmütze trage, dazu grobe Schuhe. Ich bewege mich und arbeite wie ein Junge.

Meine Hände sind voller Schwielen, sie pochen und fühlen sich etwas angeschwollen an. Bei der anschließenden Stallarbeit bin ich so müde, dass mir schon fast die Augen zufallen. Jetzt, wo die Brüder auf der Alm sind, muss ich die Arbeiten, die wir uns vorher noch geteilt haben, alleine erledigen. Das ist sehr anstrengend. Aber ich bin glücklich und zufrieden. Papa lobt mich und ich merke, wie sehr er sich freut, mich zu haben. Ach, mein Papa. Wie lieb ich ihn doch habe.

Am nächsten Morgen machen wir uns daran, die Baumstämme in die richtige Form zu bringen. Sie sollen das Gerüst für eine Schaukel werden. Aus den kleineren Stämmen entsteht später der Rahmen für eine Sandkiste. Papa schneidet mit der Motorsäge, ich bediene die Hobelmaschine. Das Holz muss ganz hell und glatt werden, sodass es nicht nur hübsch aussieht, sondern dass auch keine Splitter mehr abstehen, an denen sich ein Kind verletzen könnte. Anschließend bohre ich Löcher in die Stellen, die Papa mit einem Bleistift gekennzeichnet hat. Da setze ich dann die breiten Schrauben an. Papa fixiert die Balken und ich ziehe die Schrauben mit dem Bohrer fest. Noch Eisenringe anbringen, die Seile für zwei Schaukeln daran fixieren – geschafft.

Das Werk ist vollbracht – und wunderschön. Ich mache mich gleich ans Testen. Ich schaukle ganz hoch in die Luft, meine Beine schwingen weit, um diesen Flug noch mehr zu beschleunigen. An der höchsten Stelle angelangt, kann ich weit über das Dorf und über den See schauen. Es kribbelt im Bauch, wenn mein Körper wieder nach unten rast. Was für ein Gefühl. Wow, das ist das Ergebnis unserer Arbeit. Ich strahle von einem Ohr zum anderen und bin megastolz.

Am Tag darauf machen wir uns an die Herstellung der Sandkiste. Nachdem diese fertiggestellt ist, bauen wir außerdem einen Tisch und zwei Bänke. Papa fragt mich immer wieder nach meiner Meinung. Ich kann mich einbringen und überlege ganz ernsthaft, wie unsere Projekte am besten umgesetzt werden können. Zwischendurch müssen wir gemeinsam ins Geschäft fahren, um neue Schrauben oder Werkzeug zu kaufen. Seite an Seite basteln, planen, schuften wir. Wir scherzen und lachen, wir harmonieren einfach super. Ja, wir sind ein Team.

Manchmal bietet sich auch Mama an, uns zu helfen, aber dann ist Papa immer sehr angespannt und nicht mehr locker. Die Arbeit kommt dann ins Stocken. Obwohl wir zu dritt sind, kommen wir nur langsam voran und ich muss mich dauernd sorgen, dass keiner der Streite eskaliert. Mama ist auch meistens müde, weil sie eh schon so viel zu tun hat mit dem Haushalt, den Ferienwohnungen und mit ihrem Job. Warum bietet sie sich dann denn noch an, auch außerhalb zu helfen? Ja, ich weiß, Papa schimpft, wenn sie es nicht tut. Aber er schimpft auch, wenn sie hilft und dann seiner Meinung nach alles falsch macht. Da wäre es doch besser, wenn sie fortbleibt. Ich versuche, ihr aufzuzeigen, dass ihre Anwesenheit bei den Arbeiten nicht gut ist. „Wir brauchen dich nicht", rufe ich ihr zu. „Verschwinde", sage ich dann als Nächstes, weil sie noch zögert. Aber manchmal muss ich zu einem härteren Ton greifen, um die beiden Streithähne voneinander fernzuhalten. „Hau doch ab, du bist doch eh nicht zu gebrauchen!", zische ich Mama böse an. Und sage dann noch mehr gemeine Worte.

Das hilft, sie geht wieder ins Haus. Es schmerzt sehr, so böse zu Mama zu sein. In meinem Kopf formulieren sich unaufhaltsam Entschuldigungen. Es tut mir so leid, Mama. Ich will dich nicht verletzen. Ich will dich doch nur schützen, verstehst du das denn nicht? Ich lache Papa zu, mache einen Scherz. Seine gute Laune soll ja nicht getrübt werden. Es ist anstrengend, Fassaden aufrecht zu halten und jede Situation zu kontrollieren, früh genug einzugreifen und mein Gesicht jeweils so anzupassen, wie es die Situation erfordert, um keine Spannungen entstehen zu lassen. Darauf zu achten, dass nichts die gute Stimmung von Papa zum Einsturz bringt.

Ich hasse es, dass in Folge immer öfter sehr gespaltene Gefühle in mir auftauchen. Zum einen bin glücklich darüber, dass ich mich mit Papa gut verstehe. Ich bin froh, dass ich dadurch meistens die Situation retten und Streit verhindern kann. Aber jede Spannung wahrzunehmen, ist unglaublich belastend; die permanente Anspannung in meinem Körper kostet sehr viel Kraft und macht sich oft durch Kopfschmerzen und Schlafstörungen spürbar. Auch muss ich immer ganz konzentriert sein, um rechtzeitig eingreifen zu können und dabei so aufzutreten, dass die Spannungen wieder verebben. Zum anderen fühle ich mich so unglaublich schlecht, wenn ich abweisend oder gemein zu Mama bin. Es bricht mir fast das Herz. Ich spüre, dass Mama traurig über meine Äußerungen ist, und ich hasse mich dafür. Doch nur so kann ich meine Rolle erfüllen und Schlimmeres verhindern. Ich bete, dass Mama mich versteht.

In wieder anderen Momenten ärgere ich mich über Mama. Warum kann sie sich nicht selbst zur Wehr setzen? Warum lässt sie sich alles gefallen, die ganzen Gemeinheiten? Meinen Ärger kann ich dann nicht verbergen; ich zeige ihn Mama gegenüber deutlich, ohne aber in der Lage zu sein, einen Grund dafür zu nennen. Wir sprechen ja nicht über Schwierigkeiten, wir überspielen sie. Es ist ein Teufelskreis. Ich zeige ihr, dass ich verargert bin über sie, dass ich es nicht gut finde, wie sie sich verhält. Im selben Augenblick empfinde ich es aber als meine Aufgabe, sie zu beschützen, und gleichzeitig möchte ich lieb sein und sie trösten, wünsche mir, dass sie glücklich ist. Je mehr ich mich für meine boshaften Äußerungen hasse, desto schlechter fühle ich mich, und umso mehr ärgere ich mich darüber, dass Mama sich nicht zur Wehr setzt, um die Situation zu ändern. Dass sie alles mir überlässt.

Mein Bauch schmerzt. Und wenn ich dann alleine bin, abends auf dem Balkon stehe und die Ruhe des Waldes wahrnehme oder im Bett noch leise Musik höre, dann fühle ich mich so unendlich einsam, so voller Traurigkeit. Es fühlt sich an, als ob ich mit niemandem auf dieser Welt verbunden wäre. Es gibt keine Liebe für mich, nur ein endlos tiefes, schwarzes Loch der Einsamkeit, das mich zu verschlingen droht. In diesen

Momenten fühle ich mich kraftlos, kaputt. Manchmal denke ich auch, dass es besser wäre, wenn dieses Leben endlich aufhören würde, um die Spannungen und die Einsamkeit nicht mehr ertragen zu müssen. Das Leben einfach ausknipsen, wie einen schlechten Film, den man nicht mehr weitersehen möchte. Die Schmerzen nicht mehr spüren zu müssen. Einschlafen, in einem Bett aus weicher Watte, sich einfach fallen lassen und schweben. Ein Sog zieht mich nach unten.

Der Schmerz wird immer stärker. Nein! Ich will doch leben, ich möchte doch glücklich sein. In meinem Kopf schreit eine Stimme gegen den Schmerz an, in das schwarze Loch hinein. Du bist stark! Du schaffst so vieles, du schaffst auch das. Die Stimme beginnt krampfhaft, mir Ereignisse aufzuzählen, auf die ich mich freue und erinnert mich daran, dass es auch schöne Momente gibt. Denk an das Fest, das in Kürze stattfinden wird. Denk an Geburtstage, an das nächste Weihnachten, das dieses Mal bestimmt ganz toll wird. Wie ein Mantra wiederholen sich die Sätze in meinem Kopf. Ich lege mich in mein Bett, versuche ruhig zu atmen, versuche zu schlafen.

Erst nach langer, langer Zeit gleite ich hinüber in wilde Träume voller schwarzer Löcher, voller Schmerzen, ein Angst einflößender, schreiender Papa, der mir gleichzeitig liebevoll über den Kopf streicht, sein Lächeln wird zu einer wilden Grimasse, eine weinende Mama, das schwarze Loch, das Mama verschlingen will. Ich versuche die ganze Nacht über, Mama mit aller Kraft vom schwarzen Loch fernzuhalten, packe sie am Ärmel, ziehe sie zurück. Sie lässt sich einfach fallen, kämpft selbst nicht gegen den Sog an. Ich versuche ihr zuzuschreien, dass sie mich doch unterstützen soll, dass ich es nicht alleine schaffen kann; doch aus meinem Mund kommt kein Laut, so sehr ich mich auch anstrenge. Mama hört und sieht mich nicht. Sie trudelt weiter in das schwarze Loch hinein; ich kann mich kaum noch halten, muss so aufpassen, nicht zu stolpern und selbst hinzufallen. Drohe abzurutschen. Aber ich halte Mamas Arm mit ganzer Kraft, lasse sie nicht los, bis der Morgen mich endlich aus diesem Albtraum reißt. Wie gerädert beginne ich erschöpft und innerlich nervös den neuen Tag.

*

Heute werden die Bäume und Sträucher geliefert, die in Zukunft unser gesamtes Grundstück säumen sollen. Es wird einige Zeit dauern; die Pflanzen müssen wachsen, dann haben wir eine lebende Mauer, die die Straße und fremde Blicke abtrennen soll. Ich beeile mich mit dem Frühstück, der Mann aus der Gärtnerei ist gerade dabei, alle Pflanzen vom Transporter zu laden. An die hundert Stück sind es insgesamt. Papa und ich tragen gemeinsam jeden Busch an seine Stelle. Die kleineren sind in Kisten gepackt, die größeren Bäume befinden sich in Töpfen.

Wir holen einen Pickel und einen Spaten herbei. Dann erklärt Papa mir, dass er heute etwas erledigen, mit dem Auto wohin fahren muss. Kein Problem, ich schaffe es auch alleine, die Bäume zu pflanzen. Mache mich sogleich an die Arbeit. Unaufhaltsam haue ich mit dem schweren Pickel aus Eisen in den harten Boden. Dieser Vorgang gestaltet sich schwieriger als gedacht. Der Boden ist steinig und ich benötige sehr viel Kraft, um die Löcher tief genug auszuheben, um die Wurzeln darin versenken zu können. Vor allem die größeren Bäume brauchen sehr viel Platz. Eine Pflanze nach der anderen arbeite ich mich voran. Die Sonne steigt höher, es wird ein warmer Tag heute. Ich komme ins Schwitzen, gönne mir aber keine Pause. Wenn ich gemeinsam mit meinen Brüdern gearbeitet habe, haben wir uns stets gegenseitig dazu ermutigt, beim Arbeiten zügig voranzukommen und nie schlappzumachen. Vor allem, wenn Papa kurz nicht da war. Wir wollten es immer erreichen, dass wir noch mehr schaffen, als er sich erwarten konnte. Wir wollten, dass er stolz auf uns ist, und das klappt nun mal am besten durch eine besonders hohe Leistung. Durch Leistung kann man Anerkennung erreichen.

Also arbeite ich auch nach diesem Prinzip, wenn ich alleine bin. Dadurch ist der Ansporn noch größer, denn ein Versagen wäre alleine auf mich zurückzuführen. Die Reihe der Pflanzen im Boden wird länger. Unser Hund leistet mir treu Gesellschaft, folgt meinen Schritten und legt sich neben mich, während ich ein Loch aushebe. Zu Mittag esse ich schnell, um gleich anschließend wieder an die Arbeit gehen zu können. Meine

Handgelenke schmerzen schon ziemlich, das fällt aber mehr auf, wenn ich mich ausruhe; also schnell weiterarbeiten. Die Dämmerung bricht ein, als ich die Wurzeln des letzten Baumes mit Erde bedecke. Ich habe es tatsächlich geschafft, kann es selbst kaum glauben. Hundert Bäume an einem Tag. Und wie schön es aussieht, wie eine Verzierung, die um das ganze Grundstück läuft. Ich bin zufrieden mit mir und weiß, dass Papa sich über meine Arbeit freut. Eben fährt sein Auto in die Einfahrt. Ja, er staunt. Er ist zufrieden mit meiner Leistung. Genau so mag er mich. Mein Papa.

*

In der Pension gegenüber urlaubt gerade eine deutsche Kleinfamilie. Der Sohn ist sechs Jahre alt. Mama, Papa und der Junge kommen oft in unseren Stall. Sie wollen sehen, wie auf einem Bauernhof gearbeitet wird, wollen die Tiere streicheln und frische Milch trinken.

Es kommt mir eigenartig vor, dass Menschen in großen Städten leben und das Landleben gar nicht kennen. Viele Touristen wollen bei der Stallarbeit mithelfen, finden das aufregend. Sie wundern sich dann auch, dass ein kleines Mädchen so anpacken kann, so selbstständig und so stark ist. Ich weiß genau, was ich tun muss. Ich füttere der Reihe nach die Kühe, die Schafe, die Hühner. Sammle die Eier im Hühnerstall ein. Für die Schweine muss ich eigenes Futter mit warmem Wasser anrühren, die Kälbchen brauchen Unterstützung, um die Milch aus einem Eimer mit einem Nuckel vorne dran zu trinken. Alle Ställe ausmisten. Dabei lade ich die Schubkarre immer voll bis oben hin, so bin ich schneller. Sie ist mächtig schwer, aber da ich diese Arbeit täglich verrichte, habe ich genügend Kraft. Der Papa des sechsjährigen Jungen will mir beim Heuschippen die Gabel aus der Hand nehmen, meint, dass er die Aufgabe übernehmen kann. Aber er weiß nicht, dass die Arbeit leichter aussieht, als sie ist. Er schafft es bei Weitem nicht, die Gabel so vollzuladen wie ich. Es muss schließlich geübt sein. Ich nehme meine Heugabel wieder zurück und fahre mit der Arbeit fort.

Hab schließlich noch mehr zu tun. Zum Schluss stelle ich den Kätzchen noch etwas Milch in die Ecke, hole frisches Gras für die Kaninchen und Meerschweinchen. Da ich früher fertig bin, helfe ich Papa beim Melken. Der deutsche Mann verabschiedet sich heute von seiner Frau, ihm ist nicht so wohl zwischen all den Tieren. Er hat Angst vor den großen Kühen. Ich glaube außerdem, dass er sich geniert, weil er weniger Kraft hat als ein Mädchen. Der Junge bleibt an meiner Seite.

Am nächsten Morgen geht es zum Heueinfahren. Der Junge und seine Mama stehen auf unserem Hof. Sieht so aus, als ob sie mitkommen wollten. Ich glaube, Papa hat das so mit der Frau vereinbart. Na meinetwegen, etwas Abwechslung ist ja auch nicht schlecht. Wie gewohnt gehe ich auf der Wiese meiner Arbeit nach. Das Gute daran, wenn Fremde dabei sind, ist, dass Papa sich Zeit für Pausen nimmt. Er hat sogar Brote mitgebracht und wir setzen uns alle hin und essen Jause. „Puh, wie anstrengend die Arbeit doch ist", stöhnt die Frau. Ich lächle milde. Jaja, nicht jeder kann anpacken. Der Junge hat die Zeit damit verbracht, am Wiesenrand zu spielen. Als wir am Abend wieder nach Hause kommen, bleibt die Frau auch während der Stallarbeit noch da. Sie unterhält sich unaufhörlich mit Papa und lächelt ihn an. Der Junge folgt mir wieder auf Schritt und Tritt. Ebenso am nächsten Tag. Ich höre zufällig, dass die Frau Papa erzählt, dass ihr Mann sauer ist, weil sie dauernd bei uns ist. Er möchte gerne wandern oder etwas besichtigen, aber die Frau erklärt, dass sie lieber bei uns bleibt und der Junge auch seinen Spaß hat. Na meinetwegen.

Am Nachmittag fahren wir mit dem vollen Heuwagen in die Scheune, ich klettere gleich wie gewohnt auf den großen Heustock. Er ist schon etwa drei Meter hoch. Von unten schiebt Papa das Heu in ein Gebläse, auf dem Stock wird das Futter von der Maschine wieder ausgespuckt und meine Aufgabe ist es, mit der Gabel alles gleichmäßig zu verteilen. Diese Arbeit ist sehr schwer. Man muss ganz schnell sein, denn ansonsten bildet sich gleich ein Berg und dann kann das Rohr vom Gebläse verstopfen. Erschwerend kommt hinzu, dass bei diesem Vorgang ganz viel Staub entsteht und durch die Luft wirbelt. Ich muss sehr vorsichtig einatmen, aber trotzdem ist anschließend die ganze Nase innen voller Staub. Ich muss mich kräftig schnäuzen, um wieder richtig atmen zu können. Etwa eine halbe Stunde dauert es, jeweils einen Wagen voller Heu in der Scheune zu verstauen.

Die Maschine verstummt, der Wagen ist leer. Ich ebne noch schnell den letzten Hügel an, dann rutsche ich über den Rand vom Heustock zu Boden. Ich komme gerade unten an, direkt neben Papa, da sehe ich, wie die Frau ihm mit ihren Fingern durchs Gesicht streicht. Sie steht sehr nahe bei Papa, viel zu nahe für meinen Geschmack. Dabei fixiert sie ihn mit den Augen, die Situation ist sehr eigenartig. Obwohl ich nicht genau verstehen kann, was vor sich geht, fühlt es sich nicht richtig an.

Papa lächelt der Frau zu, auch sein Blick ist anders als sonst. Ich stehe starr da, als er herumschnellt und mich wütend ansieht. „Mach deine Arbeit ordentlich, verdammt!", schnauzt er mich an. „Da hinten ist noch nicht alles perfekt. Was bist du auch immer so neugierig, dass du nicht in der Lage bist, deine Arbeit ordentlich zu verrichten." Er holt mit der Heugabel, die er immer noch in der linken Hand hielt, weit aus und haut sie mir mit voller Wucht, mit dem Rücken des Werkzeuges voran, auf meinen Hintern. „Los verschwinde nach oben und sieh zu, dass du das in Ordnung bringst." Ich werde von dem Schlag nach vorne gedrückt, kann gerade noch verhindern, dass ich hinfalle. Ein stechender Schmerz durchzuckt von meiner linken Gesäßbacke aus das ganze Bein. Verdammt. Tränen steigen in meine Augen. Es tut so weh.

Papa hatte die Heugabel in der Hand, die wir erst gestern mit einem Nagel am Stiel befestigt hatten. Da wir keinen passenden Nagel zur Hand hatten, haben wir einen verwendet, der viel zu lang war und dieser steht nun circa einen Zentimeter weit am Rücken der Heugabel hervor. Papa hat das wohl nicht bedacht. Das Stechen ist so heftig, dass ich kaum laufen kann. Ich beiße die Zähne zusammen und klettere die Leiter hoch. Jede Stufe der Leiter ist eine Folter. Ich möchte laut schreien vor Schmerz, aber ich lasse mir nichts anmerken. Ganz schnell bin ich oben und mache mich wieder an die Arbeit. Mein Herz pocht, zum Schmerz kommt nun Angst hinzu. Das Futter ist perfekt geebnet, was soll ich denn machen? Ich gehe von links nach rechts, schippe Heu von hier nach da und wieder zurück. Bloß nicht stillstehen, wer weiß, was sonst passiert. Mist. Meine Augen zucken hin und her, ich finde keine Stelle, die nicht glatt ist.

Erleichtert atme ich auf, als Papa mich nach kurzer Zeit ruft. „Genug für heute, lass uns zur Stallarbeit übergehen." Ich rutsche wiederum den Stock nach unten, werde dabei schmerzlich an die vorhergehende Situation erinnert. Autsch. Papa strahlt mich an und legt seinen Arm um meine Schulter. „Brav warst du, mein Mädchen." Ich lächle unsicher zurück und senke dann meinen Blick zum Boden. Konzentriert versuche ich, nicht zu humpeln. Während der Arbeit gehe ich Papa etwas aus dem Weg.

Es fällt mir gerade schwer, so zu tun, als ob alles gut wäre. Und dennoch will ich es nicht riskieren, seine wiedergewonnene gute Laune erneut aufs Spiel zu setzen. „Kann ich bitte schlafen gehen?", frage ich leise, nachdem ich alle meine Aufgaben beendet habe. Papa sitzt am Melkschemel zwischen den Kühen. „Ach nein, bleib doch noch etwas bei mir. Komm, setz dich auf meinen Schoß. Wir sind doch ein Team und müssen immer gut miteinander klarkommen. Was täte ich denn ohne dich." Papa zieht mich auf seinen Schoß und reibt scherzhaft seinen Bart an meinem Gesicht, so wie er es immer gemacht hat, als ich noch kleiner war. Ich versuche, mich zu sträuben, doch dann muss ich doch lachen. Unauffällig verlagere ich das Gewicht im Sitzen auf mein rechtes Bein. Diese Schmerzen. Erst als ich Papa erneut anlächle, erlaubt er es mir, ins Bett zu gehen.

Meine Augen sind gerötet und brennen unangenehm vom Staub. Ich dusche und gehe dann sofort schlafen. Als ich am nächsten Tag zum Schrank gehe, um mir von dort eine Hose zu holen, komme ich am Spiegel vorbei und erstarre. Oh mein Gott. Fast die komplette linke Seite meines Pos ist tiefblau und violett. Ich atme schweren Herzens. Das ist nicht okay, Papa hatte keinen Grund, mich so zu verletzen. Ich ziehe mich an, hebe mein Kinn und schiebe die Schultern zurück. Das Leben geht weiter. Stark sein.

Papa sitzt bereits am Frühstückstisch. Mit einem lustigen Spruch begrüßt er mich, offensichtlich sehr gut gelaunt. Ich warte kurz, bis Mama aus dem Raum geht, und fasse meinen ganzen Mut zusammen. Ich drehe mich um und ziehe die Hose etwas herunter. „Was hast du denn gemacht?", ruft Papa sichtlich erstaunt und etwas besorgt. „Das warst du! In der Heugabel steckt ein Nagel", antworte ich mit monotoner Stimme und blicke Papa dabei direkt in die Augen. Sein Gesicht wird für einen Augenblick blass, seine Gesichtszüge entgleisen. Doch schnell fängt er sich wieder. „Ach komm, nicht sauer sein. Wir zwei halten doch zusammen. Stärke dich erstmal, möchtest du Kaffee? Setz dich hin, ich bediene dich." Und schon ist das Thema erledigt. Der Tag verläuft normal weiter, außer, dass Papa mir gegenüber heute besonders nett und zuvorkommend ist.

*

Ein paar Tage später fahren wir auf die Alm zu meinen Brüdern. Ich freue mich sehr. Endlich die Jungs wiedersehen, schauen, wie es ihnen geht. Außerdem ist es toll, einen Ausflug in die Berge zu machen. Papa fährt, mein kleiner Bruder kommt auch mit, ebenso der Junge aus Deutschland.

Wir fahren die Bergstraße hoch, dann geht es das letzte Stück noch zu Fuß weiter. Bepackt mit Rücksäcken, in denen sich neben Klamotten auch Schleckereien für die Jungs befinden. Die Hütte liegt in einem wunderschönen Tal. Es ist ganz ruhig dort. Keine Autos, keine Häuser. Man hört nur Kuhglocken, manchmal das Bellen des Hirtenhundes und immer wieder das Pfeifen von Murmeltieren. Wir überqueren eine kleine, wackelige Brücke, die über den lustig springenden Bach führt. Ein Stückchen den Hang hoch, schon sind wir angekommen. Wir werden freundlich begrüßt. Meine Brüder verbringen den Sommer gemeinsam mit dem Hirten in der Hütte. Sie helfen mit, sich um die Tiere zu kümmern. Das ist ein sehr verantwortungsvoller Job. Die Kühe sind im ganzen Berg verteilt und jeden Tag muss man dort hoch, um zu sehen, ob noch alle da sind, wo sie sein sollen. Obwohl für jemanden, der nicht viel mit Kühen am Hut hat, alle Tiere gleich aussehen, muss der Hirte jedes einzelne gut kennen und auch auf große Entfernung erkennen. Kein Tier darf in gefährliches Gelände kommen, und wenn eine Weide abgegrast ist, muss die ganze Herde weiter getrieben werden. Das Schwierige an dieser Arbeit ist, dass gerade bei Regenwetter öfters Rundgänge gemacht werden müssen. Die Tiere werden dann leicht unruhig und könnten somit im rutschigen Gelände abstürzen, das müssen der Hirte und seine Helfer verhindern.

Als wir die Hutte betreten, wird gerade Mittagessen gekocht. Wir werden eingeladen, mitzuessen. Alle setzen sich an den Tisch. Es gibt eine eiserne Pfanne voll deftigem Maisbrei, dick mit geschmolzenem Käse überzogen. Die Jungs kommen gerade von ihrer Bergtour zurück. Sie sehen müde aus, freuen sich aber sehr darüber, dass wir da sind. Sie erzählen von ihrer Arbeit. Sie machen ihren Job wirklich gut, der Hirte und die Bauern, denen die Kühe gehören, sind sehr zufrieden. Ich finde es schön, endlich wieder gemeinsam an einem Tisch zu sitzen. Lausche gespannt den Erzählungen. Es klingt so spannend, so aufregend. Auch wenn wir uns oft streiten, vermisse ich meine Brüder doch sehr, wenn sie nicht da sind. Als Papa dann später fragt, ob wir denn eine Nacht in der Hütte verbringen möchten, stimmen wir alle begeistert zu. Der Junge aus Deutschland, mein kleiner Bruder und ich. Klar möchten wir das. Und wer erledigt die Arbeit zu Hause? Papa sagt, dass er das heute übernimmt. Er macht sich auch bald auf den Rückweg, sagt, dass er uns am Nachmittag des nächsten Tages wieder abholen wird. Super! Ich bin ganz aufgeregt.

Am Nachmittag darf ich mit zu den Tieren gehen. Ich muss sehr zügig laufen, meine Brüder haben längere Beine als ich und sind natürlich sehr geübt. Aber ich will keine Schwäche zeigen, bin richtig motiviert und quatsche ununterbrochen. Es gibt ja schließlich viel zu erzählen. Die Buben erklären mir das Gebiet, die unterschiedlichen Weiden, die Grenzen der

Fläche, auf denen ihre Tiere sich bewegen dürfen. Ich staune. So weite Strecken werden hier täglich zurückgelegt. Das würde ich niemals schaffen.

Ich bewundere meine Brüder, sehe stolz zu ihnen hoch. Papa erzählt immer wieder vor anderen, wie gut seine Söhne ihren Job verstehen. Er sagt dann, wie fleißig und verantwortungsbewusst sie sind. Schade nur, dass er das anscheinend zu ihnen persönlich nicht sagt. Anscheinend findet er es motivierender, vor ihnen aufzuzählen, was sein Mädchen alles leistet, anstatt sie zu loben. Ich finde das richtig doof, denn das trübt natürlich oft die Stimmung zwischen uns Geschwistern. Aber jetzt im Moment ist das vollkommen egal. Wir sind unter uns und freuen uns darüber.

Ich lasse mir erklären, wie man es schafft, auch im steilen Gelände konstant sein Tempo durchzuhalten. Wir vermeiden längere Pausen und trinken nur ganz selten einen kleinen Schluck aus der Wasserflasche. So bleibt der Körper in Schwung. Jeder von uns hält einen Stock in seiner Hand, wie richtige Hirten eben. Damit kann man sich auch abstützen und somit bergab schneller laufen, ohne zu stolpern oder das Gleichgewicht zu verlieren.

Plötzlich hält mein Bruder mich an der Schulter zurück. „Schhhht", flüstert er. Er weist den Hund an, sich hinzusetzen. Ich schaue in die Richtung, die er mir mit seinem Finger aufzeigt. Wow, da stehen tatsächlich zwei Gämsen nicht unweit von uns entfernt. Noch nie habe ich die Tiere so nahe gesehen. Wie schön sie sind. Sie scheinen uns nicht bemerkt zu haben, spazieren die Steinwände hoch, als ob es eine gerade Fläche wäre. Sie bewegen sich mit einer unglaublichen Leichtigkeit, springen über große Absätze, ohne Anlauf dafür nehmen zu müssen. Eine ganze Weile beobachten wir fasziniert ihren Weg. Dann setzen auch wir unseren Marsch fort.

Kurz darauf haben wir den Gipfel erreicht. Ich bin etwas außer Puste, aber sehr glücklich. Vom Gipfel aus kann man auf der anderen Seite die Dörfer sehen, wenn man ganz genau schaut, sogar unseren Hof. Jetzt stärken wir uns auch ausgiebig. Ich darf mich kurz hinsetzen, Wasser trinken und eine mitgebrachte Marende essen. Dann laufen wir den Berg hinunter. Ich muss mich gut konzentrieren, aufpassen, wo ich meine Beine hinsetze. Die Jungs scheinen fast über die Steine hinweg zu fliegen. Es sieht ganz einfach aus, wenn man ihnen zusieht. Der Hund macht sogar die vielfache Strecke von uns, weil er immer wieder vor und zurück läuft, um zu sehen, ob wir alle da sind. Über das letzte Stück des Hanges erstreckt sich eine Wiese. Wir bleiben stehen, verhalten uns ganz ruhig. Und tatsächlich kommen nach und nach viele Murmeltiere aus ihrem Bau. Sie laufen herum, nicht weit von uns entfernt. Immer wieder stellt sich abwechselnd eines von ihnen auf die Hinterbeine und kontrolliert mit wachen Augen und mit schnupperndem Näschen die Gegend, um mit aller Vorsicht die Lage zu prüfen. Wahnsinn. Wie beeindruckend doch die Natur ist. Die Tiere scheinen uns nicht bemerkt zu haben. Erst, als wir uns wieder auf den Weg machen, ertönt ein schriller, lauter Pfiff. Das Murmeltier, das eben Wache steht, warnt sofort alle seine Artgenossen. Ein weiter entferntes Tier wiederholt die Warnung ebenso, und einen Augenblick später sind alle flinken Tierchen in ihrem Bau verschwunden. Ich kann mir das Lachen nicht verkneifen, wie gut dieses System doch zu funktionieren scheint.

Nach dem Abendessen bin ich todmüde. Es kommt mir sehr gelegen, dass alle hier früh schlafen zu gehen pflegen. Wir Kinder sind erschöpft vom vielen Wandern an der frischen Luft. Die Hütte besteht nur aus einem Raum. Links steht der große Tisch, rechts, durch eine dünne Holzwand von der Eingangstür abgetrennt, befindet sich eine große Schlafstelle. Dort schlafen normalerweise der Hirte sowie die Jungs. Heute darf ich mich auch noch dazwischen legen, es ist genügend Platz. Die zwei kleineren Buben legen sich auf eine Matte, die am Boden ausgebreitet wird. Es dauert nicht lange, da fallen meine Augen zu, ich schlafe tief und fest.

Ich blinzle kurz, versuche mich zu orientieren. Träume ich? Wo bin ich denn? Ach ja, die Hütte. Es ist stockdunkel, mitten in der Nacht. Ich höre das gleichmäßige Atmen meiner Brüder. Alle scheinen zu schlafen. Warum bin ich denn wach geworden? Da spüre ich eine Hand an meinem rechten Oberschenkel. Mein Herz macht erschrocken einen Sprung, klopft hart gegen meine Brust. Stockstarr liege ich da, wage es kaum mehr zu atmen. Was passiert? Der Hirte. Die Hand tastet sich zum Bund meiner locker anliegenden Jogginghose. Nein, das kann doch nicht wahr sein. Ich kneife fest die Augen zusammen, mit aller Kraft, in der Hoffnung, dass ich träume. Wie in weiter Ferne nehme ich wahr, dass die Hose ein Stück nach unten geschoben wird und die Hand an der Haut entlang an meiner Hüfte abwärts gleitet. „Nein! Nein! Nein!", schreit die Stimme in meinem Kopf verzweifelt, innerlich winde ich mich wie wild. Doch nach außen hin bleibe ich starr wie ein Stein. In meinem Kopf ein lautes Rauschen, das sich schwarz anfühlt, wie die Nacht. Immer wieder halte ich den Atem an. Es ist fast, als meinte mein Körper, er könne sich unsichtbar machen. Als könnte ich so erreichen, nicht mehr hier zu sein. Ich bin weit weg, lasse eine leere Hülle zurück. Die Hand tastet sich lautlos weiter, zwischen meine Beine. Nein! Nein! Nein! Ich spüre Finger dort, wo niemand mich berühren darf. Es fühlt sich so unangenehm an, so falsch.

Alles in mir schlägt Alarm. Ich möchte gleichzeitig schreien, weinen, um mich schlagen, fliehen, mich verstecken. Nein! Ich bewege mich nicht, jeder Muskel in meinem Körper ist schmerzhaft angespannt. Wieder scheint ein Teil von mir meinem Körper zu entweichen, weit weg zu fliehen, um die Situation nicht erleben zu müssen. Tot stellen. Alle Wahrnehmungen und Empfindungen ausschalten. Verzweifelt ganz weit weggehen. Nein! Nein! Nein! Mein Herz, meine Seele scheint zu weinen, doch nach außen hin bin ich regungslos. Ich kann es nicht glauben, dass die Hand weiter an derselben Stelle verharrt. Ohne sich zu bewegen, liegt sie da, wie eine spitze Waffe, die mich unaufhörlich verletzt. Der Mann scheint immer wieder kurz einzuschlafen. Obwohl regungslos, fühlt es sich so schmerzhaft an. Gefühle ausschalten. Ich bin nicht da. Das bin nicht ich. Das kann einfach nicht ich sein. Ich weiß nicht, wie viel Zeit vergeht, bis die Situation aufhört. Bis die Hand sich zurückzieht. Ich getraue mich trotzdem nicht, wieder normal zu atmen. Kann mich nicht bewegen, den erstarrten Körper nicht mehr lösen. Ich will nicht in diesen Körper zurückkehren. Will auch jetzt keine Empfindungen wahrnehmen.

Der Morgen bricht an. Schon in der ersten Dämmerung wachen alle auf; das Team hier ist gut eingespielt. Frühstück wird vorbereitet; die Jungs bereiten ihren Rucksack für den Tag. Ich scheine doch noch etwas geschlafen zu haben. Im ersten Moment denke ich, geträumt zu haben. Atme tief durch. Doch die verrutschte Hose erinnert mich unsanft daran, was in der Nacht passiert ist. Ich rücke sie zurecht und erhebe mich. Ich will nicht daran denken. Ich will nicht, dass das passiert ist. Nein, das war ich nicht. Ich bin ein Profi im Ablenken, im Gefühlskontrollieren. Ich rede und lache einfach ganz viel mit meinen Brüdern, meine Fassade funktioniert wieder so gut, dass irgendwann tatsächlich alles langsam in die Ferne rutscht. Nur nicht stillstehen, keinen Moment zur Ruhe kommen. Dann bleibt auch keine Gelegenheit, die niederdrückenden Empfindungen zuzulassen und bewusst wahrzunehmen. Ablenken, als koste es mein Leben.

Ich darf wieder mit meinen Brüdern zu den Kühen gehen. Wir unterhalten uns über belanglose Themen, quatschen und scherzen. Ich versuche, ganz tief die schönen Eindrücke der Natur wahrzunehmen. Spüre die Sonne auf meiner Haut. Atme die frische, klare Luft. Konzentriere mich auf die hübschen, kleinen Blumen. Höre das Pfeifen der Murmeltiere. Und kann nicht oft genug betonen, wie schön es hier doch ist, wie gut es uns geht. Ja, vielleicht kann ich es selber glauben, wenn ich es nur oft genug sage.

Am Nachmittag kommt Papa, um uns wieder abzuholen. Ich bin ganz aufgekratzt, freue mich, ihn zu sehen. Die Jungs und der Hirte begleiten uns noch in das nächste kleine Dorf. In der Bar dort gibt es für uns Kinder ein Eis, die Männer trinken Wein. Der Mann ist schon bald wieder leicht angetrunken. Erzählt Papa, wie gut er sich um seine Söhne kümmert. Was er ihnen alles beibringt und wie gut täglich gekocht wird. Ich sitze ganz nah bei Papa. Obwohl ich es genieße, noch so viel Zeit wie möglich mit meinen Brüdern zu verbringen, bevor wir uns wieder verabschieden müssen, möchte ich jetzt eigentlich gerne nach Hause, weg von hier.

*

Zu Hause angekommen geht es wie gewohnt weiter. Ich denke nicht mehr an die im Berg vorgefallene Situation. Worte für das, was passiert ist, habe ich keine. Selbst, wenn ich mich getrauen würde, könnte ich niemandem davon erzählen. Es ist bei uns nicht üblich, über Intimes zu sprechen. Nie. Darum kann ich nicht mal einen konkreten Gedanken dazu fassen, es gibt einfach keine Worte. Nur ein Bild und ein unerträgliches Gefühl, das nichts anderes als unangenehm und schmerzhaft ist, aber nirgendwo eingeordnet werden kann. Darum schiebe ich es weiterhin in die letzte Ecke meines Herzens und verbanne es aus meinem Kopf. So oft und so gut es geht.

Wir arbeiten fleißig weiter. Der zweite Schnitt vom Heu wird eingefahren, wir bauen einen Balkon. So geht der Sommer vorbei, der Herbst zieht ins Land. Die Jungs kommen wieder von der Alm. Leider bleiben sie auch jetzt nicht zu Hause. Sie besuchen von nun an eine Internatsschule, bleiben die ganze Woche über dort. Ich beneide sie sehr. Ich möchte auch gerne fort von hier. Gemeinsam mit Gleichaltrigen den Tag verbringen. Freizeitaktivitäten, Spaß haben. Unbeschwert leben. So stelle ich mir das zumindest vor. Die Jungs erzählen auch immer von aufregenden Erlebnissen, wenn sie denn am Wochenende zu Hause sind. Und sie haben bald viele neue Freunde. Ich bleibe weiterhin im selben Trott.

*

Eine Arbeit, die ich sehr gerne verrichte, ist Holz klein zu hacken. Mit der Axt ziele ich genau, Holzklotz um Holzklotz. Es braucht sehr viel Kraft und auch Geschick. Man muss die richtige Technik beherrschen, um die großen Stücke zu zerkleinern. Unermüdlich arbeite ich weiter, der Stapel mit Brennholz für den Winter wächst zusehends, der Haufen mit noch zu zerkleinernden Stücken schrumpft langsam. Meine Handgelenke schmerzen etwas, aber das hindert mich nicht am Arbeiten. Ich weiß nicht, wie viel Zeit vergangen ist, aber irgendwann muss ich auf Toilette. Durch einen Hintereingang gelange ich in den Waschraum, dieser liegt, von einem Gang getrennt, gegenüber unserer Küche.

Schon als ich die Tür öffne, höre ich laut Papas Stimme. Böse. Ich erstarre. Ein Poltern ertönt, ein lautes Krachen. Porzellan zersplittert hart auf dem Fliesenboden. Ein nicht einzuordnender dumpfer Schlag. Panisch erklingt Mamas Stimme. „Hör auf! Lass mich!", schreit sie. Ihre Stimme fährt mir durch Mark und Bein. Sie klingt schrill, bricht fast, so laut ist sie. Wieder ein Schlag, etwas knallt hart gegen die Küchenwand. Ich weiß im selben Moment, dass es Mamas Körper ist. Sie schreit hysterisch, Papas Stimme nun etwas leiser, aber umso bedrohlicher. Abgehackt, ich kann an der Stimme hören, dass er mit Kraft gegen etwas ankämpft. Gegen den sich wehrenden Körper von Mama. Schläge. Haue. Unterdrückung. Beleidigungen. Drohungen.

Die roten Ameisen. Sie wandern durch meinen Körper. Sie fressen mich innerlich, es brennt wie Feuer. Selbst mein Gehirn brennt schmerzhaft, mein gesamter Kopf. Mein Bauch brennt, meine Brust. Meine Knie, selbst die Zehen. Meine Augen. Meine Finger. Ich wage es jetzt nicht mehr, einzugreifen. Die Situation ist zu brenzlig. Hätte früher da sein müssen. Mama! Meine Augen fixieren die Tür, als ob ich mit telepathischen Fähigkeiten durchgreifen könnte. Nein! Mein Herz windet sich vor Panik und vor Schmerz. Sucht verzweifelt einen Ausweg.

Vor mir liegt ein großes Messer. Damit schneiden wir manchmal kleine Holzspäne, um Feuer anzumachen. Wie in Trance greift meine Hand nach dem Messer. Mein Rücken lehnt sich an das kühle Holz des Schrankes. Langsam lasse ich mich daran zu Boden gleiten. Das Messer hart umklammert. Tränen laufen über mein Gesicht, das vom Schmerz verzerrt ist. Der Mund formt eine Grimasse, als würde er laut heulen, aber kein Laut entweicht. Ich kauere am Boden, die Knie nah am Körper angezogen. Die Stimmen rücken langsam in die

Ferne, die unerträgliche Situation wird leiser. Das kalte Metall des Messers sucht meine Haut, fährt über mein Handgelenk. „Ich kann nicht mehr", formuliert die Stimme in meinem Kopf monoton. „Es muss aufhören. Einfach aufhören. Ich ertrage es nicht mehr. Ich kann nicht mehr. Ich will das nicht mehr." Ein Tropfen Blut läuft über die Haut. Ich sehe ihm regungslos zu. Versuche, mich dazu zu bewegen, fester zu schneiden. Die Kraft aufzubringen, um richtig zuzudrücken. Es braucht nur einen einzigen kräftigen Schnitt und alles ist hinter mir.

Die Tür geht auf, Papa steht über mir. Erschrocken blicke ich zu ihm auf, strömende Bäche aus Tränen laufen über mein Gesicht, verquollene Augen. Verzerrtes Gesicht. Das Messer in der rechten Hand mit der Schneide auf dem Handgelenk der linken. Papa blickt von oben auf mich herab. „Du dummes, dummes Mädchen", sagt er mit kalter, abweisender Stimme. Auch sein Blick ist voller Kälte. Er dreht auf dem Absatz um und verlässt den Raum. Verlässt das Haus. Verlässt mich. Ich bleibe zurück auf dem kalten Boden der Waschküche. Die Hand, die das Messer hält, sinkt zu Boden. Alle Kraft entweicht aus meinem Körper. Wie verpufft. Auch die ganze Anspannung verflüchtigt sich mit einem Schlag. Die unsagbare Angst. Zurück bleibt nur Leere und Ungläubigkeit. Ich und Leere. Ein schwarzes Loch. Nein. Das kann es jetzt nicht sein. Nicht einmal mein Tod würde Papa schockieren. Er hätte mich trösten können, mich aufhalten. Festhalten. Sich entschuldigen. Mir sagen, dass er mich lieb hat. Meine pure Verzweiflung, die Angst in den Augen seiner Tochter hätte ihn doch wach rütteln müssen. Hat es aber nicht. Alle Empfindungen in mir sind wie ausgelöscht. Die letzten Tränen laufen über mein Gesicht.

Ich höre, dass Mama in der Küche mit Töpfen hantiert. Mit Mühe erhebe ich mich vom Boden. Gehe ins Bad. Toilette. Gesicht mit kaltem Wasser waschen. Blut von der Hand wischen. Abtrocknen. Aus dem Haus gehen. Und weiter Holz klein hacken. Ohne Kraft, innerlich kalt, wie ausgelöscht. Ohne Energie. Es kostet nun viel mehr Mühe, den Körper voranzutreiben, er wirkt leicht eingefroren. Die Axt schwingen, zielen, treffen. Einen Holzstock um den anderen zerkleinern. Einfach funktionieren.

*

In Kürze soll ich gefirmt werden. Ich bin aufgeregt, freue mich sehr. Bereits die Vorbereitungstreffen sind sehr schön. Wir versammeln uns einmal in der Woche bei jemandem aus der Klasse zu Hause und machen dort verschiedene Übungen und Spiele. Wir tanzen, singen, malen und basteln. Es macht Spaß. Meistens hat jemand Kekse oder einen Kuchen mitgebracht, wir genießen eine leckere Marende zwischen den Aktivitäten. Für mich, so wie für die anderen Kinder, steht in dieser Zeit eine wichtige Entscheidung an. Wer soll der Pate oder die Patin sein? Man kann sich neben dem Taufpaten einen weiteren Paten suchen oder den Taufpaten bestätigen. Jeder entscheidet nach eigenen Kriterien. Üblicherweise wird jemand aus der Familie gewählt, oft ein Onkel oder Tante. Geschenke spielen für manche eine wichtige Rolle, denn die nächsten Jahre wird der Pate auch zu Weihnachten, Geburtstagen und anderen Feierlichkeiten präsent sein. Ich überlege lange hin und her. Für mich ist klar, dass diese Entscheidung bedeutet, dass ich zu einer Person mehr Kontakt herstellen kann. Die Person entscheidet sich ihrerseits dafür, in Zukunft öfter da zu sein und mich nicht nur im Rahmen der Firmung zu begleiten. Es ist eine bedeutende Entscheidung für mich, obwohl ich mir in diesem Moment noch nicht im Geringsten über ihre tatsächliche Wichtigkeit im Klaren bin.

Meine Entscheidung wird getroffen, während ich mit einem Jungen aus meiner Schule spiele. Wir klettern oft in den Pausen gemeinsam auf die Bäume im Schulhof. Er ist sehr lebhaft und geschickt, wir verstehen uns sehr gut. Ein paar Mal habe ich ihn bereits bei sich zu Hause besucht und mich dort auch wohlgefühlt. „Weißt du", sagt er, „du könntest doch meine Mama als Patentante auswählen. Dann könnte ich immer mit zu dir kommen, wenn sie dich besucht und du wärst auch oft bei uns zu Besuch. Außerdem kannst du dir zur

Firmung ein tolles Geschenk wünschen." Ich überlege ernsthaft. Das klingt wirklich gut. Das Geschenk interessiert mich nicht so sehr, aber die Aussicht auf gegenseitige Besuche und die Verbindung, die in dieser Beziehung entstehen soll, finde ich ganz super. Seine Mutter ist sehr jung und offen, ich denke, dass sie die richtige Person für den Posten meiner Patentante ist. Zu Mittag also, der Junge wohnt etwas weiter entfernt und wird daher abgeholt, stürmen wir auf seine Mama zu und ich stelle wie ausgemacht die Frage. Seine Mama guckt erst etwas verdutzt – damit hat sie wohl nicht gerechnet. Aber dann sagt sie ja. Ich freue mich. Wir verabreden uns also zum ersten Vorbereitungstreffen mit Paten.

Für die Firmung darf ich mich zum ersten Mal komplett neu einkleiden. Wir fahren in das nächste größere Dorf zum Einkaufen. Das ist eine neue Erfahrung für mich, normalerweise trage ich die Kleidung der größeren Cousins oder zum Teil auch meiner Brüder auf. Ich kann es kaum glauben, dass ich mir tatsächlich alles selbst aussuchen darf. Die Klamotten sind jugendlich und cool, aber dennoch feierlich und zum Anlass passend. Ein bodenlanger, schwarzer Jeansrock, an der Seite geziert von einer Reihe von Knöpfen. Dieses Stück begeistert mich regelrecht. Dazu wählen wir eine weiße Bluse, die aber nicht ganz klassisch geschnitten ist und deren Stoff angenehm weich auf der Haut liegt. Ich kombiniere eine eng anliegende, schwarze Halskette, die gerade unter Jugendlichen sehr angesagt ist. So sehe ich gar nicht so übel aus, finde ich.

Am Tag der Firmung werden noch fleißig die letzten Vorbereitungen getroffen. Mama und eine ihrer Schwestern kochen gemeinsam – zur Feier des Tages gibt es tatsächlich Pommes frites für uns Kinder. Beide Omas sind da, die Opas habe ich leider nie kennengelernt. Meine Taufpatin kommt, so wie meine neue Firmpatin. Diese überreicht mir ganz süße, kleine Ohrringe; die ziehe ich schnell an. Das ist so lieb, Ohrringe, extra für mich. Papa sieht super aus. Zu Feierlichkeiten trägt er schwarze Hosen und ein Hemd, sogar Krawatte. Dazu ein Jackett. Wie schick er doch ist. Ich sehe ihn bewundernd und voller Liebe an. Dann müssen wir auch schon gleich zur Kirche los.

In einer Reihe stellen sich alle vor dem Eingang auf, der Einzug wird festlich gestaltet und zelebriert. Ich bin ganz aufgeregt. Meine neue Patin steht in der Kirche an meiner Seite, sie legt die Hand auf meine rechte Schulter und verspricht, dass sie mich in ihrer Aufgabe als Patentante begleiten und unterstützen wird. Es fühlt sich alles sehr feierlich und gut an. Ich fühle, dass sie mich in diesem Moment wahrnimmt, dass sie mich sehr ernst nimmt. Dass sie ihr Versprechen auch ehrlich meint. Ich freue mich sehr, kann die positiven Emotionen spüren. Das ist richtig schön.

Nach der Zeremonie kehren wir alle gemeinsam nach Hause zurück zum Mittagessen. Wie lecker das Festmahl bereits duftet. Es gibt einen eigenen Tisch für uns Kinder, wir essen haufenweise Pommes frites. Anschließend tollen wir im Freien herum, spielen und toben uns aus. Dazu lege ich meine neuen Kleider allerdings ab, und ziehe was Bequemes an, das ist besser so. Später essen wir ganz viel Kuchen, wir dürfen sogar zwischen verschiedenen Sorten auswählen. Meine Oma schenkt mir einen Radio, der ist einfach super. Mit CD-Player und einem tollen Sound. Ich hab noch nie ein eigenes Radio besessen. Bringe es schnell in mein Zimmer. Einer meiner Brüder ist sichtlich verärgert über das Geschenk. Er hatte damals zu seiner Firmung ebenso ein Radio bekommen, aber da war CD-Player noch nicht üblich; man spielte Kassetten. Dementsprechend war sein Radio kleiner gewesen. Und Papa hat ihn gleich für die ganze Familie in Beschlag genommen. Mein Bruder durfte ihn also nicht in sein Zimmer bringen; das Gerät blieb in der Küche stehen. Und bei einem seiner Wutausbrüche hat Papa das Radio dann mit voller Wucht aus der Küche geschmissen, quer über den Gang, es ist dann mit einem lauten Krach an die gegenüberliegende Wand gedonnert und war kaputt. Die Erinnerung daran zieht durch meinen Kopf, während ich mein neues Radio verstaue. Es tut mir leid für meinen Bruder; fast habe ich ein schlechtes Gewissen, weil ich doch jetzt ein eigenes Radio besitze. Schnell kehre ich wieder zum Spiel zurück; wir verbringen weiterhin einen tollen Tag.

*

Etwas an Papa verändert sich zusehends. Er muss immer öfter los, um „etwas zu erledigen", sagt mir aber nie, wohin genau er fährt. Ich kann mich nicht auf ihn verlassen. Auch wenn er sagt, dass er bald wieder kommt, ist dem meist nicht so. Selbst, wenn wir eine genaue Uhrzeit vereinbaren, klappt das nicht. Besonders unangenehm ist es, wenn ich auf ihn angewiesen bin. Etwa, wenn wir einen Zahnarzttermin einhalten müssen oder er mich in ein Geschäft bringen muss, bevor dieses schließt. Ich schäme mich vor anderen, wenn ich mich zu Terminen verspäte und versuche, viel Druck auf ihn auszuüben, ihn ganz oft zu erinnern und zu ermahnen, dass er mich ja nicht vergisst. Aber immer wieder lässt er mich dann dennoch sitzen.

Es kommt nun manchmal vor, dass Papa hinsichtlich seiner Pflichten am Hof etwas schlampiger wird. Die Kühe müssen morgens und abends immer genau zur selben Zeit gemolken werden. Wenn diese Zeit weit überschritten wird, könnten sie möglicherweise erkranken, eine Entzündung im Euter könnte entstehen. Außerdem muss die Milch zu einer bestimmten Uhrzeit in die Sammelstelle geliefert werden. Wenn Papa also nicht rechtzeitig zurückkehrt, werde ich sehr nervös. Ich sorge mich. Versuche, einige der Arbeiten schon im Voraus zu erledigen. Dann beginne ich, mich immer öfter auf die Suche nach ihm zu machen.

Ich empfinde es als meine Aufgabe, darauf zu achten, dass alles möglichst geregelt weiterläuft. Ich weiß, dass in dieser Situation nur ich Papa führen kann, Mama würde ihn zu sehr provozieren, rein durch ihre Präsenz. Schnell habe ich entdeckt, in welchen Bars er sich üblicherweise aufhält. Ich durchquere dann zu Fuß oder mit dem Fahrrad einmal das Dorf und halte Ausschau nach seinem Auto. Wenn ich es gefunden habe, spaziere ich möglichst locker und beiläufig in das Lokal, um Papa leicht scherzhaft daran zu erinnern, wie spät es ist. Wenn ich zu vorwurfsvoll auftrete, wird er wütend. Das will ich nicht riskieren. Manchmal lacht er, wenn er mich sieht.

„Ich komm ja schon!", sagt er dann schmunzelnd. Meist erklärt er mir noch, dass er etwas Wichtiges bereden musste. Und wenn ich Glück habe, kommt er dann bald mit nach Hause. Darüber bin ich erleichtert und froh. Achte aber dennoch darauf, dass er auf dem Weg nach Hause niemanden mehr trifft, der ihn noch ablenken könnte. Und dass er sich im Haus beim Umziehen nicht zu lange aufhält und keinen Streit mit Mama anfängt. Ich bleibe an seiner Seite, locker, fröhlich, um ihn so zu seiner Arbeit zu begleiten. Führe ihn unauffällig dahin, wo er hin soll. Arbeite dann gut gelaunt an seiner Seite. Oft singt Papa ganz laut und scherzt, wir haben Spaß und sind ein richtig gutes Team.

So oft es geht, versuche ich schon von vornherein, diese Situationen zu vermeiden. Ich biete einfach an, überallhin mit Papa mitzugehen. Ich zeige Papa, dass ich beleidigt bin, wenn ich nicht mitdarf. Wenn ich von Anfang an dabei bin, ist es nämlich viel einfacher, die Kontrolle zu behalten. Dann kann ich früh genug vermeiden, dass er allzu viel trinkt. Ich kann ebenso einschreiten, wenn ich sehe, dass ein Gespräch in die falsche Richtung läuft und Papa ärgerlich wird. Und ich kann dazwischen gehen, wenn er zu sehr mit den Kellnerinnen anbandelt. Das macht er nämlich auch manchmal. Wenn er sich mit einer besonders gut versteht, dann hält er ihre Hand oder verabredet sich mit ihr. Solche Situationen kann ich nicht ausstehen, das fühlt sich absolut falsch an. Ich finde, dass Mama noch mehr entwürdigt wird, wenn Papa zu ihr so gemein, zu anderen Frauen aber sehr lieb ist. Das ist abwertend und macht Stück für Stück meine Zuversicht und mein Grundvertrauen kaputt. So gut es also geht, versuche ich, all das im Keim zu ersticken, von Anfang an. Ganz unauffällig und beiläufig, natürlich.

Nicht immer läuft alles glatt. Vor allem, wenn Papa schon längere Zeit unterwegs war, wird die Situation für mich etwas kritischer. Die Stimmung kann sehr schnell umschlagen und es gilt für mich, mit Vorsicht und sehr viel Feingefühl die Lage abzuschätzen und dementsprechend mein Verhalten anzupassen.

Um 19 Uhr sollte Papa auch heute damit beginnen, die Kühe zu melken. Er ist aber schon seit dem Mittagessen nicht mehr zu Hause. Ich spüre, dass dies ein brenzliger Tag ist. Insgeheim bete ich, dass ich mich in meiner Vorahnung und in meiner Einschätzung der Situation täusche. Ich hoffe, dass Papa auf den Hof fährt und gut gelaunt ist, wir gemeinsam die Arbeit verrichten und der Tag problemlos zu Ende geht. Meine innere Anspannung wächst, ich hasse es. Versuche, noch, mich abzulenken. Versuche mir selbst vorzuspielen, dass alles gut ist. Ganz locker Radio hören, Zimmer aufräumen. Mein Blick fällt auf die Uhr, ich wollte es vermeiden, dorthin zu sehen. Mist, es ist schon fast sieben. Es hilft nichts, ich muss los. Ich puste laut Luft aus meinem Mund und ziehe mir Schuhe an.

Ich laufe schnell, falls er in der ersten Bar nicht aufzufinden ist, muss ich mich beeilen, um auch die anderen Bars abzusuchen. Mein Magen zieht sich zusammen, als ich das Auto erblicke. Meine Hände zittern etwas, ich fühle mich sehr unwohl. Wenn ich doch solche Situationen vermeiden könnte. Aber es nützt nichts. Ich sammle meine Konzentration und marschiere mit sicherem Schritt in die Bar. Lächelnd grüße ich die anwesenden Männer und die Barfrau. Papa ignoriert mich, ein sehr schlechtes Zeichen. Ich stelle mich an seine Seite und lächle freundlich dem Mann zu, mit dem er sich gerade unterhält. Jetzt bloß nicht zu offensiv auftreten, die Situation ist brenzlig. „Was willst du?", sagt Papa gefährlich leise von der Seite. „Ach, ich wollte bloß gemeinsam mit dir nach Hause gehen, war gerade auf dem Weg und habe dein Auto gesehen. Es ist schon spät." Ich schaffe es tatsächlich, meine Stimme ganz locker klingen zu lassen. „Ich komme gleich", sagt Papa und wendet sich wieder dem Mann zu. Das Thema scheint für ihn erledigt. Ich bleibe stehen, eine sehr ungute Situation. Jetzt keinen Fehler machen.

Etwa fünf Minuten verstreichen, ich tue so, als ob mich das Thema auch interessieren würde, das die beiden gerade besprechen. Etwas Belangloses, ich glaube kaum, dass man sich extra dafür verabredet. Papa bestellt noch ein Glas Wein, wendet sich wiederum zu mir, ohne mich direkt anzusehen. „Was ist?", fragt er. „Ich warte noch auf dich, wir müssen dann so langsam los!", erkläre ich erneut locker. „Du sollst nach Hause gehen, ich komme dann", sagt er mit leicht drohender Stimme. Die Anspannung in mir steigt, Angst kommt auf. Mist, das geht heute schief. Ich weiß genau, dass er nicht kommt, wenn ich jetzt gehe. Ich weiß aber auch, dass ich ihn in dieser Lage auf keinen Fall reizen darf. Verdammt, es fühlt sich überhaupt nicht gut an. Ich blicke zu Boden und bewege mich nicht vom Fleck.

Ich muss es einfach schaffen, dass er mit mir kommt. Wenn er seine Arbeit nicht verrichtet, dann weiß ich schon jetzt, dass ein großer Streit mit Mama ansteht. Die ist immer schuld, wenn etwas nicht richtig läuft. Und wenn Mama seine Arbeit übernehmen will, wird es erst recht gefährlich. Dann würde er mit Sicherheit einen Fehler finden. Klar ist, dass, wenn die beiden heute aufeinandertreffen, ein hässlicher Streit entstehen wird, der mit Schlägen für Mama endet. Das hat mich die Erfahrung gelehrt. Wenn Papa gereizt ist, kann Mama machen, was sie will; er steigert sich dann selbst in die Situation, bis diese eskaliert. Ich darf das nicht zulassen.

Papa sieht mich jetzt direkt an, seine Augen blitzen wütend. „Verschwinde sofort", sagt er immer noch leise, um in der Bar nicht zu sehr aufzufallen. Ich spüre aber, dass er innerlich vor Wut kocht. Das Glas wird erneut aufgefüllt. Jetzt ist es tatsächlich höchste Zeit für mich, das Weite zu suchen. Verdammt. Schweren Herzens verabschiede ich mich, nicht ohne mich locker und fröhlich von den Anwesenden zu verabschieden und Papa ein lächelndes „Ok, bis gleich dann also!" zuzurufen.

Meine innere Stimme schimpft und flucht unaufhörlich. Der Verlauf eben war gar nicht gut. Ich habe Angst. Und meine Sorge wächst. Wie schaffe ich es denn jetzt, alles alleine zu verrichten? Was wird Papa machen, wenn er nach Hause kommt? Doch auf halber Strecke des Heimweges braust Papa mit Vollgas im Auto an mir vorbei. Gar nicht gut. Normalerweise hätte ich mit ihm mitfahren dürfen. Er ignoriert mich. Mein Herz rutscht noch weiter in die Hose.

Kopf hoch. Ich renne das letzte Stück. Bin leicht außer Puste, als ich zu Hause ankomme. Schultern zurück, freundliches Gesicht, ab zur Stallarbeit. Ich tue so, als ob alles gut wäre, doch Papa ist äußerst angespannt. Verdammt. Jedes Mal, bevor ich in seine Nähe komme, sammle ich mich erneut. Ich darf mir heute keinen Fehler erlauben, arbeite betont genau und schnell. Ich klettere in den großen Silo, um dort Futter durch die Öffnung nach draußen zu schöpfen. Die Arbeit mag ich nicht so sehr. Es ist dunkel im Inneren und man braucht sehr viel Kraft, um das Futter zu lösen. Fast eine halbe Stunde lang benötige ich, um genügend Futter für alle Tiere vorbereitet zu haben. Seit Papa mir erzählt hat, dass einmal Menschen in einem Silo gestorben sind, weil die Gase, die bei der Gärung entstehen, geruchlos aber tödlich sind, halte ich mich ungern im Silo auf. Ich achte darauf, dass das kleine Tor immer ganz weit geöffnet ist, um genügend Frischluft hereinzulassen, aber dennoch beruhigt mich das nur zum Teil.

Ich höre, dass Papa draußen im Stall laut aufbrüllt. Wenn er angespannt ist, ist er leider den Tieren gegenüber sehr ungeduldig und nicht selten bekommen diese seinen Zorn zu spüren. Der Hund jault auf, hat wohl einen Tritt abbekommen. Dann stößt die Kuh einen Laut aus, der überrascht und schmerzvoll klingt. Mist. Mist. Mist. Wenn das heute bloß noch gut ausgeht.

Nachdem ich alle meine Aufgaben erfüllt habe, gehe ich zu Papa, der beim Melken noch nicht sehr weit gekommen ist. „Was willst du?", mault er mich an. Verdammt, ich hatte gehofft, dass sein Zorn vielleicht wieder verpufft wäre. „Ich bin fertig, darf ich gehen?", frage ich, wiederum darauf bedacht, meine Stimme möglichst normal klingen zu lassen.

Oje. Papa erhebt sich vom Melkstuhl und macht eine Kontrollrunde im Stall. Ich habe es geahnt, heute will er einen Fehler finden, ich habe ihn zu sehr provoziert. Ich habe sogar zusätzliche Arbeiten erledigt, um ihm keinen Grund zu liefern, sich aufzuregen.

Doch ich komme heute nicht ungeschoren davon. „Das wenige Futter soll reichen?", schnaubt er abfällig, als er vor dem Silo steht. Abwertend blickt er von oben auf mich herab.

„Was soll ich denn morgen früh füttern, wenn du nicht in der Lage bist, genügend vorzubereiten? Verschwinde in den Silo und wehe, wenn du es wagst, herauszukommen, bevor ich es dir erlaube!" Ich weiß genau, dass ich genügend Futter vorbereitet habe. Ich verrichte diese Arbeit schließlich jeden Tag. Aber das nützt jetzt nichts.

Ich klettere also wieder die kalte Eisentreppe nach oben und krieche in den dunklen Silo. Ich bin müde. Mache mich wieder daran, Futter aus dem Silo zu schippen. Die Heugabel liegt schwer in meinen Händen. Die Zeit scheint endlos. Ich befürchte, dass Papa mich die ganze Nacht im Silo lässt, ich habe Angst. Wage es aber nicht, aufzuhören. Der Futterberg wächst langsam aber stetig, irgendwann hat er in etwa den dreifachen Umfang erreicht als normal. Was sollen wir denn mit dem vielen Futter? Das reicht bestimmt für drei Tage. Ich bin erleichtert, als endlich Papas Stimme erklingt. Er sagt, dass ich nun aufhören darf. Dass jetzt genügend Futter da sei. Erschöpft klettere ich die Leiter herunter. Meine Hände schmerzen, sind voller Schwielen. Es ist spät. Ich befürchte schon, dass Papa sich inzwischen weitere Aufgaben hat einfallen lassen, um mich zu bestrafen. Aber er lässt mich gehen, ich darf mich umziehen und schlafen gehen. Wobei er mir aber deutlich zu spüren gibt, dass er immer noch sehr wütend auf mich ist. Schweren Herzens versuche ich später in meinem Bett endlich Ruhe und Schlaf zu finden. Schaffe es aber natürlich nicht, die Sorgen aus meinem Kopf zu verbannen.

*

Die Grundschulzeit geht dem Ende zu. Es ist eine spannende Zeit. Ein wichtiger Abschluss, ein bedeutender Neustart. In der Grundschule waren wir jetzt die Größten, die Ältesten, die Chefs sozusagen. Die Kleinen blickten zu uns auf. In der Mittelschule sind wir wiederum die Kleinsten, die Neuen, die ihrerseits bewundernd zu den Großen aufschauen und versuchen, von diesen zu lernen. Etwas wehmütig verabschieden wir uns von den Lehrern der Grundschule. Viele von ihnen haben uns über alle fünf Jahre hinweg begleitet; das ist eine lange Zeit. Wir haben viel gemeinsam erlebt, gelernt und gescherzt. Aber das Gute am Dorfleben ist, dass man sich immer wieder über den Weg läuft, und wir versprechen somit auch unseren Lehrern, dass wir bald berichten werden, wie es uns in der neuen Schule ergeht.

Drittens

In der Mittelschule kommen auch Schüler aus den Nachbardörfern dazu. Unsere Klasse wird also um vier Schüler erweitert. Wir sehen den Neuen mit Spannung entgegen, freuen uns über den frischen Wind und hoffen, dass sie nett sind. Ein bisschen ernster fühlt sich die Mittelschule an. Die Schulzeit dauert länger und der Lernstoff soll um einiges schwerer werden. Die Schultaschen werden etwas tiefer am unteren Rücken getragen, das gilt hier als cool. Einige Schüler der letzten Klasse rauchen heimlich vor Schulbeginn. Ich bin sehr gespannt, was in den nächsten drei Jahren alles auf mich zukommen wird.

*

Das Verhältnis zu unseren Verwandten war bislang durchschnittlich. Wir waren nie eine Familie, die alles gemeinsam mit Onkeln, Tanten und Großeltern macht, aber wir besuchen uns regelmäßig gegenseitig. Die Mutter und die Schwester von Papa wohnen in der Nähe; zu denen habe ich etwas mehr Kontakt. Die Geschwister von Mama sehe ich seltener, aber wenn, dann sind sie meist sehr zuvorkommend und ich freue mich, wenn Besuche anstehen. Bis jetzt. Kürzlich habe ich gehört, dass eine Tante ihren Freunden erklärt hat, dass ich immer bloß zum Fernsehen zu ihr komme. Das hat mich getroffen. Ich dachte immer, sie freut sich über meine Besuche. Auch habe ich mich bei ihr sehr geborgen gefühlt. Aber nun werde ich nicht mehr hinfahren. Zum Fernsehen brauche ich niemanden.

In letzter Zeit scheint sich überhaupt einiges zu ändern. Die Verwandten wirken immer öfter angespannt, wenn ich da bin; also besuche ich sie nicht mehr so gerne. Es fühlt sich alles nicht mehr richtig an. Meine Brüder ihrerseits wollen nicht mehr mitkommen, wenn ich Papas Mutter besuche; sie fühlen sich dort nicht mehr wohl. Sie sagen, dass Oma oft gemein ist. Zu mir ist sie eigentlich immer nett, aber ich kann meine Brüder verstehen.

Des Weiteren beobachte ich, dass Papa sich gegenüber Mamas Geschwistern immer häufiger abweisend und gemein verhält. Wenn sie zu Besuch kommen, dann geht er ihnen anfangs nur aus dem Weg, ist einfach nicht da. Wenn er dann anschließend wieder kommt, lässt er sich sehr böse aus. „Was will denn diese Brut Satans in meinem Haus?", ist einer seiner Lieblingssätze in diesem Zusammenhang.

Ich verstehe das nicht, denn die Familie ist echt sehr nett; alle haben eine sehr angenehme, ruhige Art. Es herrscht immer eine positive Stimmung unter ihnen. Außerdem versuchen sie, uns zu unterstützen, jetzt, wo doch das Geld so knapp ist. Bei jedem Besuch bringen sie uns Geschenke mit. Meist frisches Obst und Gemüse aus ihren Feldern, selbst eingekochte Marmeladen und Säfte, manchmal auch andere Geschenke, wie Kleidung oder Nutzgegenstände. Immer Dinge, die wir gut gebrauchen können. Aber das scheint Papa nicht zu interessieren. Im Gegenteil, so langsam scheint es ihm richtiggehend zu missfallen. Und die Besuche werden in Folge auch immer seltener. Ich verstehe das nicht. Er soll sich doch freuen, wenn wir leckere Sachen bekommen.

Heute waren Verwandte da. Eigentlich waren sie nur zufällig in der Gegend, aber dennoch kamen sie vorbei und haben uns Marmeladen und Saft gebracht, außerdem eine Packung Kekse. Sie hatten nicht viel Zeit zu bleiben und sind dann auch bald wieder weitergefahren. Mama stellt die Geschenke in die Vorratskammer. Ich freue mich, vor allem die Marillenmarmelade mag ich besonders gerne. Heimlich klaue ich einen Keks. Wie lecker der doch schmeckt.

Ich gehe schon mal in den Stall. Papa kommt erst später dazu. Die Stimmung ist eigentlich normal, so wie immer. Das heißt aber nichts. Schon lange weiß ich, dass sich die Stimmung jederzeit wandeln kann, von gut auf schlecht, von schlecht auf gut. Ohne große Vorwarnung. Ohne ersichtlichen Grund. Als ich nach getaner Arbeit in das Wohnhaus gehe und mir einen Keks aus der Vorratskammer holen will, schrecke ich zurück. In der Tür bleibe ich stehen und staune nicht schlecht, erst langsam überblicke ich die Situation. Der Boden ist von Scherben übersät, dazwischen Matsch und Brei in verschiedenen Farben. Aber ... das ist doch die Marmelade. Oder besser gesagt war die Marmelade. Und der Saft. Fassungslos begutachte ich die Verwüstung. Sogar an den Wänden kleben Reste. Überall verteilt.

Gerade, als ich einen Schritt zurückmachen will, kommt Mama mit einem Eimer Wasser sowie Besen und Kehrschaufel durch die Tür. „Was ist denn hier los?", frage ich, obwohl mir die Sinnlosigkeit der Frage schon im selben Moment bewusst ist. Mama schüttelt bloß mit dem Kopf. Sie sieht sehr müde aus, frustriert, traurig. Hoffnungslos. Verdammt, warum macht er denn so was? Was soll denn der Quatsch? Wir alle hätten uns so über die Lebensmittel gefreut und diese mit Genuss vertilgt. Musste das wirklich sein? Ich gehe in mein Zimmer. Er muss tatsächlich den gesamten Inhalt der Kiste systematisch zerschlagen haben, kein einziges Glas war ganz geblieben. Mit schwerem Herzen versuche ich, einzuschlafen. Immer wieder werde ich in dieser Nacht wach. Bin in Sorge. Weiß ja nicht, ob Papa heute noch einmal so ausrastet. Grundlos. Aber alles bleibt still.

Zeitgleich mit der Abneigung gegenüber unseren Verwandten steigt auch die Anzahl der negativen Äußerungen über Mama. Papa belässt es nicht mehr dabei, zu Mama immer wieder gemein zu sein und sie zu demütigen. Nein, ganz oft äußert er sich abwertend und entwürdigend, auch wenn sie gar nicht da ist. So ganz nebenbei. Ohne dass ich offensichtlich eine Beleidigung erkennen kann. Und das ist das Verwirrende für mich. Ich kann es nicht unterscheiden. Während wir beispielsweise gemütlich frühstücken, sagt Papa ganz beiläufig, dass Mama psychisch gestört ist. „Weißt du", sagt er mit ruhigem Ton, „die Mama kann nichts dafür. Aber sie ist nicht in der Lage, sich sauber anzuziehen und sich zu waschen. Sie ist in Wirklichkeit ziemlich eklig. Und sie kann auch nicht die Wahrheit von Lüge unterscheiden. Ich versuche immer, nett zu ihr zu sein, aber sie zerstört all das, was ich mir aufgebaut habe." Ungläubig und entrüstet schaue ich Papa an. „Das ist doch vollkommener Quatsch!", rufe ich und schüttle den Kopf.

Totaler Blödsinn. Ich sehe jeden Tag, dass Mama sich duscht und wäscht, sie putzt und ist sehr ordentlich, versucht meist, auch Papas Sachen noch wegzuräumen. Mama mag es gerne, wenn alles sauber ist. Sie ärgert sich manchmal, wenn wir mit schmutzigen Schuhen durch die Stube laufen und sie gerade eben den Boden gewischt hat. Außerdem schuftet sie Tag und Nacht. Sie spart und arbeitet.

Papa merkt, dass er mit seinen Lästereien nicht bei mir ankommt. Ich höre ihm einfach nicht zu. Aber von nun an beginnt er immer wieder, davon zu sprechen. „Wie dumm Mama eigentlich ist", sagt er dann. „Das kommt daher, dass in ihrer Familie alle psychisch vorbelastet sind, weißt du?" Er erklärt mir mit ernster Miene, dass Mama verantwortungslos ist, sie sei auch nicht in der Lage etwas ordentlich zu erledigen. Außerdem sei sie sehr boshaft. „Einige aus ihrer Familie haben sich bereits umgebracht, weil sie es nicht mehr aushalten konnten. Vielleicht werde ich das auch machen müssen, wenn es denn so weiter geht."

Ich wehre wieder überzeugt ab. Doch die permanente Gehirnwäsche scheint Wirkung zu zeigen. Es stimmt tatsächlich, dass es in der Familie Personen gab, die den Freitod gewählt haben.

Obwohl ich mit eigenen Augen sehe, was Tatsache ist, obwohl ich mit meinem Kopf genau weiß, wie Mama ist, werden meine Gefühle immer zwiegespaltener. Überlegt Papa, sich das Leben zu nehmen? Da muss doch tatsächlich mehr dahinter stecken. Sehe ich bloß die Wahrheit nicht? Spielt Mama mir etwas vor, wenn sie ruhig, geduldig, fleißig und fürsorglich ist?

Ich werde ihr gegenüber immer angespannter, obwohl meine Haltung vor Papa dieselbe bleibt. Ich verteidige Mama und weise alle Vorwürfe zurück. Aber ich trete Mama anders gegenüber, wenn wir alleine sind. Ich bin sehr leicht reizbar, reagiere schnell unhöflich und manchmal sogar aggressiv ihr gegenüber. Wenn ich sehr aufgebracht bin oder die Situation nicht einordnen kann, passiert es, dass Papas Wortlaute aus meinem Mund kommen, bevor ich diese noch zurückhalten kann. „Ach, du dumme Kuh! Du verstehst ja überhaupt nichts, bist echt zu blöd für diese Welt", höre ich mich sagen. Und zucke im selben Moment innerlich zusammen. Hab ich das tatsächlich gerade gesagt? Ich kann es kaum glauben. Mein Bauch verkrampft sich, mein Körper ist bis in die Fingerspitzen angespannt.

„Warum sprichst du so mit mir? Hör auf damit!" Mamas Reaktion schwankt zwischen Entrüstung, Erstaunen und Betroffenheit. Ja, ich verletze sie sehr mit meinen Äußerungen. „Ach halt doch dein Maul! Du kannst doch nicht einmal für dich selbst sorgen, was willst du mir dann sagen?", setze ich noch eines drauf. Im Weglaufen registriere ich noch, dass Mama ganz betroffen dasteht. Scheiße, warum hab ich das denn jetzt gesagt? Das stimmt doch absolut nicht! Warum bin ich so gemein? Ich laufe in mein Zimmer, verstecke mich unter der Decke und weine bitterlich. So stark, dass mein ganzer Körper heftig geschüttelt wird. Es tut mir so leid, es schmerzt so sehr. Mama ist ganz alleine, niemand tröstet sie. Niemand sagt ihr, dass all die Gemeinheiten gar nicht wahr sind. Nicht die aus Papas Mund und nicht die aus meinem. Aber ich kann kein Wort zurücknehmen.

In unserer Familie ist es üblich, dass über Probleme nicht gesprochen wird. Wir tun zwar so als ob, aber es passiert nicht wirklich. Also habe ich auch weiterhin keine Gelegenheit, Ordnung in meinem Kopf und im Chaos meiner Gefühle zu schaffen. Papa ist mir gegenüber meist lieb, wir arbeiten viel und haben Spaß. Mama macht geduldig ihren Job und verliert weiterhin kein böses Wort. Was soll ich denn von all dem halten? Ich weiß es einfach nicht. Ich handle weiterhin so, wie es die Situation von mir verlangt.

Die Situation wird nicht einfacher. Obwohl wir doch eigentlich „ein Team" sind und „immer zusammenhalten", beschimpft mich Papa plötzlich arg, wenn er wütend auf mich ist. Ich bin dann auf einmal „genau dieselbe wie die Mama. Ganz genau so." Und wenn er dann noch sagt, dass ich zu Mama verschwinden soll, da wir Frauen eh alle gleich sind, bin ich am Boden zerstört. Warum lässt er mich denn plötzlich so fallen? Mir ist klar, dass der Vorwurf, genauso zu sein wie Mama, die größte Beleidigung ist, die aus seinem Mund fallen kann. Und es verletzt mich tatsächlich ungemein. Ich kann nichts dafür, dass ich eine Frau bin. Es fühlt sich immer schlechter an, Frau zu sein. Es ist unangenehm, sehr negativ behaftet. Ich will nicht so sein wie Mama, wenn das so schlecht rüberkommt. Alles zum Thema Frau wird in der Folge schwierig für mich, löst Unbehagen aus. Ich möchte gerne aus meiner Haut fahren. Kann es aber nicht.

Mein Inneres scheint zu zerbersten, als meine Brüder einmal hören, dass ich gemein zu Mama bin. „Du bist doch schon genauso wie Papa", sagen sie mit wütendem Blick. Was? Wirklich? Mein Herz bricht. Kann mich nicht mehr zur Wehr setzen. Ich möchte heulen, bin der Verzweiflung nahe. Die Schmerzen sind unsagbar groß. Meine Brust brennt so sehr. Kann es denn sein, dass ich für alle immer die jeweils schlimmste Variante bin? Was habe ich denn Schlechtes getan, dass ich auf allen Seiten falsch bin? Dass jeder Platz, den ich zugewiesen bekomme, einfach ohne Liebe und voller Hass ist? Ich nehme wahr, dass auch Mamas Geschwister mich manchmal anders ansehen. Missbilligend. Manchmal strafend. Ja, klar. Ich bin doch die, die gemein ist. Ich bin für die anderen so wie Papa. Ich reagiere jetzt immer leicht trotzig, wenn Freunde oder Verwandte von Mama in der Nähe sind. Versuche, schon abweisend zu sein, bevor die anderen dazu kommen.

*

Das Chaos in meiner Gefühlswelt wird größer. Je gemeiner Papa ist, desto mehr ist Mama darauf bedacht, unser Bild vom „tollen Vater" zu erhalten. Sie betont immer wieder, wie super unser Papa doch ist. Wie gut er so vieles kann. Seltsamerweise scheint sie davon überzeugt zu sein, dass er als Vater sehr geduldig und liebevoll ist, sie lobt ihn in höchsten Tönen. Ich verstehe manchmal die Welt nicht mehr. Ist sie tatsächlich davon überzeugt? Ignoriert sie seine Gemeinheiten oder bemerkt sie nicht, wie verletzend Papa sein kann? Findet sie sein Verhalten uns und ihr gegenüber in Ordnung? Oder versucht sie mich, mit ihren Äußerungen tatsächlich für dumm zu verkaufen? Das komplette Bild von meiner Umwelt passt einfach nicht zusammen. Ich bin verwirrt, aber zunehmend auch wütend. Verdammt, welche Verhaltensweisen sind hier eigentlich angesehen, werden für gut befunden? Es steht nichts in einer angemessenen Relation. Es ist nichts fair von alledem.

Der vernünftige Teil von mir weiß, dass Mama es uns Kindern gegenüber eigentlich gut meint. Sie möchte, dass wir nicht verlernen, die positiven Aspekte zu sehen. Aber in diesem Fall schießt sie komplett am Ziel vorbei. Ich ärgere mich so sehr, dass sie nicht ein einziges Mal Position beziehen kann. Dass Gemeinheiten nie verurteilt, sondern ignoriert oder schöngeredet werden. Dass sie sich nie zur Wehr setzt. Dass sie nicht sich selbst und nicht uns Kinder verteidigt. Dass sie nie konsequent ist. Ihre ruhige und Harmonie suchende Art regt mich in solchen Momenten richtiggehend auf, ich kann es nicht ertragen. Ich fühle mich aber vor allem im Stich gelassen. Es bleibt an mir hängen, Streite so gut wie möglich zu verhindern. Niemand tröstet oder schützt mich. Da es ja offiziell keine Probleme gibt, gibt es auch keinen Grund, traurig zu sein.

Meine Streite mit Mama eskalieren. Regelrechte Wutausbrüche, Jähzorn, totaler Kontrollverlust, ich kann es nicht mehr stoppen. Wenn ich mich über Mama ärgere, fährt eine schwarze Wand in meinem Kopf hoch, hindert jeden vernünftigen Gedanken am Entstehen. Wie auf heißer Kohle fühle ich mich, unaufhaltsam getrieben, in meinem Bauch brodeln blanke Hilflosigkeit, Wut und Einsamkeit zu einem giftigen Mix. Ich brülle, bis meine Stimme bricht. Alle gemeinen Worte, die ich kenne, sprudeln aus meinem Mund. Manchmal bin ich nicht mehr in der Lage, vollständige Sätze zu bilden, kann einfach nicht mehr denken. Ich muss wogegen hauen, muss etwas kaputt schlagen. Es ist fast, als würde die ganze negative Energie mich innerlich zerreißen. Es gibt kein Ventil dafür. Manchmal glaube ich durchzudrehen, so sehr nimmt die Situation überhand. Ich muss dann fortlaufen, durch den Wald rennen oder zu meinen Tieren in den Stall gehen. Mich verstecken. Weinen oder schreien. Mich tröstend an meine Hunde kuscheln. Oder mich so lange auspowern, bis ich nicht mehr kann. Die Einsamkeit, die Trauer frisst mich auf. Meine Organe werden Stück für Stück zerstört, jedes Glied meines Körpers schmerzt. Es kostet mich so unendlich viel Kraft. Viel mehr, als ich eigentlich aufbringen kann.

Und dann bin ich wieder angepasst. Ich weine heimlich. Ich schreie und fluche heimlich. Nach außen hin bin ich zuvorkommend, fleißig, strebsam in der Schule. Verzweifelt versuchend, ein gutes Bild von mir abzugeben.

*

An einem Samstag im Winter beschließe ich gemeinsam mit dem Sohn meiner Patentante, Snowboardfahren zu lernen. Wir sind ganz begeistert von der Idee. Bisher sind wir immer Ski gelaufen, doch seit Kurzem ist das Boarden im Trend, wir wollen das auch ausprobieren. Schnell Board und Schuhe ausleihen, dann fahren wir mit der Seilbahn den Berg hoch. Ich freue mich total, denn ich liebe neue Herausforderungen. Sport macht vor allem mit den Jungs großen Spaß, richtig Vollgas geben, alles ausprobieren ohne Mädchenvorsicht. Wir schnallen uns also das Brett an die Füße und stellen uns direkt an den steilen Hang. Kann schon losgehen. Wir rutschen Meter um Meter, fallen dauernd hin. Es ist gar nicht so einfach, wie es immer aussieht. Macht aber einen Heidenspaß. Ohne Pause üben wir weiter, stehen immer wieder auf. Gegenseitig motivieren wir uns und schon bald sind erste Lernerfolge zu bemerken. Bald schaffe ich die Kurve auf der einen Seite, auf der anderen Seite will es noch nicht klappen. Wir verbringen den ganzen Nachmittag am Hang; nach einiger Zeit können wir bereits im Bügellift nach oben fahren. Wir beide strahlen um die Wette. Das werden wir von nun an bestimmt öfter machen. Bei einem Sturz versuche ich, so wie die unzähligen Male davor auch, mich mit den Händen abzufangen. Dieses Mal spüre ich aber einen heftigen Stich, die Schmerzen wollen gar nicht mehr aufhören. Mist. Es gestaltet sich jetzt als schwierig, wieder aufzustehen, ich kann mich nur mit der einen Hand nach oben drücken. Als ich endlich stehe, übe ich weiter. Muss nur aufpassen und mich konzentrieren, dass ich mich von nun an bloß noch mit der rechten Hand abstütze. Das Pochen in der Linken ignoriere ich einfach; ich nehme mich nicht ernst und genieße weiterhin den Spaß und die Herausforderung, die jetzt um einiges gesteigert wurde.

Erst als der Lift schließt, fahren wir beide wieder mit der Seilbahn nach unten. Wir bringen das Board zurück und verabschieden uns. Beide total zufrieden und erschöpft. Das war echt ein super Tag. Mein Arm schmerzt stärker, echt blöd. Ich versuche, den Handschuh auszuziehen, schaffe es aber nicht. Ich beschließe also, doch noch kurz beim Weißen Kreuz vorbeizugehen und den Arm bandagieren zu lassen, liegt fast auf dem Weg. Die Männer sehen mich verwundert an. „Dein Arm ist doch gebrochen", sagen sie. Sie bringen mich ins Krankenhaus, das dreißig Kilometer entfernt ist. Ich soll noch zu Hause anrufen, um Bescheid zu geben. Also erkläre ich Mama am Telefon, dass ich auch morgen wieder Snowboard fahren will, weil das richtig Spaß macht. Und erwähne dann beiläufig, dass mein Arm gebrochen ist. Mama braucht mich nicht zu begleiten. Aufgrund diverser kleinerer Unfälle bin ich schon öfters mit der Ambulanz ins Krankenhaus gefahren und weiß, wie das abläuft. Ich kann das alleine. Die nächsten Wochen trage ich nun also einen Gips am Arm. Aber nichtsdestotrotz bin ich von nun an begeisterte und leidenschaftliche Snowboardfahrerin.

*

Wenn uns richtig kalt wird, im Schnee, kehren wir manchmal in der Hütte ein. Wenn wir etwas Geld dabei haben, kaufen wir ein Getränk. Manchmal setze ich mich auch einfach bloß zum Ausruhen neben die anderen. Ich kenne hier viele Menschen und finde es lustig, mich mit ihnen zu unterhalten. Vor allem der neue Kellner ist wirklich witzig. Er macht oft Scherze, schon, wenn er mich von Weitem kommen sieht. Er ist ziemlich alt, bestimmt über fünfzig, aber er unterhält oft alle an der Theke mit seinen Späßen. Ich glaube, er trinkt viel Bier, aber das macht ihn dann noch lustiger. Wenn ich alleine auf der Piste bin, fahre ich meistens den ganzen Nachmittag pausenlos weiter. Dadurch wird mir auch nicht kalt. Aber wenn ich mich doch einmal ausruhen möchte, gehe ich in die Hütte und stelle mich neben die Leute, die ich kenne. Ich lache über ihre Witze und habe meistens auch eine schlagfertige Antwort parat.

Heute unterhalten wir uns so gut, dass ich etwas länger in der Hütte bleibe. Der Kellner ist schon am Aufräumen, als die Meisten das Lokal verlassen, um die Talabfahrt anzutreten. Ich biete ihm an, zu helfen, damit er auch bald fertig ist. Ich wische die Tische ab. Wir quatschen und scherzen, während ich mit flinken Händen Gläser an die Bar und schmutzige Teller in die Küche trage. Als die Gaststube sauber ist, räumen wir in der Küche die Teller in die Spüle. Anschließend setze ich mich auf eine Kommode und beobachte, wie der Mann noch die letzten Gegenstände verräumt.

Ich will gerade zu Boden springen, die Arbeit ist erledigt, wir können also ins Tal fahren, als er vor mich hintritt. Er kommt viel zu nahe an mich heran; kritisch überlege ich, was ich davon halten soll. Ich fühle mich plötzlich unwohl, das Lachen wird etwas schwerfälliger. Er drückt meine Knie auseinander, die ich als schützenden Abstand vor meinem Körper aufgebaut hatte. Ich leiste Widerstand, er sieht mich tadelnd an und verstärkt den Druck auf meine Beine. Mit Kraft drängt er sich noch näher an mich, drückt sich an mich, beugt seinen Oberkörper nach vorne. Sein Atem riecht total ekelhaft, sein Gesicht ist hässlich und viel zu nah an meinem. Ich beobachte entgeistert, was vor sich geht. Dann fasse ich mich schnell wieder. Nein, ich lasse nicht zu, dass du mir noch näher kommst. „Was soll das denn, geh weg", rufe ich laut, jedoch vorsichtshalber mit einem breiten Lachen im Gesicht. Ja, das Spiel der Freundlichkeit in unangenehmen Situationen beherrsche ich perfekt. Ich höre draußen noch Menschen, vielleicht sind es auch die Putzfrauen. Jemand hört mich bestimmt, wenn ich mich bemerkbar mache. „Sei still, spinnst du?", flüstert er mir mit wütender Stimme zu. Und drängt seinen abstoßenden Körper wieder an den meinen. „Lass das doch, fass mich nicht an!", rufe ich nun deutlich lauter und bestimmter. Blitzartig macht der Kellner einen Sprung nach hinten, sieht sich hektisch um, ob ihn wohl niemand gesehen hat. „Bist du bescheuert, du blöde Kuh?" Seine Augen funkeln vor Zorn. Er geht noch einen Schritt zurück, dreht sich dann um und verlässt den Raum. Draußen höre ich ihn fröhlich plappern. Die Situation vertuschen. Ich verlasse das Gebäude. Bemerke erst jetzt, dass meine Hände zittern. Fahre schnell die Abfahrt runter. Hoffe, dass ich dem Mann nicht mehr begegne. Schnell nach Hause. In nächster Zeit lege ich beim Boarden keine Pausen mehr ein.

Ich mache mit Papa in einer Bar halt. Er trinkt ein Bier, ich darf einen Orangensaft haben. Wir setzen uns auf die Hocker an der Bar. Wie die Großen das eben so machen. Schritte kommen auf mich zu, ich erstarre, als ich erkenne, dass der Kellner von der Skihütte auf uns zutritt. Er und Papa begrüßen sich, sie scheinen sich zu kennen. Ekel steigt in mir auf. Ablehnung. Das hässliche Grinsen des Mannes wirkt ein wenig wie eine Fratze auf mich. Er setzt sich an Papas Seite, beide bestellen sich ein weiteres Bier. Ich zupfe an Papas Pulli. „Ich kann den Mann nicht ausstehen", flüstere ich ihm zu. „Lass uns bitte gehen!" Mit einem eindringlichen, tiefen Blick versuche ich, Papa die Ernsthaftigkeit meiner Bitte klarzumachen. Ich schüttele mit dem Kopf, versuche, Papa zu signalisieren, dass mit dem Mann etwas nicht stimmt. Das klappt bestimmt, wir sind doch ein eingespieltes Team.

Doch Papa versteht nicht. Er wimmelt mich ab, sein Blick wirkt genervt, kein bisschen verständnisvoll, sondern eher kalt. Er wendet sich wieder dem Mann zu, mit einem breiten Lachen im Gesicht. Jetzt scheinen sie plötzlich noch besser befreundet zu sein als gerade eben. Noch einmal versuche ich, Papa mein Unbehagen zu übermitteln. „Du nervst. Reiß dich am Riemen, wenn ich mich mit meinem Freund unterhalte. Sonst verschwinde!" Der Mann grinst mich siegessicher an. Geknickt senke ich meinen Blick zu Boden. Ich mag hier nicht sein. Nach kurzer Zeit rutsche ich vom Hocker zu Boden, murmle eine Ausrede und verlasse das Lokal.

Ich fühle mich verraten, von meinem eigenen Papa. Er hat sich nicht an meine Seite gestellt, obwohl er doch hätte spüren müssen, dass der Mann nichts Gutes im Schilde führt. Viel schlimmer noch, Papa hat sich vor unser beider Augen ganz offensichtlich und offiziell dazu entschlossen, sich auf die Seite des Mannes zu stellen. Ihn wichtiger zu nehmen als mich. Ich bin alleine, ganz alleine. Mache mich mit schwerem Herzen auf den Weg nach Hause.

*

Die Mittelschule liefert einiges an Spannung. Die neuen Mitschüler in unserer Klasse sind ganz nett, aber anfangs gibt es doch so manche Rivalitäten. Es geht ein wenig darum, die Führung zu behaupten, und die neu dazugekommenen Jungs und Mädels scheuen sich nicht davor, auch die Fäuste sprechen zu lassen. Aber nach und nach freunden wir uns alle an.

Der Lernstoff wird etwas mehr, aber das ist nach wie vor kein Problem für mich. Ich schreibe auch jetzt gute Noten und freue mich eigentlich sehr darüber. Papa bleibt bei seiner Haltung – nur die beste Note ist gerade gut genug. Ohne dass ich es bewusst wahrnehme, verinnerliche ich seine Anforderungen. Ich bin selbst nicht mehr zufrieden, wenn das Ergebnis hätte besser sein können. Ich setze mich sehr unter Druck, lerne verbissen. Nun kommt es erstmals vor, dass ich Blackouts im Verlauf der Prüfungen habe. Während einer mündlichen Italienischprüfung kann ich mich plötzlich an nichts mehr erinnern, obwohl ich eigentlich bei den vorhergehenden Prüfungen immer die Bestnote erreicht habe und auch dieses Mal top vorbereitet bin. Ich fange an zu weinen, verzweifle richtiggehend. Die Fragen des Lehrers dringen nicht zu mir durch. Nachdem er mir etwas Zeit gegeben hat, um mich zu erholen, schaffe ich die Prüfung mit Bravour. Ich kann alle Fragen perfekt beantworten und schließe mit der Note „sehr gut" ab. Aber, anstatt mich zu freuen, rege ich mich fürchterlich auf.

Ich bin total unzufrieden, enttäuscht und wütend über mich selbst. Es hätte die Note „ausgezeichnet" sein müssen. So etwas darf mir einfach nicht mehr passieren.

In der Klasse bin ich meist sehr lebhaft, habe auch jetzt in der Mittelschule noch häufig eine starke Position inne. Ich sage stets meine Meinung, wenn nötig, zanke ich mich auch mit Mitschülern oder Lehrern. Aber immer öfter ziehe ich mich auch zurück. Vor allem auf Klassenfahrten oder Ausflügen weiß ich nicht, wo genau mein Platz in der Gruppe ist. Es kommt mir ein bisschen so vor, als ob ich mich in die Gruppe reinkämpfen müsste, um Zuneigung zu erlangen. Ich ziehe es manchmal vor, alleine zu sitzen und Musik zu hören oder nachzudenken. Meinen bisherigen Mitschülern fällt der Unterschied auf. Ich begründe es einfach damit, dass wir doch älter und reifer werden. Während ich alleine dasitze und Musik höre, spüre ich dann diese unsagbare Traurigkeit in mir aufkommen. Mir ist zum Heulen zumute, aber das verkneife ich mir natürlich. Manchmal versuche ich, mich vermehrt in der Gegenwart der Lehrer aufzuhalten. Einige sind wirklich nett und ich wünschte mir, dass sie sich etwas um mich kümmern. Aber ich schaffe es nicht, mit meinen wahren Gefühlen aus mir herauszukommen. Auf die Frage, wie es mir geht, antworte ich stets mit „bestens". Und dann bemühe ich mich wieder, ganz die Alte zu sein. Bei den Elternsprechtagen betonen die Lehrer immer, wie stark und sicher ich doch wäre im Umgang mit meinen Mitmenschen und in der Klassengemeinschaft.

*

Die Streitigkeiten und die gewaltvollen Ausraster zwischen Mama und Papa nehmen zu. Immer öfter ist Papa betrunken, aber manchmal wird er auch aggressiv, ohne Alkohol getrunken zu haben. Es gibt Momente, in denen die beiden sich vertragen, aber diese werden seltener und kürzer. In manchen Abschnitten ist es ganz schlimm mit täglichen Eskalationen. Bloß am Wochenende, wenn meine großen Brüder da sind, reißt sich Papa etwas am Riemen. Da ist er zwar manchmal gemein zu Mama, aber nie so offensichtlich und gröbere Ausraster bleiben aus. Ich glaube, dass Papa ziemlich viel Respekt vor den Jungs hat und sich daher nicht getraut, so aggressiv zu sein. Die Jungs stehen auf Mamas Seite und würden sie verteidigen. Ich warte also von jetzt an die ganze Woche schon darauf, dass endlich der Samstag kommt. Zwei Tage, die versprechen, etwas ruhiger zu verlaufen. Zwei Tage, an denen ich mich etwas geschützt und sicherer fühle und an denen die Last der Verantwortung etwas leichter wird.

Unter der Woche wird die Zeit, in der ich schlafe, immer kürzer. Ich bleibe wachsam und vorsichtig. Sobald Stimmen laut werden, kommt mein jüngerer Bruder in mein Zimmer. Er fürchtet sich und fragt dann, ob er bei mir schlafen darf. Er fragt ganz vorsichtig, ob ich die Stimmen auch gehört habe und was meiner Meinung nach los ist. Ich verspreche ihm, dass ich auf ihn aufpasse und dass ich auch Mama beschütze. Ich werde alles dafür tun, um Eskalationen zu verhindern. Das scheint ihn zu beruhigen. Er kuschelt sich an mich und schläft ein.

Sobald ich merke, dass der Streit aus dem Ruder zu laufen droht, erhebe ich mich schnell aus dem Bett und schleiche auf Zehenspitzen in die Küche oder in das Wohnzimmer, je nachdem wo unsere Eltern sich aufhalten. Ich passe den richtigen Moment ab, das Herz klopft dann bis zum Hals, mein ganzer Körper ist angespannt und ich versuche, die riesige Angst zu verdrängen. Ich muss einfach Papa daran hindern, Mama wehzutun. Ihr Schreien und Weinen, das Betteln und Wimmern ist unerträglich. Dies zu hören, wenn sie angegriffen wird, ohne genau zu sehen, was passiert, steigert die Angst und den Schmerz ins Unermessliche. Ich habe so große Angst, dass Papa Mama irgendwann umbringt. Auch bloß zu sehen, dass sie Verletzungen davonträgt, ist so unfassbar schmerzhaft. Es ist nicht auszuhalten. Ich atme also tief durch und gehe dann in den Raum. Bewusst taffes Auftreten. Wiederum darauf achten, nicht verurteilend oder provokant, aber dennoch bestimmt zu wirken. „Was soll denn das schon wieder?", sage ich mit ruhiger Stimme zu Papa. Freundschaftlich vertraut, das kommt

am besten an. „Bei dem Lärm kann doch niemand schlafen."
Oder: „Ich denke, das reicht jetzt aber. Geht endlich ins Bett.
Das bringt doch nichts!" Dieses Eingreifen funktioniert meist
tatsächlich. Mama kann sich aus der Situation entfernen und
Papa scheint sich etwas zu beruhigen.

*

Wir bekommen zwei Pferde geschenkt, da bin ich gerade zwölf
Jahre alt. Schneeweiße Pferde, groß und schlank. Ich bin außer
mir vor Freude. Der Traum jedes Mädchens wird wahr. Reiten
lerne ich im Schnellverfahren. Mein ältester Bruder setzt sich
auf das eine Pferd, ich mich auf das andere. Er galoppiert davon,
mein Pferd natürlich hinterher. Ich erschrecke mich furchtbar,
nur mit großer Mühe kann ich mich festhalten. Aber somit
habe ich die Feuertaufe bestanden.

Papa und ich machen uns daran, eine Kutsche zu bauen.
Aus einem alten Leiterwagen aus Holz entsteht das Grundge-
rüst. Darauf wird der restliche Aufbau montiert. Die Arbeit
ist recht aufwendig, denn die Kutsche soll nicht nur schön
aussehen, sondern auch straßentauglich sein. Hand- und Fuß-
bremse, Lichter, alles muss passen. Die Sitze überziehen wir mit
beigefarbenem Leder, an die Ränder davon kommen goldene
Nieten. Eine Niete nach der anderen hämmere ich an ihren
Platz. Zum Abschluss wird die Kutsche bemalt; dazu wird ein
Maler hinzugerufen. Kunstvoll verziert sieht das Gefährt einfach bezaubernd aus; die Fahrt kann losgehen. Voller Stolz
nehme ich auf dem Kutschbock Platz. Ich genieße die erste
Tour auf der Pferdekutsche. Hoch oben durch die Natur, ein
Traum. Wir fahren den See entlang, durch die Wälder, vorbei
an Wiesen. An einer Hofschenke machen wir Halt. Papa bringt
mir bei, wie man die Pferde richtig führt. Das ist gar nicht so
einfach, vieles muss beachtet werden. Schon das Aufzäumen
ist kompliziert. Aber ich liebe es. Ich liebe die Herausforderung, schnell etwas Neues zu lernen. Etwas, das nicht jeder
kann. Und ich liebe es, gemeinsam mit meinem Papa durch
die Gegend zu fahren. Überall, wo wir hinkommen, freuen

sich die Leute, uns zu sehen. Papa lächelt den Menschen zu und ich bin stolz an seiner Seite. Das ist unser gemeinsames Projekt, von Anfang an. Schon bald sind wir perfekt eingespielt.

Papa bringt mir nun auch richtig Reiten bei. Er erklärt mir genau, wie die Pferde geputzt und gesattelt werden. Er zeigt mir, wie man die Zügel halten muss und wie die Füße in den Steigbügeln stehen sollen. „Die Haltung ist ganz wichtig", erklärt er mir. „Das Bild, das du abgibst, hängt nur von dir selber ab." Er sagt auch, dass man mit den Tieren immer sprechen muss und sie mit Feingefühl lenken soll. „Die Tiere sind sehr sensibel. Sie vertrauen dir und bauen eine Bindung zum Reiter auf. Sie verstehen genau, was du sagst. Nicht den Inhalt, aber den Ton. Du kannst sie mit deiner Stimme beruhigen, anspornen und lenken. Reiße nie am Zügel. Im Fernsehen wird das oft falsch gezeigt. Pferde sind sehr verletzlich."

Wir machen gemeinsam einen Ausflug im Sattel. Ich bin glücklich. Genau so ist mein Papa. Er ist äußerst intelligent. Hat auch studiert, an einer italienischsprachigen Hochschule – für unseren ländlichen Raum ist das eine Ausnahme. Er ist total geschickt, es gibt einfach nichts, was er nicht kann. Und er ist charmant, smart. Er sieht gut aus, ist sehr groß und gut gebaut und er ist witzig. Er bringt die Menschen zum Lachen. Ja, er weiß genau, wie er alle Menschen in seiner Gegenwart um den Finger wickeln kann. Vor allem die Damen sind restlos fasziniert von meinem Papa. Genauso wie ich. Selbst meine Schulkameraden betonen immer wieder, was für ein Glück ich doch mit meinen Eltern habe. Sie finden meinen Papa cool und lachen immer über seine Scherze. Ja, ich bin richtig froh, dass er so ist. Ich liebe ihn von ganzem Herzen.

Da uns die Arbeit mit den Pferden so großen Spaß macht, beschließen wir, noch mehr Tiere anzukaufen und den Gästen unserer Appartements geführte Ausritte anzubieten. Zum Schluss haben wir etwa zehn Stück und auch die Feriengäste aus den Nachbarhäusern melden sich zum Reiten an. „Der Kunde ist König", sagt Papa. „Widersprich ihm nie. Er soll einfach glücklich sein, schließlich bezahlt er auch." Ich bin nicht so glücklich über diese Einstellung; so manchem

Schnösel würde ich nur allzu gerne meine Meinung geigen. Aber ich füge mich, lächele freundlich, auch wenn mir mal nicht danach ist. Aber prinzipiell macht es mir großen Spaß. Gäste zu betreuen, mich um die Tiere zu kümmern. Papa lässt mir schon bald freie Hand, jeder von uns weiß genau, was sein Aufgabenbereich ist.

Die Kutschenfahrten sind auch sehr beliebt. Immer öfter ergibt es sich, dass Papa mit der Kutsche fährt und ich die Gäste bei ihren Ausritten begleite. Ich kann gut erklären und habe schon viel von Papas Art übernommen. Die Menschen unterhalten, etwas von der Gegend erklären, ihnen den richtigen Umgang mit den Tieren beizubringen. „Unterhaltung und Sicherheit", das ist unser oberstes Gebot. Die Touristen staunen, dass ich so selbstständig bin und so viel weiß. Manchmal, wenn Papa sie direkt an mich weiterleitet, damit ich ihre Fragen beantworte oder Termine vereinbare, scheinen sie sich darüber zu wundern. Doch es klappt alles prima. Ich bin richtig stolz darauf, dass Papa mir so viel Vertrauen schenkt. Er lobt meine Arbeit oft vor anderen und unser Teamwork spornt mich richtig an. Ich versuche, alles perfekt auszuführen. Wir haben viele Aufträge, und ich kann Papa am Abend oft ziemlich viel Geld übergeben. Alles, was ich am Tag eingenommen habe. Mir gehört davon nichts, auch wenn die Gäste oft dieser Meinung sind.

*

Letzte Nacht bin ich aus dem Schlaf geschreckt. Ich habe einen Aufschrei gehört, ganz kurz ein Wimmern, dann war wieder alles still. Ich war mir nicht sicher, ob ich das wirklich gehört hatte oder mal wieder von einem Albtraum geplagt wurde. Ich versuchte, weiterzuschlafen. Mein Herz pochte aber laut und sehr schnell, was mich eine Weile am Schlafen hinderte. Das ist so ärgerlich, nicht wieder einschlafen zu können. Wegen nichts.

Als Mama von der Arbeit kommt und in der Küche beim Aufräumen ist, spreche ich sie an, aber sie antwortet nicht.

Ich ärgere mich darüber. „Kannst du mir denn nicht antworten, so wie das jeder normale Mensch macht?", fauche ich sie nun mit lauter Stimme an. Sie zuckt herum, offensichtlich erschrocken. Sie weint. Verdammt, was ist denn nun schon wieder. „Tut mir leid, ich habe dich nicht gehört", sagt sie mit leiser Stimme. „Bist du schwerhörig, oder was?" Ich versuche noch etwas barscher und lauter aufzutreten, um das klamme Gefühl in meiner Brust zu überspielen. Warum ist Mama denn traurig? Dies macht mich ebenso unglücklich. „Ja, ich kann auf dem einen Ohr nichts mehr hören. Papa hat mir mit der flachen Hand so hart darauf geschlagen, dass mein Trommelfell geplatzt ist. Ich war schon beim Arzt." Sie schaut zu Boden, während sie das sagt. Ihr Gesicht wirkt fahl und eingefallen.

Ich schlucke schwer. Erstarre. Nein! Das darf nicht wahr sein. In meinem Kopf das altbekannte Rauschen. Der Knoten in meinem Bauch und der Druck auf meine Brust. Das Brennen, das durch meinen Körper zieht. „Warum?" Meine Stimme klingt viel zu unfreundlich, viel zu laut. Sie zuckt nur mit den Schultern. Ich schaue Mama an, schockiert, ein paar Sekunden lang. Dann drehe ich mich um und verlasse den Raum. Ich kann dazu nichts sagen. Kein Ton kommt über meine Lippen. Mein Gesicht weiter unfreundlich. Ich gehe die Treppe hinunter. Nein! Tränen brennen in meinen Augen. Die Vorstellung daran, dass sie so verletzt wird, bricht mir das Herz. Nein! Ich versuche, die Vorstellung von der Situation zu verdrängen, ich kann es nicht ertragen. War das vielleicht der Grund, warum ich wach geworden bin? Ich bin mir sicher, ich habe nicht geträumt. Nein! Die Stimme in mir schreit schmerzvoll auf. Meine Seele verzieht ihr Gesicht unter diesen haarsträubenden Bildern. Nein! Nein! Nein! Tränen laufen über mein Gesicht, tropfen mir vom Kinn. Das Atmen fällt mir schwer. Nein!

Ich gehe in den Stall, sattle mein Pferd. „Komm, los!", flüstere ich ihm zu. Ich reite ein kurzes Stück an der Straße entlang und biege dann links in den Waldweg ein. Ich treibe das Pferd an, es fällt vom Schritt in den Trab. Mein Haar weht im Wind, ich folge dem Rhythmus, der vom Tier vorgegeben wird. Wir sind eins. Trotz des Sattels spüre ich die Wärme, die von seinem Rücken aufsteigt. Meine Beine umarmen seinen Körper, die Nähe wirkt beruhigend. Nur ein kurzer Laut von mir und das Pferd galoppiert durch den Wald. Mein Kopf wird etwas frei gefegt durch die frische Luft, die Stille hier, nur durchbrochen vom gleichmäßigen Trommeln der Hufe auf dem erdigen Boden und dem Atem, der dampfend und schnaubend die Nüstern verlässt. Ich bemerke, dass ich immer noch weine, aber ich beachte das nicht. Treibe mein Pferd dazu an, noch weiter an Geschwindigkeit zuzulegen. Ich schwebe jetzt fast im Sattel, nur die Knie halten noch die perfekte Verbindung zum Tier unter mir. Wir geben beide alles, powern uns aus, als ob es hier um alles ginge. Als ob wir der Verzweiflung davoneilen könnten, all den Schmerz und die unsagbare Kälte hinter uns lassen könnten. Springen über kleine Bäche, beugen uns tief, um die Kurven zu schneiden. Die Strecke kennen wir beide perfekt, jeden Stein, jede Mulde.

Als das Pferd schließlich langsamer wird, lege ich meinen Oberkörper auf seinen Hals. Es fühlt sich nass an vor Schweiß. Ich umarme das Tier, nehme die Vertrautheit wahr, die Wärme, die Ruhe. Obwohl das Pferd noch außer Puste vom Laufen ist, strahlt es eine Ruhe aus. „Ja, auf dich ist Verlass, du liebes, braves Tier." Ich höre die Vögel singen, genieße die Ruhe und den Frieden der Natur. Mein Körper fühlt sich spürbar entspannter an, als wir den Heimweg antreten und in den Stall zurückkehren. Ich gebe dem Pferd eine extra Portion Getreide, streichle auch den Hund, der mich freundlich begrüßt. „Ihr seid so lieb", murmle ich. Nach einem tiefen Seufzer beginne ich, meine Arbeiten im Stall zu erledigen.

*

Nach der Schule fahre ich ab und zu mit zwei Klassenkameradinnen ins Nachbardorf. Sie wohnen dort und wir lernen gemeinsam oder bereiten Gruppenarbeiten für den Unterricht vor. Wir verstehen uns meistens gut. Doch manchmal ist leider auch bei ihnen zu Hause schlechte Stimmung, dann verdrücken wir uns lieber ganz schnell. Es ist für mich schwer auszuhalten, wenn die Geschwister untereinander streiten oder ihre Eltern sich zanken. Ich bin dann umso trauriger, denn die Besuche bedeuten für mich eigentlich auch eine Auszeit von Streit und Sorge.

Um Diskussionen zu entgehen, ziehen wir uns heute in das Zelt zurück, das ihr Bruder auf der Wiese vor dem Haus aufgestellt hat. Wir ziehen den Reißverschluss zu und sind endlich ungestört. „Puh, was für ein Stress", sagt die eine. Die andere zieht eine Packung Zigaretten aus ihrer Jackentasche. Die hat sie von ihrer Mama geklaut. Auch Zündhölzer kommen zum Vorschein. „Ich brauch jetzt erst mal eine Zigarette", sagt sie, ganz altklug. Und bietet mir auch eine an. Wir lehnen unsere Köpfe aus dem Zelteingang und zünden uns die Zigaretten an. Atmen tief ein, legen uns zurück und genießen die ungestörte Ruhe. Ja, jetzt ist es besser. Ich habe schon öfters an Zigaretten gezogen, gepafft. Fand es meist etwas eklig. Aber heute scheint mich der Rauch zum ersten Mal tatsächlich zu beruhigen, zu entspannen, zu befreien. Ich konzentriere mich einfach auf den grauen Nebel, der durch meine Lunge zieht, atme tief und ruhig, und puste ihn dann in dünnen Bahnen durch die Luft. Mir wird ganz leicht schwindelig, doch das trägt gerade ebenso dazu bei, mich etwas in der Situation zu verlieren.

Wir hängen für einige Zeit im Zelt herum, chillen, unterhalten uns und fühlen uns gut. Rauchen noch weitere Zigaretten und die Schwestern nehmen sich fest vor, auch für die Zukunft öfters „Kippen" zu organisieren. Es hat was, wir gewöhnen uns auch schnell daran. Und rauchen von nun an immer wieder, wenn sich uns die Gelegenheit dazu bietet.

*

Bei unseren Feriengästen handelt es sich meist um Familien mit Kindern. Ich finde das ganz toll, normalerweise sind sie nett. Die Größeren unter ihnen wollen mir im Stall helfen, die Kleineren freuen sich, wenn sie die Tiere streicheln dürfen. In die ganz Kleinen bin ich richtiggehend vernarrt. Wie süß die doch sind. Sooft es meine Zeit erlaubt, spiele ich mit den kleinen Kindern. Ich biete den Eltern auch manchmal an, für einige Zeit auf sie aufzupassen. Die Kleinen mögen mich, sie lachen, wenn ich Späße mache und sind ganz ruhig, wenn ich Geschichten erzähle. Sie strahlen mich an, wenn ich im Sand für sie etwas baue und quietschen fröhlich, wenn wir uns gemeinsam auf die Schaukel setzen. Babys riechen so gut, sie bringen mich dauernd zum Lächeln. Kinder sind echt was Tolles. Ich erzähle Papa, wie viel Spaß es mir macht, mich um die Kleinen zu kümmern. Ich denke, dass ich vielleicht auch eines Tages in einem Kindergarten arbeiten möchte, so wie Mama. Das wäre eine Arbeit, die mich glücklich machen würde. Ich bin zufrieden mit dieser Erkenntnis, strahle Papa an. Doch er blickt verächtlich auf mich herab. „Nein, so was Doofes wirst du bestimmt nicht machen. Willst doch nicht so einen lächerlichen Job wie deine Mama verrichten. Eine typische Frauenarbeit, sinnlos und niveaulos. Nein, aus dir wird einmal etwas Vernünftiges werden! Du wirst weiterhin ordentlich lernen und einen angesehenen Beruf ergreifen." Ich lächle zaghaft. Gut, dass Papa mir zumutet, etwas Niveau-volles zu erlernen. So blöd finde ich es gar nicht, mit Kindern zu arbeiten. Aber wenn er sagt, dass das nicht zu mir passt, wird er wohl seine Gründe dafür haben. Und schließlich möchte ich doch später in meinem Beruf auch Anerkennung erfahren.

Beim Abendessen ist alles ruhig, da brüllt Papa plötzlich los. „Kannst du nicht dein Maul halten?" Es ging in Mamas Richtung. Sie schreckt hoch, guckt verdutzt. Ich ebenso. Sie hat doch kein Wort gesagt. „Deine Kaugeräusche treiben mich in den Wahnsinn! Iss gefälligst alleine, wenn du nicht in der Lage bist, still zu essen!" Mama ist erstarrt. Das Schüttelbrot knirscht immer, wenn man es kaut. Es ist nicht möglich, die knusprigen Krusten lautlos zwischen den Zähnen zu zermah-len. Mama getraut sich kaum, weiterzuessen. Sie versucht, ganz leise zu sein. Dann steht sie auf und verlässt den Tisch. Ihre Augen sind verdächtig feucht. Sie macht sich wieder an die Arbeit, ich höre, dass sie mit dem großen Besen die Treppe fegt. Stillschweigend esse ich weiter. Papa scherzt und lacht.

Erinnert mich daran, dass wir doch so ein tolles Team sind. Ich bin traurig und eingeschüchtert, voller Mitleid.

Bei der nächsten Mahlzeit fällt mir auch auf, wie laut Mama kaut. Bisher hatte ich das nie bemerkt, eigentlich kauen alle Menschen so. Aber jetzt klingt es ganz unangenehm in meinen Ohren. Es macht mich nervös, ich mag das Geräusch nicht. „Kau leiser, das kann kein Mensch ertragen!", schnauze ich Mama an. Ich fühle mich unwohl und wundere mich, dass mich dieses Geräusch bisher nie gestört hat.

*

Seit einiger Zeit ist das Thema „Jungs" aktuell. Wir Mädels meines Alters, ich bin jetzt dreizehn, unterhalten uns liebend gern darüber, lernen auch so manchen Jungen kennen, der unser Interesse weckt und unsere Herzen höherschlagen lässt. Beim Quatschen bin ich an vorderster Front, ohne jedoch ernsthaft daran zu glauben, dass sich je jemand für mich interessieren wird. Wem sollte ich denn bitte schön gefallen? Als die anderen Mädels heftig flirten und Dates planen, amüsiere ich mich. Wir unterhalten uns über Kleidung und Auftreten, was man wohl am besten sagt, wie man sich interessant wirken lässt. Einige von ihnen sind richtig selbstsicher und mutig, bekommen auch genügend Avancen.

Tatsächlich, das nächste Date steht an. Natürlich getraut sich kaum eine, sich alleine mit einem Jungen zu treffen, es werden eher Zweierdates oder Verabredungen in der Gruppe getroffen. Dieses Mal handelt es sich um zwei Buben aus Deutschland, die öfters in unserem Dorf zu Besuch sind. Richtig hübsch sehen sie aus und wir alle haben sie bereits gesehen. Jede von uns läuft leicht rot an, wenn die beiden auf ihren Motorrollern ganz lässig vorbeifahren und uns zuwinken. Ein Mädchen hat es nun also tatsächlich geschafft, sich zu verabreden. Ihr Papa hatte wohl etwas mit dem Vater der Buben zu besprechen und so hat sich ein Gespräch ergeben. Die Glückliche. Nun braucht sie aber eine Begleitung für die Verabredung. Ein Doppeldate sozusagen.

Mir ist klar, dass ich nicht dabei sein werde, und wundere mich natürlich nicht, dass ich als erste ausscheide. Ich muss doch froh sein, wenn ich überhaupt in der Gruppe mit dabei sein darf, so mein Gefühl. Niemals würde ich für etwas auserwählt werden, auch nur in die engere Wahl kommen. Die Mädels diskutieren hin und her. Wer soll es denn nun sein. Verschiedene Auswahlkriterien werden getroffen. Wer darf am Abend noch raus? Wer fühlt sich in der Gegenwart der Jungs wohl? Wer hat passende Kleidung und cooles Auftreten? Ich höre gespannt zu, stelle meinen Ausschluss gar nicht infrage. Und kann es absolut nicht nachvollziehen, als das eine Mädchen sagt, dass sie doch gleich mich mitnehmen könne, wenn sie sich ihre Chancen verspielen wolle. „Wie meinst du das denn? So sehr würde ich dich doch nicht bloßstellen, ich kann mich doch am Riemen reißen", äußere ich leise, gekränkt. Ein verächtliches Schnaufen ist die Antwort. „Verarschen kann ich mich selbst. Glaubst du, ich würde es riskieren, dass du mitkommst und die Jungs sich dann in dich verlieben?" Ich schaue sie verdutzt mit großen Augen an. Was soll das denn jetzt bedeuten? Warum sollte sich denn jemand in mich verlieben? Ich verstehe gerade gar nichts. „Ach, stell dich doch nicht dumm. Du wärst doch eine viel zu große Konkurrenz, so hübsch, wie du aussiehst. Da hätten die Jungs doch ch nur Augen für dich", fügt sie noch verärgert hinzu. Sie entscheidet sich dann, ein anderes Mädchen aus der Gruppe mit zu ihrer Verabredung zu nehmen.

Ich schaue zu Boden. Total verwirrt. Was war denn das gerade für eine Äußerung? Hat sie tatsächlich gesagt, dass ich hübsch bin? Dass ich Konkurrenz darstellen würde? Ich muss das echt falsch aufgefasst haben, das wäre doch wirklich unrealistisch. So hässlich und unattraktiv, wie ich aussehe.

*

In den Sommerferien beschäftige ich mich fast ausschließlich mit der Arbeit auf dem Hof. Wir haben eine Homepage eingerichtet und die Termine zum Ausreiten und Kutschefahren sind ständig ausgebucht. Ich muss einen Terminkalender führen, um nichts zu vergessen oder doppelt zu belegen. Bis zu fünf Personen nehme ich gleichzeitig auf meinen Ausritten mit. Ich muss auf ganz vieles gleichzeitig achten, denn die Gäste kennen ja weder die Strecke noch die Tiere. Manchmal wird die Last der Verantwortung schwer auf meinen Schultern. Manchmal spüre ich für einen Augenblick die Angst, dass etwas passieren könnte. Dass ein Pferd scheut und jemand aus dem Sattel fällt. Aber ich schiebe diesen Gedanken schnell beiseite und genieße meine Arbeit. Die Touristen können lange oder kurze Ausritte buchen. Eine Stunde oder drei Stunden durch den Wald. Auch eine Tagestour mit Rast auf einer Alm ist im Programm.

Oft habe ich so viel zu tun, dass keine Zeit zum Essen bleibt. Dann rauche ich dafür etwas mehr, seit Kurzem auch offiziell vor meinen Eltern. Mama wollte mir die Zigaretten verbieten, sie findet es sehr schlimm, mich rauchen zu sehen. Aber Papa kauft mir manchmal Zigaretten oder ich darf welche von seinen haben. Damit ich auch nicht motze. Ohne zu murren, erfülle ich meinen Job, stolz darauf, dass ich das schon so gut schaffe. Dass ich ein paar Kilo abgenommen habe, bemerkt niemand. Mir ist das auch egal. Am Abend erledige ich noch gemeinsam mit Papa die Arbeit im Stall, manchmal reite ich anschließend noch mit einem Pferd alleine durch den Wald. Mit den Touristen können die Tiere sich nie wirklich auslaufen, das muss ich also nachholen, damit sie auch glücklich sind. Natürlich würde ich auch ab und zu gerne mit den anderen Kindern ins Schwimmbad gehen. Ursprünglich war es geplant gewesen, dass der Sonntag mein freier Tag ist. Doch Papa hat mich immer wieder zurückgerufen, weil sich doch jemand zum Ausreiten gemeldet hat. Und so habe ich es schlussendlich aufgegeben, einen freien Tag mit anderen einzuplanen. Mit Papa komme ich in letzter Zeit richtig gut klar, besser denn je. Er hat einfach keinen Grund, nicht zufrieden mit mir zu sein. Ich freue mich sehr darüber, bin glücklich.

*

Ich habe gerade die Arbeit im Stall beendet und stelle mich unter die Dusche, als sich im Hof ein Streit entfacht. Das Fenster ist gekippt, darum nehme ich die lauter werdenden Stimmen von Papa und Mama sofort wahr. Ich stelle das Wasser ab und spitze die Ohren. Halte den Atem an. Mist, das klingt nicht gut. Mein Herz klopft laut. Ich stehe starr da. „Du sollst aus meinem Haus verschwinden!", schreit Papa. Mama antwortet, dass er sie doch in Ruhe lassen soll. Ihre Stimme klingt verzweifelt, auch wenn ich wahrnehme, dass sie noch versucht, betont stark zu wirken. Papa beschuldigt sie mit aggressiver Stimme, dass sie alles kaputt macht. Dass es nun reicht und sie von hier weg soll. „Verschwinde!", brüllt er so laut, dass seine Stimme bricht.

Nein! Wenn er diese Tonlage anschlägt, wird er handgreiflich. Das weiß ich aus Erfahrung. Ich kann nicht runter, stehe immer noch nackt in der Dusche. Wage es auch nicht, mich zu bewegen, um kein Wort zu verpassen. Solange ich jedes Geräusch höre, scheint es mir ein bisschen, als würde ich nicht total die Kontrolle verlieren. Ich habe Angst. Was passiert jetzt? Hört die Beiden denn niemand, wenn sie im Freien so laut brüllen?

Ich höre einen Knall, es hört sich nach dem Metall des Autos an. Ich glaube, Mama ist dagegen gefallen. „Hau ab!", ertönt Papas Stimme erneut mit angsteinflößender Intensität. Laute Geräusche, der Kies am Boden, ein Klappern, lassen mich wahrnehmen, dass Mama sich mit voller Kraft vor Papas Angriffen zur Wehr setzt. Ich höre, dass die Autotür geöffnet wird. Was passiert jetzt? „Lass mich los!", schreit Mama entsetzt und voller Angst. Er versucht doch nicht, sie ins Auto zu zerren? Verdammt, was hat er vor? Mein Herz rast noch schneller, pocht in meinen Ohren. Ich bin inzwischen aus der Dusche gestiegen, tropfend nass und versuche am Fenster einen Blick von der Szene unter mir zu erhaschen. Das gelingt aber nur teilweise. Mehr kann ich die Vorgänge erahnen, denn sehen. Papa zerrt nun Mama tatsächlich mit aller Gewalt ins Auto, lässt den Motor an. „Bitte nicht!", schreit die Stimme in meinem Kopf entsetzt auf. Was passiert mit Mama? Wo will

Papa hin? Nicht losfahren! Mamas Stimme klingt mittlerweile panisch und schrill: „Lass mich raus! Lass mich sofort raus!" Sie schafft es, die Tür aufzureißen, während Papa gerade losfahren will. Er bremst scharf und zieht sie wieder zurück. Beide schreien, kämpfen.

Ich folge dem Szenario und bin unfähig, mich zu bewegen. Mir ist kotzübel, fast muss ich mich übergeben. Bemerke es aber nur am Rande, da meine ganze Aufmerksamkeit gefangen ist von der Situation, die sich abspielt, ähnlich einem Horrorfilm. Und die ich hören, aber kaum sehen kann. Mein Inneres weint und windet sich. Papa, bitte mach jetzt keinen Blödsinn, flehe ich stumm und in meiner Vorstellung ziehe ich bettelnd an seinem Hemd und versuche, ihn mit aller Verzweiflung und Liebe zurückzuhalten. Die Räder drehen auf dem Kieselboden quietschend durch, als Papa erneut aufs Gaspedal drückt. Bremst und wieder Gas gibt. Mamas Hilferufe tönen aus dem geschlossenen Auto. Ich höre ihrer Stimme an, dass sie weint, dass sie schreckliche Angst hat. Und dann fährt das Auto tatsächlich mit Vollgas vom Hof. Eine Staubwolke steigt auf. Dann höre ich das Geräusch des Motors in der Ferne verstummen.

Nein! Das war gerade nicht real. Nein. Das kann nicht real sein. Mein Bauch verkrampft sich schmerzhaft. Keine Ahnung, wie viel Zeit vergangen ist, als mir bewusst wird, dass ich immer noch nackt am Fenster im Badezimmer stehe. Mein Körper ist starr. Die Schmerzen haben ihn in Besitz genommen, sich bis in alle Fasern ausgebreitet. Erneut glaube ich, mich übergeben zu müssen. Mir ist kalt. Ich trockne mich ab, spüre mich aber nicht. Ziehe mir gemütliche Kleidung über. Es ist so, als ob ich eigentlich in weiter Ferne wäre und die leere Hülle meines Körpers wie automatisiert seine Bewegungen ausführt. Was jetzt wohl mit Mama passiert? Nein! Mein Körper wölbt sich auf, alles in mir wehrt sich gegen die aufsteigenden Bilder, es fühlt sich an, als wolle mein Inneres sich selbst auslöschen. Ich übergebe mich, wieder und wieder. Nein. Papa, bitte nicht. Das Mantra in meinem Kopf. Bitte, Papa. Bitte, bitte, bitte. Ich wasche mir mein Gesicht. Gehe in mein Zimmer, lege mich in mein Bett. Bitte. Bitte. Bitte!!! Ich zittere, ziehe die Füße ganz nah an meinen Körper. Lege die Arme wärmend um meinen Körper. Wiege mich hin und her. Mein kleiner Bruder kommt in mein Zimmer. „Wo ist Mama?", fragt er mich leise und sieht mich durchdringend an. „Komm her", sage ich, und hebe die Bettdecke an, sodass er darunter schlüpfen kann. Ich umarme ihn fest, streichle seinen Rücken. „Mama kommt bestimmt gleich, weißt du." Mein Gesicht liegt in seinen Haaren. Er soll mein Entsetzen und meine unsagbare Angst nicht sehen. Er soll nicht sehen, dass ich meine Tränen nicht mehr am Laufen hindern kann. Ich drapiere das Bett um seinen Körper. So ist es kuschelig und warm. „Sorge dich nicht", flüstere ich in sein Ohr.

Als ich das Auto in den Hof fahren höre, springe ich sofort aus dem Bett. Ich laufe die Treppe hinunter, immer zwei Stufen auf einmal nehmend. Ich komme gerade am unteren Ende an, als Papa die Tür öffnet. Er sieht ganz normal aus. Schaut mich erstaunt an. „Du bist noch wach? Solltest du nicht schlafen?" „Wo ist Mama?", meine Stimme klingt ängstlich, doch das ist mir jetzt egal. „Weg." Papa geht an mir vorbei, die Treppe hoch. Ohne mich anzusehen. Als ob nichts wäre. Weg? Was bedeutet das denn? Wieder steigen die Tränen in meine Augen, doch ich halte sie zurück. „Los sag schon, Papa. Wo ist denn Mama?" Jetzt ist meine Stimme lauter, fordernder, ernster. „Ich sagte doch schon, dass sie weg ist. Sie kommt nicht mehr." Er geht in die Küche, holt sich etwas zum Essen und setzt sich dann ins Wohnzimmer. Es scheint, als würde er mich nicht mehr wahrnehmen. Ich weiß, dass ich keine weitere Antwort mehr erhalten werde. Sie kommt nicht mehr.

Langsam gehe ich die Stufen der Treppe zum Schlafzimmer hoch. Mein Bauch schmerzt wieder tierisch. Alle Glieder sind schwer wie Blei. Mein Kopf rumort, als würden zehn Bagger darin Steine schippen. Selbst meine Augen schmerzen. Aber meine Gefühle sind verstummt. Sie kommt nicht mehr. Je öfter ich es in meinem Kopf wiederhole, desto mehr verliert es an Bedeutung. Nach und nach schaffe ich es auch, die Empfindungen meines Körpers in die Ferne zu schieben. Ich will nichts mehr spüren. Ich will nichts mehr fühlen. Mama ist tot, da bin ich mir sicher. Er hat sie bestimmt in einen Fluss geworfen.

Wie in Zeitlupe lege ich mich wieder in das Bett zurück. Drapiere meinen Körper um den Körper meines Bruders, wie vorhin. Er schläft. Drückt sich leicht an mich, als ich ihm wiederum über den Rücken streiche. Ich spüre seinen Atem an meinem Hals. Normalerweise nervt mich das leichte Kitzeln, das dadurch auf der Haut entsteht. Aber heute nehme ich es nicht wahr. Mein Körper ist nicht meiner. Es wohnt gerade niemand darin. Ich weiß nicht, wo ich bin, denn ich habe mich vorhin unter all dem Schmerz verloren. Meine Seele hat diese unsägliche Last abgeschüttelt und sich einfach aus dem Staub gemacht. Monoton streicht meine Hand weiter über den Rücken des Schlafenden. Mir fällt auf, dass mein Kopf einen Rosenkranz betet. Seltsam. Was ich denn morgen kochen soll? Hmm. Weiß ich nicht. Mal schauen. Die ganze Welt ist sowieso in weiter Ferne. Es fühlt sich fast so an, als ob ich in einer Wolke liegen würde. Etwas dunkel ist es hier und komplett geräuschlos. Vielleicht ist es auch eine Nebelwand. Ein leichter Schwindel erfasst mich, als der Nebel durch die Windungen meines Gehirnes zieht. Eigenartig. Wenn ich etwas fühlen würde, könnte ich meinen, dass es sich gut anfühlt. Aber es ist vielmehr, als ob ich dieses Gefühl aus der Ferne beobachten würde. Mein Kopf wird leicht nach oben gehoben, die Wolke, der Nebel, bewegen sich auf und ab. Ich begegne meinem Herzen, es scheint an mir vorbei zu schweben. Warum zuckt es denn so eigenartig? Es scheint sich mit jemandem einen Boxkampf liefern zu wollen, so heftig schlägt es nach allen Richtungen hin aus. Jetzt kann ich auch sein lautes Pochen hören, nein, es ist schon fast ein Knallen. Es pumpt und pumpt. Das schmerzt in meinem Kopf, das laute Geräusch passt mir gerade gar nicht. Ich schiebe das Herz also weiter von mir weg und sehe, wie es in der Nebelwand verschwindet. Endlich wird auch das Hämmern leiser und leiser, bis es schließlich verstummt. Besser.

Am Morgen wache ich mit Kopfschmerzen auf. Meine Augen brennen, sie fühlen sich zugeschwollen an und lassen sich nur schwer öffnen. Ich höre, dass ein Schluchzen aus meiner Brust aufsteigt. Ich scheine wohl die ganze Nacht lang geweint zu haben. Zum Glück habe ich das nicht bewusst wahrgenommen, sonst hätte ich es bestimmt nicht zugelassen. Mit einem Mal wird mir wieder schmerzhaft bewusst, was vorgefallen ist. Wie ein Messerstich stößt die Erinnerung durch meinen Körper. Schmerzen. Ich erhebe mich, gehe in die Küche und bereite Frühstück vor. Jeder Zentimeter meines Körpers ist schwer wie Blei.

Als ich höre, dass auch Papa aufsteht, wasche ich mir schnell mit kaltem Wasser das Gesicht. Versuche, die Spuren, die das Weinen hinterlassen hat, zu verwischen. Zum Glück geht Papa gleich in den Stall, um die Kühe zu melken. Ich atme tief durch. Allzu viel Kommunikation hätte ich jetzt wohl nicht ertragen können. Ich wasche das Geschirr ab. Versuche dabei, so leise wie möglich zu sein, damit mein Bruder noch schlafen kann. Ich höre die Melkmaschine summen. Was soll ich jetzt tun?

Als sich die Tür öffnet, bin ich der Meinung, dass mein Bruder zum Frühstück kommt. Ich drehe mich um, und bleibe mit offenem Mund wie angewurzelt stehen. Es scheint mir, als ob ich einen Geist sehen würde. Da steht doch tatsächlich Mama in der Tür. Sie sieht müde aus, erschöpft. Aber unverletzt. Und lebendig. Mit einem Ruck löse ich mich aus der Starre. „Wo warst du denn?", knurre ich sie mürrisch und vorwurfsvoll an. „In der Kirche. Die Tür dort war offen und da habe ich mich drinnen versteckt und versucht, etwas zu schlafen. Es war aber zu kalt dafür." Sie blickt zu Boden, ihre Stimme klingt etwas eingefroren. „Na dann." Das ist alles, was aus meinem Mund kommt. Mehr Worte finde ich nicht in meinem Kopf.

Ich gehe an Mama vorbei, steige langsamen Schrittes wieder die Stufen zum nächsten Stockwerk hoch. In mein Zimmer, lege mich wieder in mein Bett. In Zeitlupe. Drapiere meinen Körper um den immer noch schlafenden Körper meines Bruders. Lege meine Arme um ihn, streichle seinen Rücken. Wie monoton, nehme nur am Rande war, dass die Hülle meines Körpers diese Bewegungen ausführt. Ich rieche seine Haare. Spüre aus der Ferne seinen Atem an meinem Hals. Merke nicht das Kitzeln, das mich eigentlich nervt. Langsam rollt eine Träne über mein Gesicht. Verliert sich im Haar des Schlafenden. Eine weitere Träne folgt. Lautlos. Ich beobachte das Rollen, als ob es nichts mit mir zu tun hätte. Wieder eine Träne und wieder. Ein ganzer Fluss entsteht, immer mehr salziges Nass kullert über meine Wangen, unaufhaltsam. Das Haar wird nass. Mein Körper wird nun richtig geschüttelt von krampfhaftem Weinen, der Bauch zieht sich zusammen, die Hände bilden verzweifelt eine Faust. Ein Schluchzen entweicht meinem Mund, ein Wimmern folgt. Ein nicht enden wollender Schmerz macht sich in diesem Ausbruch Luft. Mein Bruder öffnet verdutzt die Augen, sieht mich erschrocken an. Drückt sich an mich, selbst den Tränen nahe. Ich weine und weine, kann es nicht mehr stoppen. All die Anspannung der Nacht scheint sich ihren Weg in die Freiheit zu suchen. All der Schmerz versucht, sich hörbar zu machen. Ich weine, bis ich keine Tränen mehr zum Weinen habe.

*

Ich wurde von einem Jungen geküsst. ICH wurde tatsächlich geküsst! Und was für ein Junge. Er ist richtig hübsch. Ein paar Jahre älter als ich und so erfahren, selbstsicher. Er könnte viele Mädels haben, aber er hat mich geküsst. Er hat explizit bei meinen Freundinnen nach mir gefragt, wollte meine Nummer haben. Ich habe leider kein Handy. Und dachte sowieso, dass das ein Scherz ist. Wieso sollte er nach mir fragen – wieso wollte er überhaupt wissen, wer ich bin – mich wahrnehmen? Doch etwas später haben wir uns dann persönlich kennengelernt. Er hat Bekannte von mir gebeten, uns gegenseitig vorzustellen. Ich war natürlich tierisch aufgeregt, mein Gesicht ist bestimmt rot angelaufen. Habe mich sofort in sein Lächeln verguckt. Dann haben wir gemeinsam Orangensaft getrunken, am späten Nachmittag in der Bar bei uns im Dorf. Wir haben uns unterhalten, aber ich weiß einfach nicht mehr genau, worüber. Ich habe es vergessen, so aufgeregt war ich. Ich weiß aber, dass ich ihn angestrahlt habe. Und mich dabei geärgert habe, dass die blöde Zahnspange noch immer nicht aus meinem Mund entfernt wurde. Und ich weiß, dass er sich irgendwann einfach nach vorne gebeugt hat, um mich zu küssen. Einfach so. Es war der pure Wahnsinn. Seine Lippen waren unglaublich weich und er kann richtig gut küssen. Schmetterlinge tanzen in meinem Bauch. Einmal hatte ich schon das Küssen mit einem Jungen geübt; mit dem hatte ich das so abgesprochen. Doch das zählt jetzt nicht mehr und ist vergessen. Es war ja auch ein bisschen eklig. DAS ist Küssen. Ich bin hin und weg. Wir haben uns dann im Laufe der Woche noch einmal getroffen, sind durch den Wald spaziert, haben Händchen gehalten und uns erneut geküsst. Es war so ein tolles Gefühl, machte mich einfach glücklich. Wir waren ein Paar. Er hat mein Gesicht gestreichelt, ganz zärtlich. Wahnsinn. Ich konnte in der Schule nur noch an ihn denken, in meinem Kopf war nur er.

Jetzt, nach einer Woche, haben wir uns leider getrennt. Wir haben uns wieder gesehen und uns ganz fürchterlich gestritten. Ich weiß gar nicht genau, worüber. Aber das ist auch egal. Wir laufen in jeweils entgegengesetzte Richtungen davon. Ich bin stinkwütend. Und natürlich auch traurig. Irgendwie verwirrt. Aber gleichzeitig glücklich und aufgeregt. Jedenfalls kann ich jetzt auch mitreden, wenn die anderen Mädchen über Jungs sprechen. Und übers Küssen. So ein Chaos. Ich lächle, obwohl mir der Junge doch auch fehlt. Er war etwas ganz Besonderes.

*

Manchmal bekomme ich von den Gästen am letzten Tag ihres Aufenthaltes etwas Trinkgeld geschenkt. Ich freue mich darüber und auch über die lobenden Worte. Das Geld lege ich kleinlich in eine Schachtel in meinem Nachtkästchen. So schaffe ich es, mir nach und nach ein kleines Polster anzulegen – für Notfälle oder für kleine Wünsche. Ich gebe aber nichts davon unüberlegt aus, eigentlich rühre ich ganz selten etwas von dem Geld an. Ich weiß ja nie, wann ich wirklich einmal dringend etwas brauche.

Am Ende des Sommers aber kaufe ich mir nach reiflicher Überlegung ein Handy. Seit noch nicht allzu langer Zeit sind die kleinen Geräte im Trend und viele Jugendliche besitzen ein eigenes. Im Elektrogeschäft habe ich gesehen, dass die günstigsten schon für wenig Geld erhältlich sind und ich beschließe also, mir mein eigenes Telefon zu kaufen. Das bedeutet Freiheit und es bedeutet auch dazuzugehören. Ich gebe meine Nummer zwar ganz selten her, aber dennoch ist es toll, Gleichaltrigen eine SMS zu senden oder von jemandem angeschrieben zu werden. Auch Jungs versuchen, über Dritte an meine Nummer zu gelangen und mich zu kontaktieren. Eigenartig, obwohl ich doch hässlich bin und nicht liebenswert, scheint sich doch die Männerwelt etwas für mich zu interessieren. Und belanglose Flirts sind schon was Tolles. Es schmeichelt mir, Komplimente zu erhalten. Dennoch lege ich immer sehr viel Wert darauf, ehrlich und direkt in meiner Kommunikation zu sein. Ich freue mich, neue Menschen kennenzulernen und zu flirten, ohne jedoch falsche Hoffnungen auf mehr zu erwecken, wenn derjenige nicht mein Typ ist. Ich möchte die Gefühle von niemandem verletzen.

All die aufregenden Dinge, die gerade passieren, bespreche ich mit meinem Papa. Er ist unglaublich offen und tolerant. Er findet es nicht so schlimm, dass ich mit dem Rauchen angefangen habe, und er kann es nachvollziehen, dass ich manchmal auch abends noch rausgehen möchte. Er erlaubt mir viel mehr als Mama. Manchmal ziehen wir sogar gemeinsam los. Ich darf mit ihm ein Bier trinken und länger draußen bleiben. Ich erzähle ihm von meinem ersten Kuss. Wir verstehen uns eben, sind zwei Verbündete, die alles teilen. Und die immer offen und ehrlich zueinander sind. Wir würden beide für den anderen die Hand ins Feuer legen. Da bin ich mir ganz sicher.

*

Eine italienische Familie kommt nun schon zum zweiten Mal zu uns in den Urlaub. Ich freue mich, wir kennen uns schon etwas, und ich mag alle echt gern. Wenn ich Zeit habe, spiele ich mit den Kindern. Die Eltern sind in sehr angesehenen Berufen tätig, deshalb bemüht Papa sich auch ganz besonders um sie. Die Frau hat mir einen Rock mitgebracht; den schenkt sie mir. Und ein passendes Shirt dazu. Ich freue mich sehr. Es ist ein eigenartiges Gefühl, Geschenke zu erhalten. Dazu noch von Menschen, die ich nicht besonders gut kenne. Wir unterhalten uns oft in italienischer Sprache. Ich bemühe mich, korrekt zu sprechen, und wenn ich Schwierigkeiten habe, ein Wort zu finden oder zu verstehen, unterstützen sie mich und erklären mir die Zusammenhänge.

Alle begeistern sich für das Reiten. Die Kinder, aber auch die Erwachsenen. Die Kleineren dürfen, sooft ich Zeit habe, auf dem Rücken der Pferde in der Koppel ihre Runden drehen, die Größeren nehme ich mit nach draußen, wenn bei Ausritten nicht alle Pferde besetzt sind. Wenn der Mann mitkommt, freue ich mich besonders. Er hat eine sehr angenehme Art, und wir unterhalten uns immer gut. Er ist freundlich und lieb, bedankt sich immer und wir haben Spaß. Manchmal ist es erleichternd, wenn jemand bei den Ausritten dabei ist, den ich bereits kenne. Jeden Tag neue Menschen durch die Gegend zu führen und von Null anzufangen, dieselben Fragen zu beantworten und mich neu vorstellen zu müssen, kann auch ganz schön anstrengend sein. Der Mann ist auch sehr geschickt und lernt das Reiten schnell, er kann daher auch auf schwierigeren Strecken mit mir kommen. Dass er aber heute im Scherz ein paarmal angedeutet hat, dass ich mich für seine Gesellschaft wohl noch auf eine gewisse Weise bei ihm bedanken müsste, hat mich etwas irritiert. Ich habe gelacht und abgelehnt, ohne ganz genau verstanden zu haben, was er eigentlich meint.

Jetzt, am Abend, hat er mir eine SMS geschickt, in der steht, dass er noch an mich denkt und sich eigentlich doch mehr Nähe von mir wünschen würde. Meine Nummer hatte ich ihm gegeben, weil ich ihm eventuell Bescheid geben wollte, wenn wieder Gelegenheit für einen Ausritt wäre. Ich hatte eine gewisse Vorahnung, als er am Nachmittag so eigenartige Scherze machte und dabei so komisch dreinblickte, war mir aber nicht sicher gewesen, ob ich nicht etwas missverstanden hatte. Doch nun hat sich mein Gefühl bestätigt. Ich bin nicht doof. Und dieser Mann mit Familie ist über vierzig Jahre alt.

Er war nicht aufdringlich, hat mich nicht belästigt. Aber bereits diese Art der SMS fühlt sich komisch an. Irgendwie nicht in Ordnung. Ich antworte nicht, lösche die Nachricht. Und versuche dann, während der Stallarbeit mit meinem Papa darüber zu sprechen. Nur mit ihm kann ich mich über brisante Themen unterhalten. Er ist der Einzige, dem ich vertraue. „Du, Papa, er macht mir ziemlich eindeutig Avancen." Es ist nicht ganz einfach, den passenden Ton zu treffen, wenn die Situation sich doch nicht richtig anfühlt. „Nein, das bildest du dir nur ein", lacht Papa laut los. „Er hat mir aber sogar eine SMS geschrieben. Er macht mich ganz offensichtlich an"; ich versuche, meine vorhergehende Aussage zu bekräftigen und das Vorgefallene wiederzugeben. Doch Papa winkt bloß ab. Zwar lachend, aber bestimmt. „Ich weiß genau, dass du es dir wünschen würdest, von so einem tollen Mann begehrt zu werden. Ich sehe doch, dass du ihn ganz toll findest. Aber vergiss es, so jemand wird sich nicht für dich interessieren, auch wenn du das gerne hättest. Träume weiter!"

Ich bin irritiert. Warum sollte ich es denn wollen, dass ein Mann, der so viel älter ist als ich, der in etwa so alt ist wie mein Papa, mich begehrt? Warum sollte es mich denn glücklich machen, dass so ein Mann sich mehr von mir wünscht, wenn ich doch nur meinen Job erledige? Es enttäuscht mich, dass Papa mir nicht glaubt und den Stellenwert des Mannes so viel höher setzt als meinen.

Ich distanziere mich also etwas von dem Gast und regle die Situation selbst, so, wie ich es gut finde. Ich kann auf mich selbst aufpassen. Das mache ich doch eigentlich sowieso dauernd. Erwachsenen kann man nicht trauen, und es ist kein Verlass auf sie. Schon mein ganzes Leben habe ich das gelernt. Aber so ist es nun mal. Ist doch nicht weiter schlimm. Ich bin ja stark. Und habe Glück, so einen tollen Papa, so tolle Brüder, so ein tolles, selbstständiges Leben zu haben. Ich bin richtig froh darüber!

Als die Familie abreist, übergibt sie während der Bezahlung einen Scheck an Papa, mit den Worten, dass es sich hierbei um das Trinkgeld für mich handelt. Als Dank für die vielen kostenlosen Reitstunden, die ich ihnen geboten habe. Ich traue meinen Augen nicht. Es sind einhundert Euro. So ein großzügiges Trinkgeld habe ich noch nie erhalten. Ich freue mich unbändig, spüre richtiggehend, wie meine Augen leuchten. Ich bedanke mich wiederholt, bin ganz verlegen. Was ich mit so viel Geld alles machen kann! Ich kann mir tatsächlich etwas Schönes kaufen. Oder auch sparen. Immer wieder schiele ich ungläubig zum Scheck in Papas Händen. Schlussendlich verabschieden wir uns, die Familie fährt los. Papa und ich gehen in unser Wohnzimmer, ich hüpfe aufgeregt neben ihm her. Wir setzen uns zu Tisch und stärken uns, bevor der Tagesablauf weiter gehen soll. „Sag mal, kann ich den Scheck selbst einlösen, oder gibst du mir dann das Geld? Wann wirst du mir denn das Geld geben?", frage ich Papa strahlend vor Freude. „Wie meinst du das?", antwortet er erstaunt. „Na, mein Trinkgeld." Er schüttelt mit dem Kopf. „Da musst du etwas missverstanden haben. Die haben dir kein Trinkgeld gegeben. Die haben bloß ihre Reitstunden bezahlt. Und das Geld gehört schließlich mir!" Ich sehe Papa verwirrt und zugleich geschockt an. „Papa, die haben doch wortwörtlich erklärt, dass das Geld für mich ist. Deshalb haben sie doch auch zwei getrennte Schecks ausgestellt. Du hast selbst zu ihnen gesagt, dass sie kostenlos reiten dürfen, sooft sie mögen." Das hatte er nämlich noch wenige Minuten zuvor erneut beteuert, wie schon am Anfang ihres Urlaubes. Ich verstehe die Welt nicht mehr. Ich habe doch nicht fantasiert. Doch Papa beharrt weiterhin starr auf seiner Version der Geschichte. Und entfernt sich mit dem Scheck. Ich bin wie benommen. Die Freude ist verpufft. Das kann nicht wahr sein. Das ist jetzt aber wirklich richtig unfair und gemein von Papa. Warum macht er denn so was? Ich komme einfach nicht zu ihm durch, er hört meinen Beteuerungen einfach nicht zu. Ist felsenfest davon überzeugt, dass das Geld ihm zusteht. Wut bleibt in meinem Bauch. Und gleichzeitig ein Gefühl der Ohnmacht. Ich könnte die Wände hochgehen, wenn ich mir vorstelle, dass die Familie mein freudestrahlendes Gesicht in Erinnerung behält. Dass sie auch in Zukunft der Meinung sind, sich mir gegenüber reichlich dankbar gezeigt und mir eine große Freude beschert zu haben. Ohne zu wissen, dass ich nichts abbekomme. Nicht einen einzigen Cent.

*

Das Sommerfest steht an. Es wird jedes Jahr zweimal abgehalten, direkt im Wald neben unserem Haus. Ich freue mich immer, dorthin zu gehen und heute gehe ich mit Papa gemeinsam los. Ich bin ganz stolz darauf, dass wir zu zweit losziehen, beide schick gemacht. Es ist früher Abend, später werde ich bestimmt noch die anderen aus meiner Klasse treffen, aber erst will ich die Zeit mit meinem Papa genießen. Wir spazieren durch die Menge, treffen bekannte Gesichter. Manchmal bleibt er stehen und trinkt ein Bier. Oft hat er dann seinen Arm um meine Schultern gelegt, erzählt den Bekannten liebevoll, wie toll doch seine Tochter ist. Ich strahle glücklich. Ja, das ist Liebe. Wir gehen ab und zu ein Stück weiter, bleiben schließlich an einem Bierrondell stehen. Die Biere, die es dort gibt, sind größer. In schweren Krügen mit dickem Glas werden sie serviert. Ich trinke eine Cola. Mama erlaubt uns nie, Cola zu trinken, daher fühlt es sich ganz toll an. Ich rauche dazu eine Zigarette. In der Öffentlichkeit rauche ich selten neben Papa, ich fühle mich doch manchmal etwas doof, weil ich ja eigentlich weiß, dass Rauchen schädlich ist. Aber heute ist ein besonderer Tag. Papa bestellt erneut einen Krug voll Bier. Ich bemerke, dass er schon ziemlich betrunken ist. Manchmal fällt mir auf, dass Menschen viel hübscher aussehen, wenn sie nüchtern sind. Zu viel Alkohol macht hässlich. Und viel zu viel Alkohol lässt Menschen ihre Würde verlieren. Wenn die Männer an der Theke lehnen und kaum noch von ihren eigenen Füßen getragen werden, wenn die Worte nur noch ganz langsam und schwer verständlich aus ihren Mündern kommen, und die Sätze eigentlich keinen Sinn mehr machen, dann ist das sehr hässlich anzusehen. Und ziemlich traurig, finde ich. Aber mein Papa hat ja Glück, dass er mich hat. Ich passe auf ihn auf. Und jetzt wird es so langsam wieder Zeit dafür. Bisher scheint alles ruhig.

Doch blitzschnell ändert sich das, mein Radar wittert Gefahr. In derselben Sekunde bin ich auch schon angespannt, vollkommen präsent. Ich übernehme die Verantwortung für die Situation. Ohne noch ganz bewusst wahrzunehmen, was genau gefährlich ist, stellt sich alles in mir auf die kommenden Ereignisse ein.

Ein Mann nähert sich von der Seite. Er ist ziemlich alt, viel älter als Papa. Und sehr klein. Er führt einen kleinen Hund bei sich, der bunt mit Farbe besprüht ist. Wie bescheuert das doch aussieht. Der Mann riecht verdammt nach Ärger in meiner Wahrnehmung. Obwohl er nicht nach Bedrohung aussieht. Aber ich weiß es einfach. Er lacht und scherzt, wirkt etwas wirr. Keine Ahnung, ob es am Alkohol liegt, oder ob er generell leicht komisch ist. Der Bierkrug in der Hand lässt auf Ersteres, der bunte Hund auf Zweites schließen. Der Mann fängt an, sich mit Papa zu unterhalten. Ich weiß nicht, ob die beiden sich kennen. Papa antwortet freundlich. Nach außen hin. Nur ich kann wahrnehmen, wie es anfängt, in ihm zu brodeln. Sein Blick ändert sich ein wenig, ebenso seine Stimmlage. Das ist nur für mich merklich, denn sein Lächeln bleibt weiterhin freundlich. Perfekte Inszenierung eben, so wie Papa das nach außen hin optimal beherrscht.

Ich gehe unauffällig einen Schritt nach vorne, stelle mich wie zufällig leicht zwischen die Männer. Der Mann merkt nichts von der Veränderung. Er macht dümmliche Scherze; ist selbst recht provokant und wirkt – ebenso unterschwellig – auch streitlustig seinerseits. Verdammt. Ich schaue dem Mann mit festem Blick in die Augen. Er ist in etwa auf meiner Augenhöhe. Ich versuche ihm zu signalisieren, dass es für heute reicht. Als Papa einen Schritt nach vorne macht, versuche ich wie zufällig, ihn mit dem Gewicht meines Körpers wieder nach hinten zu drücken. Was natürlich absurd ist, Papa wiegt doppelt bis dreimal so viel wie ich und ist viel größer. Dann geht alles ganz schnell. Papas Hand schnellt nach vorne, doch er schlägt nicht, wie ich erst vermute, kräftig zu, sondern er nimmt den Mann am Ohr und zieht ihn mit Gewalt nach oben. Sein Gesicht verzieht sich. Wenn er so schaut, ist es besonders gefährlich. Nicht rasend vor Wut, sondern berechnend böse. Mit einem noch leicht angedeutetem Lächeln. Mist. Mein Herz pocht wie verrückt. Doch mir bleibt nur ein minimaler Moment, um das zu bemerken. Schon hebt der kleine Mann den schweren Bierkrug – es geht so schnell, dass ich nicht reagieren kann – und fährt Papa damit ins Gesicht. Er streift direkt seine Schläfe. Und noch im selben Augenblick geht Papa zu Boden. Alle Farbe verblasst aus seinem Gesicht, er ist ohnmächtig. Sein Körper bewegungslos wie ein schwerer Sack, mit eingeknickten Knien, leicht zur Seite gedreht, das Gesicht zur Hälfte in Staub und Erde.

Ich sehe erstarrt und atemlos auf das Szenario; meine Augen folgen wie automatisch der blitzschnellen Bewegung. Erst als der Mann nun mit seinen Füßen auf den wie leblos liegenden Körper einzutreten beginnt, durchfährt wieder Leben meinen Körper. Eine unbändige Kraft scheint mich zu durchlaufen, ich fühle mich wie eine Löwin, die ihr Junges verteidigt. Ohne eine Sekunde nachzudenken, stürze ich nach vorne und packe den schmächtigen Mann mit beiden Händen am Kragen seines Pullovers. Ich reiße daran, zerre ihn fort von meinem Papa. So weit weg, wie nur möglich. Ich laufe zum Ausgang, den Mann im Schlepptau. Ich schleife ihn hinter mir her, ohne eine Sekunde meine Hände von ihm abzulassen. Mein Gesicht ist ernst und wie versteinert. Mein ganzes Denken und Handeln ist nun auf ein Ziel ausgerichtet: meinen Papa vor den Angriffen zu schützen und den Mann vor Papas Rache in Sicherheit zu bringen, wenn er sich denn erholt hat. Ich verspüre nicht den Widerstand, das Gewicht, das ich hinter mir herzerre. Der Mann ist viel zu verdutzt, um sich auch nur eine Sekunde lang zur Wehr zu setzen. Und der Hund tapst uns einfach hinterher. So überqueren wir das Festgelände im Laufschritt. Ich bleibe nicht stehen, bis ich den Zaun erreiche, der den Wald von der Straße abtrennt. Ich schaffe es, den Mann mit einem Schubs aus dem Gelände zu befördern, zische ihm warnend und mit vernichtendem Blick zu, dass er sofort verschwinden und sich hier nie wieder blicken lassen soll. Der Mann schaut mich an wie blöde. Er scheint nicht zu überreißen, was gerade eben vorgefallen ist. Als ob er die Welt nicht mehr verstehen würde. Sagt kein Wort.

Ich drehe mich um und laufe in Windeseile zurück. Nun muss ich mich um Papa kümmern. Erst jetzt bemerke ich die Menschen, die mich staunend ansehen. Einige applaudieren mir zu und loben mich für meinen Mut und für meine Stärke. Erst jetzt werden mir die Absurdität und vielleicht auch die Komik bewusst, die die Situation gerade eben wohl innehatte. Verlegen laufe ich weiter. Ich hatte ja keine andere Wahl, als so zu reagieren, argumentiere ich vor mir selbst.

Ein paar Menschen stehen neben Papa, er kommt gerade wieder zu sich. Ganz benommen versucht er, aufzustehen. Ich reiche ihm die Hand. „Komm hoch, Papa", höre ich mich fürsorglich sagen. Ich wische ihm zärtlich den Staub aus dem Gesicht. Er fährt sich über die Schläfe, die offensichtlich schmerzt. Ein Tropfen Blut bleibt an seiner Hand zurück. Er wirkt verwirrt. „Lass uns nach Hause gehen", sage ich leise. Und Papa stimmt mir dankbar zu. Er stützt sich auf meine Schulter und ich stemme mit aller Kraft dagegen, um ihm eine Stütze zu bieten. Erneut treten wir den Weg an, den ich kurz zuvor bereits zurückgelegt habe. Nur langsam kommen wir voran, nähern uns dem Ausgang.

Als ich aufblicke, traue ich kaum meinen Augen. Der Alte steht tatsächlich noch an derselben Stelle, an der ich ihn zurückgelassen habe. Verdammt, so ein Mist! Ist der bescheuert? Er geht nicht weg, nein, er fängt sogar wieder an, in Papas Richtung Beschimpfungen zu äußern. Papa bemerkt den Mann etwas später als ich. Mir wird angst und äußerst flau im Magen. Es führt kein Weg vorbei, der Mann steht genau zwischen Festplatz und der Einfahrt zu unserem Hof. Warum versteht der Mann denn nicht, in welch eine Gefahr er sich begibt? Vorhin hat er Papa überrascht, doch das gelingt ihm keinesfalls ein zweites Mal. Mein Vater ist geübter Kampfsportler und hat schon viel anspruchsvollere Gegner besiegt. Ich konzentriere mich, jetzt bloß nicht an der Situation zu verzweifeln. Ich werde also mit allen Mitteln versuchen, Papa an dem Mann vorbei zu schleusen. Vielleicht ist er ja noch zu benommen, um gleich wieder loszulegen.

Der Alte bleibt wie angewurzelt stehen, jetzt sind wir in etwa auf seiner Höhe. Er sagt nichts mehr, zum Glück. Ich halte Papa nun etwas fester; aus dem Stützen wird ein vorsorgliches Zurückhalten. Doch dann geht wiederum alles sehr schnell. Papa reißt sich los, macht eine abrupte Bewegung auf den Mann zu, und schon donnert seine Faust mitten in dessen Gesicht. Dieses unfassbar schlimme Geräusch von berstendem Knochen wird sich für immer in mein Gedächtnis einbrennen. Und nochmals trifft die Faust an derselben Stelle. Blut spritzt nach allen Seiten. Der Mann wehrt sich nicht. Menschen gehen vorbei, auch Kinder, denn es ist noch nicht allzu spät in der Nacht. Nur aus den Augenwinkeln nehme ich wahr, dass alle versuchen, einen Bogen um das Geschehen zu machen. Frauen, Kinder und Männer. Eine Mutter hält ihrem Kind die Augen zu. Ich versuche verzweifelt, Papa am Ärmel von dem Mann fortzuziehen. Er wird ihn noch umbringen. „Hör auf, Papa!", fordere ich ihn mit fester Stimme auf. Ich denke aber gleichzeitig daran, nicht zu laut zu schreien, um noch mehr unnötige Aufmerksamkeit zu vermeiden. Ruhe bewahren. Bloß nicht panisch werden, locker sein. Sonst habe ich keine Chance, dass Papa auf mich hört. Wieder ziehe ich ihn zurück. „Lass los, wir gehen jetzt", sage ich sehr bestimmt. Und schaffe es tatsächlich, Papa loszureißen. Er dreht sich um, wir gehen nach Hause, Seite an Seite. Ich drehe mich einmal kurz um, sehe, dass der Mann weitergeht. Es scheint sich also „bloß" um Knochenbrüche zu handeln.

Ich begleite Papa ins Badezimmer, er wirkt immer noch nicht ganz präsent, sein Gesicht ist weiterhin blass. Er stellt sich vor den Spiegel, begutachtet seine Stirn. Eine Beule zeichnet sich ab. Er wäscht den restlichen Staub von seiner Haut. Ich fühle mich erschöpft, kraftlos. „Tut es sehr weh?", erkundige ich mich mitfühlend.

Papa antwortet nicht gleich, doch als er sich mir zuwendet, ist sein Blick hasserfüllt. Ich mache instinktiv einen Schritt zurück. Mein Kopf spannt sich an, rauscht und pocht, mein

Bauch ebenso. Was geht jetzt vor? „Du Miststück, du bist mir in den Rücken gefallen!"

Meine Augen weiten sich schockiert. „Wie bitte??? Aber Papa, ich hab dich doch verteidigt!" Ich kann die Situation gerade nicht begreifen. Was läuft hier falsch?

„Du hast mich davor zurückgehalten, mich bei dem Mann zu rächen, für das, was er mir angetan hat. Du hast dich auf seine Seite gestellt. Du falsches Weib! Verschwinde aus meinen Augen!"

Ich weiche nach hinten. Wie benommen. Das kann er jetzt gerade nicht wirklich gesagt haben. Das muss ein schlechter Scherz sein. Ich scheine zu träumen. Papa geht an mir vorbei ins Wohnzimmer. Den Geräuschen zufolge hat er sich auf die Couch gelegt. Ich stehe immer noch da, wie vom Blitz getroffen. Gedanken schlagen Purzelbäume. Ein düsteres Rieseln in meinem Bauch. Auf Zehenspitzen schleiche ich mich ins Wohnzimmer, um mich zu vergewissern, dass Papa schläft. Ja, Gott sei Dank. Er muss sich jetzt ausruhen.

Schweren Herzens gehe ich die Treppe hinab und verlasse das Haus. Mir ist so sehr zum Weinen zumute. Ich kann einfache die Welt nicht mehr verstehen. Was um Himmels willen habe ich falsch gemacht? Ich habe für Papa gekämpft, mit all meiner Kraft, mit vollkommener Loyalität, ohne einen Augenblick zu zögern. Es ist für mich das Selbstverständlichste auf der Welt. Wie also kommt er zum Schluss, dass ich ihm in den Rücken gefallen wäre? Hätte ich zulassen sollen, dass er den Mann umbringt und die nächsten Jahre im Gefängnis verbringt? Mein Kopf schmerzt. Ich bemerke, dass meine Stirn schwer in Falten liegt. Ich gehe wieder zum Festplatz zurück, treffe dort die anderen aus meiner Klasse an. Setze mich an den Tisch, höre ihnen beim Scherzen zu. Nein, ich schaffe es nicht, zu lachen. Mein Herz, mein ganzer Körper ist schwer wie Blei. Ich halte meinen Kopf gesenkt. Kann keinem Gespräch folgen. Als ich direkt angesprochen werde, lächle ich etwas. Das scheint schon zu reichen, die anderen quasseln weiter. Ich verbringe noch einige Zeit in dieser Gesellschaft. Passiv, wie benebelt und mit tonnenschwerer Last auf meinen Schultern.

Mein Papa sieht nicht, wie weit ich in meiner Liebe für ihn gehen würde. All die Gewalt – und er spürt mich nicht.

Irgendwann verabschiede ich mich. Gehe wieder nach Hause zurück. Ich höre lautes Schnarchen aus dem Wohnzimmer. Das erleichtert mich ein kleines bisschen. Wenigstens schläft er. Hoffentlich erholt er sich bis morgen.

*

Ich weiß nicht, ob er sich bloß nicht mehr erinnern kann. Oder ob er mir verziehen hat. Vielleicht ist ihm wieder eingefallen, wie es sich tatsächlich abgespielt hat. Es läuft jedenfalls alles weiter wie normal. Papa überschminkt die Beule mit Gesichtspuder. Wir folgen unserem üblichen Tagesablauf. Ich erledige meinen Job. Die Verletzung von Papas unbegründeten Vorwürfen hallt noch tief in meiner Seele nach. Aber er ist wieder liebevoll, alles scheint wieder gut. Darüber bin ich sehr froh, auch wenn ich dieses Mal die schmerzhaften Gefühle nicht so schnell zur Seite schieben kann. Auch wenn ich es versuche, ich schaffe es nicht. Es ist manchmal wirklich kräfteaufreibend, sich so schnell den wechselnden Situationen anzupassen. Mir fällt auf, dass ich kein Vertrauen habe. In nichts. In keine Situation, in keine Beziehung. Es gibt keine Beständigkeit. Bloß mir selber kann ich vertrauen. Nur nicht die Kontrolle aus der Hand geben, dann krieg ich alles hin. Ich bin stark.

*

Ich lerne viele Menschen kennen, während ich mit den Pferden unterwegs bin. Es ist so wunderschön, durch die Wälder zu reiten, die Sonne auf der Haut zu spüren. Ich unterhalte mich gerne. Und es tut gut, zu merken, wie die Menschen auf mich reagieren. Ich scheine meinen Job wirklich gut zu machen und die Leute bringen mir viel Sympathie entgegen. Ich bringe sie zum Lachen. Ich schaffe es, ihnen die Angst und die Unsicherheit vor der neuen Erfahrung zu nehmen. Ich kann ihr Vertrauen in die Pferde und in sich selbst aufbauen. Ich bringe ihnen bei, wie man richtig reitet, wie man das Pferd respektiert und mit ihm harmoniert. Ich zeige ihnen, wie schön meine Heimat ist. Erzähle Geschichten über unser Land. Es macht Spaß. Das hier ist mein Heimspiel. Ich beherrsche meine tägliche Arbeit perfekt. Die Pferde hören teilweise sogar auf mein Wort. Und wenn ich ganz viel Glück habe, sind auch schnuckelige Jungs unter meinen Gästen. Ja, ich fühle mich wohl. Mittlerweile habe ich auch gelernt, wie ich meine Meinung äußern und dennoch den Kunden König sein lassen kann. Wie ich ihn dahin bringe, wo er hin soll, ohne ihm das Gefühl zu geben, dass ich ihn kommandiere. Es läuft tatsächlich gut, ich fühle mich schon ziemlich erwachsen.

*

Momentan sind wieder viele Kinder auf unserem Hof. Die Gäste unserer Appartements haben auch Bekannte in den Nachbarhäusern, und die kommen ebenso zum Reiten und zum Mithelfen im Stall. Alles läuft gut, die Familien sind sehr lieb und ich scheine allen Wünschen gerecht werden zu können. Selbst die ganz Kleinen dürfen an die Pferde ran. Ich wähle das ruhigste und sicherste Tier aus und führe jedes Kind einmal über die Koppel. Strahlende Gesichter.

Ich sehe ein Mädchen, es scheint körperlich und geistig beeinträchtigt zu sein; ihre Eltern halten es an der Hand, obwohl es viel größer ist als die anderen Kinder. „Na, möchtest du auch einmal aufs Pferd?", spreche ich es direkt an. Das Mädchen blickt fragend zu ihren Eltern. Diese schütteln den Kopf. „Nein, das ist doch nichts für dich." Der Blick wird traurig. „Sie darf aber gerne auch in den Sattel", wende ich mich nun an die Eltern. „Das Pferd ist absolut verlässlich und ich passe gut auf ihre Tochter auf. Versprochen!" Hoffnung steigt in das Gesicht des Mädchens, und als die Eltern langsam und zögernd zustimmen, ertönt ein lauter Jubelschrei.

Das Pferd bewegt sich nicht, als ich mit meiner ganzen Körperkraft das Mädchen in den Sattel hieve. „Halte dich einfach gut fest, ja?", lächle ich ihr zu. Sie strahlt von einem

Ohr zum anderen. Unbändiger Stolz steht in ihr Gesicht geschrieben. Ganz vorsichtig setzt das Pferd einen Schritt vor den anderen. Die Tiere spüren, wenn sie auf jemanden achtgeben müssen, das ist das Schöne an der Arbeit. Ich laufe leicht seitlich zum Mädchen, mit einer Hand halte ich sie am Bein fest, in der anderen Hand habe ich die Zügel. Das Pferd weiß genau, wo es lang laufen muss. Schritt für Schritt. Das Mädchen löst ihren Blick nicht von meinem Gesicht. Sie sieht so unglaublich glücklich aus. Ich bin richtiggehend gerührt. Wahnsinn, dass ich jemanden mit so einer Freude erfüllen kann. „Ich liebe dich!", sagt das Mädchen und lächelt mich an. Ich muss lachen. „Das ist aber lieb von dir! Ich freue mich sehr, dass dir das Reiten so viel Spaß macht. Und du machst das auch ganz großartig!", erwidere ich lobend. Meine Brust ist ganz warm, Ströme der Zufriedenheit verteilen sich im Körper. Was für ein Gefühl, Wahnsinn! Ich sehe, dass am Zaun die Mutter des Mädchens sich eine Träne aus dem Winkel ihres Auges tupft. Der Vater steht ebenfalls gerührt dane- ben, ein kleines Mädchen – vermutlich die Schwester – hüpft vor Freude wie wild herum. Wir nähern uns wieder dem Ausgangspunkt. Bei der Familie angekommen, halte ich das Pferd an und helfe dem Mädchen beim Absteigen. Am Boden angekommen, umarmt es mich ungestüm und drückt mir einen dicken Kuss auf meine Wange. „Weißt du, ich liebe sie", erklärt sie mit strahlendem Gesicht ihrer Mama. Ich lache verlegen, streichle dem Mädchen über den Kopf. Ich finde, heute ist ein besonderer Tag. Alle Kinder freuen sich, reiten zu dürfen. Das ist eigentlich normal. Aber ich spüre, dass ich es geschafft habe, diesem Mädchen ein ganz besonderes Geschenk zu machen, an das es sich lange erinnern wird. Der Papa reicht mir ein Trinkgeld. „Das war so lieb von dir, ich weiß gar nicht, wie ich mich bedanken soll", sagt er. Ich bemerke, dass er nicht so recht mit seinen Emotionen umge- hen kann, er scheint überfordert. Das bringt mich wiederum zum Schmunzeln. Die Mutter drückt mich nun ebenfalls an sich und sagt: „Danke." Ich spüre die Wärme, bin einfach glücklich über den Moment.

Nachdem wir uns verabschiedet haben, fahre ich mit meinen Reitstunden fort. Ein kleines Mädchen steht daneben und beobachtet das Treiben. „Möchtest du auch?", frage ich sie freundlich. Doch sie winkt ab. Geht ein paar Schritte zurück. Ich versuche, sie zu ermutigen. Doch sie scheint tatsächlich keine Lust zu haben. Und ich muss auch schon wieder weiter. Ein Ausritt mit sechs Personen steht an. Ich verabschiede mich von den Kindern und begrüße die neuen Kunden. Nachdem alle Pferde gesattelt sind und nach einer kurzen Einführung schwingen wir uns in den Sattel und reiten vom Hof. Ich fühle mich einfach glücklich. Ja, heute ist ein guter Tag.

Am Abend bin ich müde, aber überaus zufrieden. Ich beende gut gelaunt die Arbeit im Stall, halte mich noch kurz auf, um mit unseren Hunden zu spielen. Wie liebevoll die Tiere doch sind, dankbar für jede Art der Zuneigung. Sie drücken sich an mich und freuen sich, dass ich ihnen Aufmerksamkeit schenke. Noch einmal rasch durchs Fell gekrault, dann verabschiede ich mich fröhlich. „Bis morgen, meine Lieben!" Ungestüm fährt eine kalte Hundeschnauze über mein Gesicht. „Nicht so stürmisch, du Rabauke!" Ich muss lachen, als ich den Stall verlasse. Papa hält sich gerade in der Milchkammer auf. Er füllt gerade die Milch in die großen, schweren Eimer aus Eisen um, in denen sie dann in die Sammelstelle gebracht wird. Die Maschine summt, darum hat er mich nicht kommen hören. „Hey, Papa, ich bin fertig für heute. Ich gehe schlafen. Heute war ein anstrengender Tag." Papa reagiert nicht gleich. Ich will meine Aussage wiederholen, in der Meinung, dass er mich noch immer nicht gehört hat. Doch da fährt er herum und ich schrecke zurück. „Was fällt dir ein, du dummes Ding? Du bist zu absolut nichts zu gebrauchen, du mistfaules Stück!", schreit er wutentbrannt.

Der Schock über die unerwartete, heftige Reaktion fährt mir durch alle Knochen und zieht wie ein vernichtender Blitz durch meinen Bauch. Die roten Ameisen, sie sind wieder da. Sie verstreuen sich in Windeseile aus meiner Brust in den Kopf; das brennt so fürchterlich. Ein leichtes Flimmern vor meinen Augen. Kalte, taube Hände, ein erdrückendes Gefühl auf meiner Brust. Bauchschmerzen. Das Gehirn, das verzweifelt versucht, einen klaren Gedanken zu fassen, doch nicht dazu in der Lage ist, durch das Rauschen und das Beißen der roten Ameisen hindurch. Alle Allarmsignale melden sich gleichzeitig zu Wort, deuten auf Gefahr. Und ich habe es absolut nicht kommen sehen. Ich bin mir einfach keines Fehlers bewusst, im Gegenteil. Heute war alles so gut. „Aber was ist denn los? Was habe ich denn falsch gemacht?", stammle ich erschrocken mit zaghafter Stimme. „Du bist absolut nicht in der Lage, deine Arbeit zu erledigen. Tust so heuchlerisch, als ob du arbeiten würdest und in Wahrheit lässt du die Kinder weinend zurück." Mit bedrohlichem Gesicht kommt er auf mich zu. Die Tür drückt in meinen Rücken, ich kann nicht nach hinten ausweichen. Mein Herz schlägt bis zum Hals hoch, so fest, dass es fast schmerzt. In den Ohren kann ich das Pochen hören. Das Brennen der roten Ameisen im Kopf wird noch stärker. Ich habe keinen blassen Schimmer, was in ihn gefahren ist. Meine innere Stimme fängt an zu heulen. Doch ich blicke direkt in Papas Gesicht. Ich weiß nicht, was ich tun soll, ich kann überhaupt nichts tun. Ich weiß nicht, was los ist. Ich weiß nur, dass ich für etwas bestraft werde. Und dass ich es eh nicht ändern kann.

Und plötzlich kehrt Ruhe in meinem Kopf ein. Plötzlich ebbt die Gefühlswelle ab. Ich werde klar im Kopf und atme tief durch. Alles wird still, die roten Ameisen lösen sich in Luft auf. Ein einziger Satz formuliert sich in meinem Gehirn. Wenn er mich umbringt, dann spüre ich nichts mehr – und wenn er mich nicht tötet, dann werde ich es ertragen. Da trifft mich auch schon mit voller Wucht die flache Hand, mitten im Gesicht. Mein Kopf wird gegen die Tür katapultiert. Die linke Wange läuft sogleich glühend heiß an, ich spüre, wie die Röte sich bis zum Ohr hinzieht.

Keine Ahnung, wofür das war, aber es macht mir nichts aus. Ich habe meine Gefühle einfach abgestellt, blicke Papa immer noch in die Augen. Er scheint etwas irritiert. Brüllt mich an, dass ich verschwinden soll, schubst mich gewaltvoll aus der Tür. Ich gehe über den Hof, ins Haus. Ich gehe. Im Haus ziehe ich die Stiefel aus, gehe die Treppe hoch. Es fühlt sich etwa so an, als ob meine Bewegungen in Zeitlupe ablaufen würden. Als ob die Umgebung nur ganz langsam an mir vorbeiziehen würde. Ich stelle mich unter die Dusche, spüre das Wasser wie in weiter Ferne an meinem Körper abwärts laufen. Ich werde nie mehr weinen. Das schwöre ich mir. Ich will nie wieder traurig sein. Ich will nie wieder so erschrecken, so aus dem Nichts, ohne Vorwarnung in panische Angst verfallen, ohne auch nur ansatzweise einen Grund dafür zu kennen. Nie wieder Angst haben. Ich schiebe meine Schultern zurück. Ich bin stark. Ich fühle nichts.

Nach dem Abtrocknen gehe ich in mein Zimmer. Ich setze mich wie betäubt auf mein Bett. Mein Blick fällt auf die angebrochene Packung Aspirin, die auf meinem Nachtkästchen liegt. Die habe ich mir von meinem Trinkgeld gekauft, weil mein Kopf oft unerträglich schmerzt. Ich beobachte, wie meine Hände die Packung öffnen und den gesamten Inhalt in das danebenstehende Glas schütten. Ich hole Wasser und beobachte, ohne es bewusst zu realisieren, wie die weißen Kreise sich langsam auflösen und die Bläschen im Glas nach oben steigen. Es sieht ein wenig lustig aus, als die Luft- und Wasserblasen über den Rand des Glases hinausspringen. Mit dem Finger rühre ich im Glas. Ein weißer Rand hat sich abgesetzt, den vermische ich nun mit dem Wasser. Aus dem quirligen Gemisch hat sich wieder eine gleichmäßige Flüssigkeit gebildet. Ich hebe das Glas und setze es an meine Lippen. Salzig. Leere es in einem Zug. Stelle es wieder auf das Nachtkästchen zurück. Dann lege ich mich hin. Decke mich nicht zu. Wozu denn auch, ich spüre die Kälte nicht. Mein Puls schlägt schneller, immer schneller. Ich beobachte aufgeregt, was in meinem Körper passiert. Eigenartig. Aber gut. Nichts fühlen. Nie mehr. Einfach ausknipsen. Ausschalten. Die Gefühle. Mich.

*

Mama kommt in mein Zimmer, ich erwache. „Sag mal, kannst du denn nicht vernünftiger mit Medikamenten umgehen? Hast du jetzt in kurzer Zeit eine ganze Packung Aspirin verbraucht? Aus diesem Grund kaufe ich keine Tabletten." Kopfschüttelnd verlässt sie das Zimmer.

Ich blinzle. Die Sonne scheint schon in das Zimmer, es ist halb acht. Zeit zum Aufstehen. Mir fällt wieder ein, was vorgefallen ist. War ja klar, mein Körper ist viel zu stark zum Sterben. Ich bin enttäuscht, doch nicht sehr. Irgendwie ist es mir auch egal, es kommt eh alles so, wie es kommt. Dann sollte es eben nicht sein. Mir auch egal. Ich schwinge die Beine über den Rand meines Bettes und erhebe mich. Ich fühle nichts. Esse Frühstück, gehe in den Stall und putze Pferde. Im Laufe des Tages erfahre ich nur zufällig, dass das kleine Mädchen, das ich gestern zweimal gefragt hatte, ob es auch reiten möchte, also das Mädchen, das strikt abgelehnt hatte, anschließend geweint hat und doch noch auf ein Pferd wollte. Da war ich schon mit den nächsten Gästen vom Hof, ich konnte es nicht mehr sehen. Aha, denkt mein Kopf nüchtern, jetzt weiß ich also, wofür das war. In meinem Körper regt sich nichts, es ist mir egal. Ich fühle nichts.

*

In den nächsten Tagen esse ich so gut wie gar nichts. Nach außen hin bin ich wieder ganz die Alte, gut gelaunt, freundlich, wie immer. Ich mag bloß nichts essen. Aber macht auch nichts, denn es fällt niemandem auf. Wenn der Hunger aufkommt, dann rauche ich eine Zigarette, das hilft. Ich wollte etwas an meiner Situation ändern, und das hier ist der einfachste und effektivste Weg dafür. Einmal beiße ich ein Stück von einem Apfel ab, am nächsten Tag esse ich ein kleines Stück Schüttel-brot. Das reicht mir. Es ist ein tolles Gefühl, die Situation so vollkommen zu beherrschen. Ich fühle mich wieder glücklich. Da ich den ganzen Tag über, auch beim Arbeiten, meinen Kopf damit beschäftigen kann, daran zu denken, was ich heute alles NICHT esse, bleibt kein Platz für negative Gefühle. Auch nicht für Sorgen oder Angst. Ich halte mich nur an dem Gedanken fest, dass ich selber bestimmen kann, was mit mir und mit meinem Körper passiert. Es fühlt sich so gut an, zu wissen, dass ich selbst bestimme.

Mir ist ein bisschen schwindelig. Das trägt noch mehr zum Glücksgefühl bei, fast so, als ob ich leicht schweben würde. Mir kann nichts etwas anhaben. Ich bin so stark. Ich kaufe mir eine Waage und notiere jeden Tag mein Gewicht und was ich gegessen habe. Auch die Uhrzeit des Wiegens. Dies erlaubt mir, alles noch genauer kontrollieren zu können. Das Gewicht an sich interessiert mich nicht, ich bin schlank und sportlich. Aber rein die Tatsache, dass ich mich beherrschen kann, dass mein Handeln konkrete Folgen nach sich zieht, und ich so kontrolliert bin, um in kurzer Zeit vier Kilos zu verlieren, ist beeindruckend. Wenn ich mich nachts ins Bett lege, erfüllen mich Stolz und Glück. Ich fühle mich unabhängig, erwachsen. Und immer, wenn die Einsamkeit sich ihren Weg zu mir hindurch bahnen will, denke ich an meine Stärke, meine Kraft, mein Leben von nun an so perfekt zu kontrollieren.

Erst einige Wochen später verliere ich zum ersten Mal die Kontrolle. In der Vorratskammer steht ein süßer Saft, Mama kauft eigentlich nie Säfte. Ich nehme einen kleinen Schluck davon. Wie süß er doch schmeckt. Ich will mehr. Noch einen Schluck. Und noch einen. Immer hastiger trinke ich, dennoch darauf konzentriert, jeden süßen Tropfen bewusst in meinem Mund wahrzunehmen, auf meiner Zunge zu spüren. Lecker! Gierig schlucke ich den leckeren Saft – und dann ist die Flasche leer. Verdammt, ich möchte mehr. Erst langsam wird mir bewusst, dass ich einen ganzen Liter getrunken habe. Während mein Bauch schmerzhaft angespannt ist, gieren mein Kopf und mein Mund weiter nach Zucker. Die Gedanken rasen hin und her, auf der Suche nach Nachschub. Doch es ist nichts mehr da. Ich gehe auf den Balkon und zünde mir eine Zigarette an. Inhaliere tief. Und spüre, wie mein Kopf sich beruhigt. Und wie mein Bauch schmerzhaft sticht. Mist, das war zu viel. Ich fühle mich müde. Hätte wohl nicht die ganze Flasche leer trinken sollen. Und was die anderen wohl sagen, wenn für sie nichts übrig geblieben ist?

Phasen der perfekten Kontrolle lösen sich ab mit Kontrollverlust. Süßes befindet sich selten in unserem Haus. Doch das macht nichts. Ich esse einen Apfel und kann mich nicht mehr von der Kiste lösen. Sieben große Äpfel fresse ich in mich hinein. Der Zucker löst wahrlich Hochgefühle in meinem Kopf aus; es ist ein nicht enden wollender Kick, wie eine Droge. Ein Gefühl, das nicht enden soll. Und darum kann ich nicht aufhören, zu essen. Bis ich von extremen Schmerzen und Übelkeit unsanft in die Realität zurückgeholt werde und schockiert wahrnehme, welche Mengen ich in mich hineingeschlungen habe. Mir ist so schlecht. Selbst mein Kopf scheint unter Hochdruck zu stehen, die Menge findet kaum Platz in meinem Körper. Ein ekliges Gefühl.

Ich reiße mich wieder am Riemen. Erlange die Kontrolle zurück. Konzentriere mich ganz fest darauf und schaffe es, dass es etwas besser wird. Ich esse wieder mehr – es sei denn, ein Tag läuft komplett daneben. Dann ist das Thema (nicht) Essen immer wieder gut, um mich darauf zu konzentrieren.

*

In der letzten Klasse der Mittelschule färbe ich mir die langen Haare schwarz. Ich finde, das passt zu mir. Nur die Nägel anstreichen darf ich mir nicht, ebenso wenig mich schminken. Papa sagt, das sieht aus wie Dreck und darum verbietet er es mir. Schade, aber er wird seine Gründe haben. Mit den anderen aus meiner Klasse gehe ich nun manchmal abends fort. Nicht allzu lange; Mama erlaubt das nicht. Aber immerhin. Ich lerne neue Leute kennen, alles fühlt sich spannend an.

Wenn es jemandem aus der Gruppe nicht besonders gut geht, dann merke ich das umgehend. Ich kümmere mich um denjenigen, höre zu, tröste, muntere auf. Ich bin darauf konzentriert, stets absolute Loyalität zu zeigen. Doch dies ist ein Versuch, der niemals gut enden kann.

Ich lebe nur noch im Außen. Meine Wahrnehmung hat sich dermaßen sensibilisiert, dass ich permanent Gefühlsäußerungen meiner Mitmenschen wahrnehme und aufsauge.

Wenn jemand traurig ist, kann ich nicht anders, als mich um ihn zu kümmern. Es fühlt sich wie meine Pflicht an, zuzusehen, dass es allen gut geht. Ich übernehme die negativen Gefühle, trage sie für die anderen. Das endet oft damit, dass der oder die andere wieder fröhlich weiter spielen, laufen, sich unterhalten oder lachen kann, und ich mit einem Gefühl der unendlichen Einsamkeit und Traurigkeit zurückbleibe. Meine Loyalität zu anderen ist irrational, denn in diesem Ausmaß könnte sie niemals wiedergegeben werden und darum bleibt jedes Mal eine tiefe Leere in mir.

Es ist sehr anstrengend, schutzlos allen negativen Emotionen ausgeliefert zu sein, keinen inneren Abwehrmechanismus mehr zu haben. Ich weiß nicht, was und wie ich bin. Ich nehme mich selbst vorwiegend über andere wahr. Und das macht mich extrem angreifbar. Ich fühle mich permanent kritisiert, abgestoßen. Und wenn eine Person im Raum Wut, Aggression oder auch nur eine leichte Abneigung gegen jemanden versprüht, schon allein, wenn jemand beleidigt ist, dann ist es für mich unerträglich, die Situation auszuhalten. Mein ganzer Körper empfindet automatisch puren Stress, Anspannung, Schmerzen, signalisiert mit allen Anzeichen Gefahr. Ich vertraue nicht auf einen positiven Ausgang, nein, es kann jederzeit aus dem Ruder laufen, schier alles passieren. Und sobald irgendwo eine Unstimmigkeit oder gar ein Streit zu entstehen droht, kann ich nicht anders, als mich sofort dazwischen zu stellen und zu versuchen, die Situation zu schlichten, für den Schwächeren Partei zu ergreifen.

*

Die Mittelschule geht dem Ende zu. Eine aufregende und spannende Zeit liegt hinter uns. Nun muss jeder entscheiden, welchen Weg er weiter einschlagen möchte. Für mich ist vor allem eines klar: Ich werde in Zukunft eine Schule besuchen, die etwas weiter entfernt ist, sodass ich den Weg nicht jeden Tag zurücklegen kann. Ich werde ein Internat besuchen. Am liebsten möchte ich eine Schule mit sozialer Fachrichtung auswählen, doch Papa sagt, dass das nicht gut genug für mich ist. Ich soll eine Schule mit hoher Allgemeinbildung besuchen, Sprachen lernen. Er entscheidet, wie es für mich weiter geht. Obwohl ich etwas besorgt bin, freue ich mich dennoch, dass er so eine hohe Meinung von mir hat.

Viertens

Das Abenteuer geht los. Ich starte in mein neues Leben im Internat. Viele Sachen müssen eingepackt und vorbereitet werden. Bisher kenne ich all das nur von meinen Brüdern. Jetzt bin ich selbst dabei. Ich freue mich sehr. In einer Stadt leben, fern von zu Hause. Eine fremde Schule, unzählige neue Menschen kennenlernen. Ich werde im Internat ein Zimmer mit drei anderen Mädchen bewohnen. Das bedeutet, dass ich von vornherein Bezug zu anderen habe, ohne dass ich mich aufdrängen und hinterherlaufen muss. Und ich kann einen kompletten Neustart beginnen. Hier kennt mich niemand. Hier kennt niemand meine Familie. Hier hat niemand ein falsches Bild von mir. Ich fühle mich nicht von vornherein verurteilt, weil ich eventuell aggressiv oder gemein sein könnte.

Nur das Mädchen aus dem Nachbarhaus, meine Freundin, die mit mir zur Schule gegangen ist, auch sie kommt mit ins Internat. Doch in der neuen Stadt fühlt sich das nicht gut an. Zu groß ist die Angst, dass dadurch mein altes Ich mit übersiedeln könnte, dass etwas von meiner Geschichte mit durchdringt. Ich weiche ihr also etwas aus. Ich wimmle sie ab, verbringe mehr Zeit mit den anderen. Sie wechselt das Zimmer. Ich merke, dass sie traurig ist. Und das tut mir sehr leid. Aber ich möchte alle Verbindungen abbrechen. Von Grund auf neu starten.

Ich merke bald, dass ich große Schwierigkeiten damit habe, tatsächlich Freundschaften zu vertrauen. Ich finde Freunde, vor allem ein Mädchen aus meinem Zimmer steht mir bald sehr nahe. Doch das heißt nicht, dass ich vertraue. Ich fühle mich einfach auf derselben Ebene mit den anderen. Ich kann mir einfach nicht vorstellen, dass jemand mich als Freundin schätzen könnte. Ich halte mich etwas zurück, erzähle nichts Persönliches. Schaffe es aber, einen guten Grundton mit allen aufkommen zu lassen. Wir verstehen uns, haben Spaß. Leider bin ich in meiner Schule die Einzige, die im Internat lebt, alle anderen Mädchen kommen direkt von zu Hause zur Schule. Ich fühle mich dann gleich wieder ausgeschlossen und gehe alleine los. In der Freizeit halten wir uns im Internat aber meistens in Gruppen auf, das ist einfacher für mich. Ich bleibe in der Menge. Und wenn es zu schwierig wird für mich, dann ziehe ich mich in das Zimmer zurück. Dies lasse ich nach außen hin immer wie eine bewusste Entscheidung wirken. Niemand soll merken, dass ich mich einsam fühle. Dafür bin ich viel zu stolz. Schwächen und Unsicherheiten zeige ich nicht. Niemals.

In der neuen Klasse sind alle sehr nett. Wir verstehen uns super und ich finde auch dort gleich eine Kleingruppe, in der ich mich wohlfühle. Ein Mädchen aus dieser Gruppe wird eine gute Freundin. Ja, die Gesamtsituation ist prima, alle Bedingungen sind gut. So habe ich mir das gewünscht. Nur leider kann ich mein Inneres nicht neu starten. All meine Ängste, Unsicherheiten, Zweifel und Sorgen trage ich weiter mit mir herum. Gut versteckt, tief in meinem Inneren. Ich bin halt eben sehr schnell eingeschnappt. Das kann ich nicht ändern. Extrem empfindlich. Denn sobald ich mich nicht explizit angesprochen und aufgefordert fühle, mitzumachen und dabei zu sein, gehe ich davon aus, dass ich nicht erwünscht bin. Und fühle mich sofort traurig. Dann gehe ich alleine meine Wege. Ich laufe niemandem hinterher. Es interessiert mich nach außen hin einfach nicht. Bloß die Würde nicht verlieren. Ich kann keine Verbindung zu anderen Menschen fühlen. Negative Emotionen – ja. Die haften sich an mir fest. Aber Beziehung gibt es nicht. Ich kann es einfach nicht spüren. Wenn mir jemand beteuert, dass ich wichtig für ihn bin, dann freue ich mich im Moment. Es überfordert mich, ich weiß nicht, wohin damit, aber ich freue, mich. Und im nächsten Moment ist alles wieder vorbei. Dann ist es noch schlimmer als zuvor, denn ich falle noch ein Stückchen tiefer. Es ist kalt. Mein Herz geht rückwärts, immer ein Stückchen weiter. Ich fühle ich mich einsam, ausgesetzt auf einer Insel, mitten im Meer. Meilenweit entfernt von der restlichen Zivilisation. Meine Versuche, das andere Ufer zu erreichen, bleiben vergeblich. Ich ertrinke jedes Mal nach kurzer Strecke. Und von der anderen Seite kann ich keinen Versuch spüren. Ich sehe nichts. Bin alleine inmitten der Einsamkeit. Für mich gibt es keine Liebe.

*

Wir haben sehr viel Spaß, lassen uns immer wieder neue Streiche einfallen. Wir schleichen uns nachts durch die Gänge der alten Gemäuer, immer auf der Hut, nicht ertappt zu werden. Das ist gar nicht so einfach, die Heimleiterin ist stets auf der Hut. Eine ältere Dame, die im selben Gebäude schläft, aber irgendwie immer wach zu sein scheint. Eines Tages bringen wir heimlich Schnaps in unser Zimmer, einen Zitronenlikör. Am Abend trinken wir abwechselnd davon und fühlen uns in kürzester Zeit beschwipst. Das Gelächter ist groß, doch als plötzlich die Heimleiterin das Zimmer betritt, um das Licht auszumachen und uns eine gute Nacht zu wünschen, erstarren wir. Bloß nichts anmerken lassen. „Hier riecht es nach Kaugummi", äußert sie sich erstaunt. Wir verstecken uns wie auf Kommando unter den Decken, um unser Kichern zu ersticken. Als dann zu allem Überfluss ein Mädchen mitsamt ihrem Federbett aus dem Bett fällt, können wir unser Lachen nicht mehr zurückhalten. Wir kreischen und schütteln uns, die Situation ist einfach zu komisch. Die Heimleiterin versteht nichts mehr; leicht verärgert wartet sie, bis endlich alle wieder in den Betten sind, und verlässt dann den Raum. Wir holen unsere Handys hervor, die eigentlich abends verboten sind, und schreiben uns unter den Decken versteckt heimlich gegenseitig SMS. So kann niemand von draußen hören, dass wir uns noch lange unterhalten und scherzen.

*

Es fällt mir nicht so leicht, dem hohen Lernpensum zu folgen. Ich habe nicht sofort erkannt, dass ich hier viel regelmäßiger und aktiver lernen muss; bisher war mir alles so leicht gefallen. Außerdem bin ich meistens sehr erschöpft, weil ich schon seit langer Zeit keine Nacht mehr durchgeschlafen habe.

Durch meinen Kopf rasen unaufhörlich so viele Gedanken und Sorgen; ich kann es einfach nicht ausschalten. Mir ist oft schwindelig, wenn ich übermüdet bin. Es fehlt mir an Energie. Manchmal fühlt es sich fast so an, als ob alles um mich herum an mir vorbeiziehen würde, versteckt hinter einer dünnen Schicht aus Nebel. Ich sehe alles unklar und kann die Stimmen bloß sehr leise hören. In Latein verpasse ich nach kurzer Zeit den Anschluss und muss mich mächtig ins Zeug legen, um weiterhin gute Noten zu schreiben. Das schockiert mich etwas, ich büffle noch mehr und frage meine Mitschüler, ob sie mir den Stoff nochmals erklären können. Ich nehme alles sehr ernst.

Gleichzeitig versuche ich auch, die neu gewonnene Freiheit zu genießen. So viel Freizeit hatte ich in meinem ganzen Leben noch nie. Die anderen Mädchen beschweren sich, dass wir das Internat bloß für eine Stunde am Tag verlassen dürfen, doch für mich sind Tage ohne körperliche Arbeit komplett etwas Neues. Tage mit Mädchen meines Alters zu verbringen, auf dem Balkon sitzen, scherzen, sich über Jungs zu unterhalten. Es fühlt sich gut an.

Die neue Freiheit bringt aber nicht nur Vorteile mit sich. Die Umstellung, die große Veränderung verläuft nicht reibungslos. Die Bewegung fehlt mir. Ich bemerke es nicht bewusst. Viel zu schön ist es, seine Freizeit auch mal lesend im Bett zu verbringen. Die Ernährung verändert sich. Brote stehen stets bereit. Unser Taschengeld für die gesamte Woche – bei mir ist es nicht viel – investieren wir in Schlemmereien. Wir legen uns dann ins Bett und futtern, was das Zeug hält. Ich kann mich nicht zügeln, esse alles, was ich finden kann. Ich fresse.

Vor allem, wenn ich alleine bin, überkommt mich ein regelrechter Rausch, der mich unaufhörlich Essen in mich stopfen lässt. Ich versuche erfolglos, das Loch in meiner Seele zu füllen. Ich will den süßen Geschmack in meinem Mund in Verbindung mit meiner Freiheit genießen, grenzenlos.

Wenn andere im Raum sind, dann zügle ich mich. Ich passe mich ihrem Tempo an. Immer öfter esse ich heimlich.

Manchmal klaue ich sogar etwas Schokolade von den anderen. Ganz wenig. Immer bloß so viel, dass es nicht auffällt.

Mein Kopf fixiert sich darauf, immer schon zu überlegen, was ich wohl als Nächstes essen könnte. Heute, jetzt. Essen. Nach dem Essen überlege ich bereits, was der nächste Zwischensnack sein wird. „Mehr! Mehr! Mehr!", scheint mein Kopf zu schreien. Bei den Mahlzeiten bunkere ich heimlich Nahrungsmittel für später. Doch schon bald erfüllt mich Traurigkeit, während ich noch am Fressen bin. Vermischt mit Abscheu vor mir selbst. Mir ist zum Kotzen schlecht. Mein Bauch schmerzt, mir ist zum Heulen zumute. Ich heule natürlich nicht. Ich gehe in das Badezimmer, kontrolliere genau, ob niemand in der Nähe ist. Ich beuge mich über die Toilette. Mein Bauch ist so voll, dass ich mich nur schwer bücken kann. Ich stecke mir den Finger in den Hals. Ein überaus erniedrigendes Gefühl überkommt mich. Es ist schrecklich, entwürdigend. Ich hasse mich in diesem Moment für meine Zügellosigkeit. In einem Schwall ergießen sich all die matschigen Nahrungsmittel, alles was ich vorher verschlungen habe, in die Schüssel vor mir. Wie widerwärtig, wie abstoßend. Die Mengen sind gigantisch. Es ist so schlimm zu sehen, dass mein Kontrollverlust anscheinend noch größer war, als von mir wahrgenommen. Es schmerzt. Mein Bauch tut weh, zieht sich krampfartig zusammen. Mein Kopf ist rot und steht unter Druck. Mein Hals brennt. Ich fühle mich richtig eklig. Und traurig. Ich wasche mein Gesicht, spüle meinen Mund. Auch mein Magen brennt, zu viel Säure. Ich esse ein Stück Brot, um dies zu neutralisieren. Und fange von vorne an, haltlos Essen in mich hineinzustopfen, ohne dass ich aufhören kann.

In den nächsten Monaten nehme ich sehr viel an Gewicht zu. Ich werde dicker und dicker, obwohl ich versuche, das Gegessene so oft wie möglich wieder aus meinem Körper zu pressen. Ich fühle mich so schlecht, meine Kleidung passt mir nach kurzer Zeit nicht mehr. Und das Schlimme ist, dass ich immer mehr ans Essen denke, je mieser ich mich fühle. Ein Kreislauf beginnt, aus dem ich nicht ausbrechen kann. Ich will aufhören zu fressen, und rein dieser Gedanke erzeugt einen unbändigen Hunger. Eine Sucht. Ich kann an nichts anderes denken außer daran, etwas zu essen. Ich stehe selbst mitten in der Nacht auf, weil ich plötzlich tierischen Heißhunger habe. Esse alles, das mir in die Finger kommt. Ich weigere mich, mich auf die Waage zu stellen. Obwohl ich vor Kurzem schlank war, gibt es bald in den normalen Geschäften kaum noch Hosen, in die ich passe.

Ich habe bestimmt mindestens zwanzig oder fünfundzwanzig Kilos an Gewicht zugelegt, in einem Schuljahr. Neunundfünfzig Kilo war mein Anfangsgewicht. Meine Haut zeigt dicke, leuchtend rote Narben auf, das Gewebe hat all dem nicht standgehalten. An Bauch, Beinen und auf der Brust bin ich nun gut sichtbar gekennzeichnet. Nur seltsamerweise scheint außer mir meine extreme Veränderung niemandem so recht aufzufallen. Klar versuche ich, es so gut wie möglich zu kaschieren. Ich verstecke mich unter weiten, schwarzen Pullis und verhalte mich vor anderen so, als ob alles beim Alten wäre. Dass mein Gesicht fett, richtig kugelrund geworden ist, müssten aber alle sehen. Doch niemals im Leben würde ich vor jemandem äußern, wie unwohl ich mich in meinem Körper fühle. Wie abstoßend ich mich finde, wie sehr ich den penetranten Gedanken an das Essen hasse. Wie unglaublich einsam und traurig ich mich in der Tiefe meiner Seele fühle. Ich versuche öfters, einfach gar nichts mehr zu essen. Umso größer ist dann der Absturz in eine neue Attacke des Heißhungers, meist nach wenigen Stunden.

*

An den Wochenenden fahre ich stets nach Hause. Zwei Stunden dauert die Fahrt im Bus. Ich freue mich, meine Tiere zu sehen, die Leute aus meinem Dorf zu treffen. Ich freue mich aber vor allem auf Papa. Wir telefonieren manchmal unter der Woche, ich halte ihn auf dem Laufenden über die Schule und über aufregende Erfahrungen. Wenn er mich fragt, wie es mir geht, dann erzähle ich ihm, wie toll doch alles ist. Mir geht es bestens. Keine Schwierigkeiten, kein Problem.

Ich darf jetzt abends ausgehen, jeden Samstagabend. Es ist so aufregend, ich liebe es. Ich tanze, lache viel und habe Spaß. Ich flirte. Die eine oder andere Liebesgeschichte entsteht im Laufe der Zeit. Ich behalte darin stets die Kontrolle. Die Jungs scheinen mich auch jetzt noch gut zu finden, obwohl ich zugenommen habe. Ich merke keinen Unterschied im Vergleich zu vorher. Es ist wirklich eigenartig. Ich lache, bin freundlich und fröhlich und erhalte oft Komplimente dafür, dass ich so eine tolle Ausstrahlung habe. Dass ich so ein positiver Mensch bin. So stark. So selbstsicher. Und dass ich hübsch bin. Ich mache mich gerne zurecht, und ich genieße die Rückmeldungen dieser Art. Sie tun mir gut. Zumindest in diesem Moment, in dem ein Kompliment ausgesprochen wird. Meistens kommt es zu mir durch. Freut mich. Macht mich manchmal leicht verlegen. Und löst sich dann in Luft auf. Wie ein Tropfen auf einem heißen Stein.

Ich bin ein positiv denkender Mensch, das stimmt. Ich versuche, in jeder Situation das Gute zu sehen. Und ich bin sehr stark. Ich kann mich kontrollieren. Zumindest immer solange, bis der nächste Absturz kommt.

*

Das erste Schuljahr geht vorbei. Im Sommer gehe ich wie gewohnt meiner Arbeit nach. Ich begleite die Touristen bei ihren Ausritten, bringe mit Papa das Heu ein, und wir erledigen die Arbeit im Stall. Diesen Sommer ist auch mein kleiner Bruder auf der Alm, ich bleibe alleine mit meinen Eltern zurück. Ich fühle mich gut, bin den ganzen Tag über beschäftigt. Und bin den ganzen Tag über draußen. Mein Heißhunger ist Vergangenheit, plötzlich habe ich keine Zeit mehr, ans Essen zu denken. Ich spüre meinen Körper wieder, merke, dass die Muskeln durch das viele Reiten und Arbeiten stärker werden, ich brauche eigentlich gar kein Essen mehr. Ich konzentriere mich auf andere Empfindungen. Spüre die Sonne, den Wind auf meiner Haut, die Nähe und die treue Zuneigung meiner Tiere. Ich esse kaum noch. So kommt es, dass ich tatsächlich am Ende des Sommers wieder in die meisten meiner alten Klamotten passe.

Ich fühle mich äußerlich etwas besser, doch innerlich ist es kalt. Ich bin bei fünfundsechzig Kilo gelandet, innerhalb von drei Monaten. Habe fünfzehn, vielleicht auch zwanzig Kilo an Gewicht verloren. Und auch das scheint niemand so richtig wahrzunehmen. Die Menschen um mich herum behandeln mich immer gleich. Irgendwie ist das gut, glaube ich. Denn ich werde nie auf mein Äußeres reduziert.

Doch andererseits fange ich langsam an, an meinem Selbstbild komplett zu zweifeln. Bilde ich mir all das bloß ein? Fühle ich mich dicker oder dünner als ich jeweils bin? Wenn ich in den Spiegel schaue, weiß ich nicht mehr, wie mein eigenes Bild zu interpretieren ist. Sind meine Beine normal, dick, dünn? Ich weiß es tatsächlich absolut nicht. Ich zweifle an meiner Wahrnehmung und verliere den Bezug zu realen Einschätzungen. Mir fehlt eine Rückmeldung aus meiner Umgebung, um meine eigene Wahrnehmung zu überprüfen. Ich vergleiche Zahlen. Wenn ich jemanden sehe, den ich gut finde, versuche ich unauffällig in Erfahrung zu bringen, welche Kleidergröße derjenige trägt, wie viel er wiegt, bei welcher Größe. Daran versuche ich, mich in Anlehnung daran selbst einzuschätzen. Ich versuche, in mir ein Bild von mir selbst anzufertigen. Es klappt nicht. Ich berechne sehr oft meinen Body-Mass-Index, um zu kapieren, ob ich gerade zu dick, zu dünn oder „richtig" bin. Ich lese viele Bücher, versuche zu verstehen, wie viel andere essen. Ich möchte wissen, was als gesund und gut interpretiert wird, was bereits als „Störung" gilt.

Meine Kleidung erinnert mich jedoch unsanft daran, wie die Tatsachen sind und versichert mir die extremen Gewichtsschwankungen. Von nun an muss ich halbjährlich jeweils meine komplette Garderobe austauschen. Dies belastet mich ungemein. Nicht zuletzt auch deswegen, weil ich kein Geld habe, um mir neue Klamotten zu kaufen. Ich werde also erfinderisch. Trage vorwiegend elastische Teile. Und falle dann in ein noch tieferes Loch, wenn eine Hose den Belastungen nicht mehr standhält und irgendwann reißt.

Das zweite Schuljahr ist angebrochen. Ich freue mich, alle wieder zu sehen. Am ersten Tag erkennen mich ganz viele nicht, weil ich doch im Sommer so extrem viel an Gewicht verloren habe. Das finde ich lustig. Bei einigen reagiere ich aber auch verunsichert. Ich denke erst, dass sie sauer auf mich sind und mich aus diesem Grund nicht grüßen. Der schulische Alltag nimmt seinen Lauf. Lernen, quatschen, Spaß machen. Ich genieße die Gesellschaft der anderen Mädchen. So oft ich es genießen kann.

*

Heute steht die alljährliche Familienfeier im Heim an. Eltern, Geschwister, Großeltern, Onkel und Tanten der Schülerinnen werden eingeladen; es gibt ein Buffet für alle. Wir freuen uns auf diesen Tag, freuen uns darauf, dass Freundinnen und Familien zusammentreffen. Es ist toll, den Eltern und Geschwistern die Räumlichkeiten genauer zu zeigen, ihnen zu erzählen, wo wir was im Laufe der Woche machen. Wir sind alle aufgeregt, haben auch ein Theaterstück einstudiert, das wir dann vor dcm Publikum präsentieren wollen.

Die ersten Familien trudeln ein. Ich bin gespannt, wer von meinen Brüdern mit dabei sein wird. Die Mädels finden meine Brüder sicher toll; ich bin es schon gewohnt, dass sie ins Schwärmen geraten und sich dann anschließend bei mir ausheulen. Aber mal sehen, wie der heutige Tag laufen wird. Ich muss schmunzeln, schon allein bei der Vorstellung.

Nach und nach sind alle Familien eingetroffen. Ich unterhalte mich mit den Eltern meiner Zimmergenossinnen. Fühle mich aber sehr unwohl, denn so langsam wird es mir peinlich, ganz alleine da zu sein. Auf der Familienfeier. War ja klar, dass meine Familie zu spät kommt. Nie ist Verlass auf sie, obwohl sie doch wissen, dass mir Pünktlichkeit sehr wichtig ist.

Wir werden auf die Bühne gerufen. Verdammt, das Theaterstück fängt an. Das darf doch nicht wahr sein, noch immer ist meine Familie nicht in Sicht. Für wen stelle ich mich denn nun auf die blöde Bühne. Ich habe absolut keine Lust mehr auf den Auftritt. Ich fühle mich traurig, sehr einsam. Doch es bleibt mir keine Wahl, da muss ich jetzt durch. Ob ich will oder nicht. Die Zeit vergeht. Während meines Auftrittes fällt mein Blick immer wieder auf den Eingang des Saales. Und es tut sich immer noch nichts. Ich kann es einfach nicht glauben. Meine Familie scheint nicht mehr zu kommen, es ist schon zu spät. Und das, ohne mir vorher wenigstens Bescheid zu sagen. Ich bin tatsächlich alleine auf einer Familienfeier. Mein Gesicht fühlt sich ganz heiß an. Meine Beine kribbeln leicht. Das Lachen fällt mir schwer. Am Ende des Stückes verbeugen sich alle Darsteller, tosender Applaus erfolgt. Stolze Blicke der Eltern strahlen ihren Töchtern entgegen. Alle werden mit Lob überhäuft, und die Mädchen gesellen sich wieder zu ihren Eltern mit freudestrahlenden Gesichtern.

Nur nicht ich. Ich bleibe alleine da stehen. Möchte mich in Luft auflösen. Ich gehe zum Ausgang. Weiß gar nicht, wo ich jetzt hin soll. Bestimmt werde ich mich nicht alleine zum Essen an einen Tisch setzen. Die Situation ist so unendlich traurig für mich, dieses Gefühl lähmt mich und breitet sich so sehr aus, dass es mich fast zerreißt. Der Appetit ist mir sowieso gründlich vergangen. Ich schleiche mich zur Tür hinaus, hoffentlich sieht mich jetzt niemand. Ich bin so enttäuscht, so traurig. Ich schäme mich sehr. Mein Kopf fühlt sich ganz schwer an.

Gerade als ich zum Haupteingang gehe, öffnet sich die Tür. Da kommt tatsächlich Papa herein! Doch mein Herz wagt es nicht, sich zu freuen – ich halte misstrauisch den Atem an. Hebe den Blick nur ganz leicht. Die Enttäuschung sitzt schon zu tief. Wo sind denn die anderen? Und warum kommt Papa erst jetzt? Er strahlt mich an, als ob alles gut wäre. „Mein Mädchen!", lächelnd kommt er auf mich zu. Doch binnen weniger Sekunden wird mir klar, dass er sehr stark alkoholisiert ist. Er hat Schwierigkeiten, aufrecht zu stehen. Mein Herz macht einen Sprung. Es sticht. Mit Schaudern wird mir bewusst, dass er in diesem Zustand die ganze Strecke im Auto zurückgelegt haben muss. Er legt den Arm um meine Schultern und geht auf den Saal, in dem die anderen sich befinden, zu. Jetzt wäre mir tatsächlich lieber, wenn Papa gar nicht gekommen wäre. Ich drücke mich eng an ihn, aber nicht, um seine Nähe zu spüren, sondern um seinen schweren Körper zu stützen. Ich hoffe, dass sein Zustand nicht auffällt, doch das ist eher unwahrscheinlich. Ich schäme mich so sehr, möchte mich am liebsten in einem Mauseloch verkriechen.

Papa geht direkt auf die Erzieherin und auf die Heimleiterin zu. Sein Charme, der üblicherweise so gut bei den Damen ankommt, wirkt sehr beschämend auf mich und berührt mich peinlich. Die Witze und Komplimente wirken stumpf und komplett ohne Zusammenhang, zwischendurch verliert Papa mitten im Gespräch den Faden. Mein Gesichtsausdruck muss gequält wirken, ich schaffe es nicht mehr, mein Unbehagen glaubwürdig zu überspielen. Mir ist zum Heulen zumute. Papa setzt sich an einen Tisch, fängt an zu essen. Ich bete, dass er nicht all seine Tischmanieren vergessen hat. Denn das ist manchmal der Fall, wenn er getrunken hat. Ich hoffe, dass diese unerträgliche Situation endlich vorbei sein möge. Papa scheint einen Riesenappetit zu haben und verdrückt große Portionen. Er wundert sich, dass ich nicht esse. Ich flunkere. Erzähle ihm, dass ich während der Vorbereitung schon genascht hätte. Nach einer schier endlos scheinenden halben Stunde löst sich die Gesellschaft langsam auf, die Mädels und ihre Familien verabschieden sich der Reihe nach, um gemeinsam den Heimweg anzutreten. Endlich verlassen auch wir das Gebäude und setzen uns in das Auto. Meine Anspannung löst sich etwas, wenigstens kann uns jetzt niemand mehr sehen. Wir unterhalten uns über belanglose Themen auf dem Nachhauseweg. Ich antworte einsilbig, habe keine Lust zu sprechen. Papa bemerkt es nicht. Natürlich will er unbedingt unterwegs noch in einer Kneipe einkehren. Ich wende mich ab, als er der Kellnerin wiederholt über die Hand streichelt und dabei versucht, ihr tief in die Augen zu blicken. Für heute ist mein Limit erreicht, mehr kann ich nicht ertragen. Ich fühle mich erschöpft.

Zu Hause angekommen, sagt Mama, dass Papa einfach ohne sie losgefahren wäre. Sie hatte sich fertiggemacht und geglaubt, dass er bloß noch etwas besorgen wollte und sie dann abholen würde, um gemeinsam zur Familienfeier zu fahren. Doch er ist wohl einfach nicht mehr wieder gekommen.

*

In der nächsten Schulwoche machen starke Kopfschmerzen mir wieder sehr zu schaffen. Ich habe oft Kopfschmerzen, fast bin ich schon daran gewöhnt. Aber manchmal ist es richtig heftig. So auch heute. Am Morgen will ich aufstehen, zur Schule gehen. Doch ich kann kaum die Augen öffnen. Ein stechender Schmerz breitet sich aus, seitlich meiner Schläfen, bis hin zu meinen Augen. Es fühlt sich an, als hätte jemand zwei Messer in meinen Kopf gebohrt und würde sie nun pausenlos drehen und wenden. Mein Gesicht ist leicht gelähmt, der Schmerz scheint meine komplette Kraft und Energie zu verschlingen. Ich versuche, aufzustehen, doch es kostet mich unendliche Mühe. Meine Augen tun so weh. Sie scheinen im Inneren des Kopfes zu wenig Platz zu finden, unter enormem Druck spüre ich jeden Millimeter meiner Augenhöhlen. Ich kann kaum sehen, schaffe es nicht, genug Kraft zu bündeln, um die Bilder vor mir nicht mehr verschwommen wahrzunehmen.

Ich schaffe es nicht, aufzustehen. Lasse mich langsam wieder nach hinten in mein Bett sinken, spüre das weiche Bett in meinem Rücken und schließe die Augen. Heute kann ich nicht. Das Pochen in meinem Kopf ist einem Hammer gleich, der gegen kalten Beton schlägt, unaufhörlich. Mir fröstelt. Ich ziehe die Decke fester an meinen Körper, doch sie kann mich kaum wärmen.

Ich bitte meine Freundin mit leiser und kraftloser Stimme, die Fensterläden zu schließen, bevor sie zur Schule geht. Ich möchte im Dunkeln sein; jeder Lichtstrahl schmerzt zu sehr. Und Ruhe. Ich möchte Ruhe. Die Vögel schreien so unglaublich laut, ich kann sie selbst durch das geschlossene Fenster hören. Normalerweise liebe ich es, ihrem lieblichen Gesang zu lauschen. Doch heute ist das Geschrei unerträglich, kostet mich fast den Verstand. Und schmerzt so sehr. Nach schier endlos langer Zeit falle ich in einen unruhigen Schlaf, verfolgt von wirren Träumen.

Am nächsten Tag fühle ich mich etwas besser. Nicht gut, aber ich kann wieder zur Schule gehen. Klar sind die Kopfschmerzen noch da, und ich bin immer noch erschöpft. Aber wenigstens kann ich zumindest teilweise dem Unterricht folgen und sammele nicht noch mehr Fehlstunden an.

*

Es ist Samstag, ich sitze im Bus und fahre nach Hause. Wochenende. Ich freue mich sehr. Heute wollen wir wieder feiern gehen; ich habe mich bereits mit meinen Freundinnen verabredet. Ich hoffe, dass ich dann den Kopf freibekommen, die Gedanken ausschalten kann, die mich Tag und Nacht in Beschlag nehmen. Ich wundere mich manchmal, dass mein Kopf nicht explodiert vom Druck all der Sorgen, die dort ihre Bahnen ziehen. Pausenlos. Unaufhaltsam. Mal leise, mal laut. Aber immer da. Kann ich es schaffen, weiterhin gute Noten zu schreiben? Noch viel wichtiger – was wird Papa dazu sagen, von mir denken, wenn ich es nicht schaffe? Werden meine Eltern die Schulden abbezahlen können, oder verlieren wir bald unseren Hof? Und vor allem: Was passiert, wenn ich nicht zu Hause bin? Geht es Mama gut? Ist sie verletzt? Hat sie große Angst? Und Papa – passiert ihm nichts Schlimmes, wenn er betrunken im Auto fährt? Es macht mich verrückt, wenn ich nicht genau weiß, was gerade vor sich geht. Zwischendurch anrufen, um mich zu vergewissern, dass alles gut ist, reicht nicht, um die Kontrolle zu behalten.

Ich genieße die Aussicht während der Fahrt. Ab einer bestimmten Stelle fühle ich mich immer zu Hause. Ich liebe es. Die Gegend ist unglaublich schön, ich weiß, dass ich für immer hier hingehöre. Die Berge, die den Himmel küssen, das satte Grün der Wiesen, das schon langsam in Brauntöne übergeht. Wälder, die sich an manchen Stellen kühn bis an die Straße vorwagen. Kühe grasen friedlich auf den Weiden. Es ist so ruhig hier, ich atme tief durch. Ich mag diese Idylle.

Der Bus fährt um die letzte Kurve, noch ein Stück geradeaus, dann bin ich da.

Ich habe einen Bärenhunger. Es ist schon spät für das Mittagessen. Ich laufe die Straße entlang, eine kühle Prise umweht meinen Körper und kühlt meinen überhitzten Kopf. Das fühlt sich angenehm an. Ich kann über den See schauen, sehe meine Hunde, die innerhalb des eingezäunten Grundstückes herumtollen. Ich bin eigentlich zufrieden heute. Die Sorgen vergesse ich für einen Augenblick.

Ich kann meine Pferde sehen. Ich strahle, rufe laut ihren Namen und laufe auf sie zu. Ich freue mich so sehr. Meine Pferde! Und mein Papa. Begrüße auch ihn freudestrahlend. Ich bin wieder da, betrete das Grundstück und werde übermütig von den Hunden begrüßt. Fast verliere ich das Gleichgewicht, als der eine an mir hochspringt, um mir mit seiner nassen Zunge über das Gesicht zu lecken. „Oh nein, lass das, du Schlingel", lache ich laut. Und streichle ihm schnell über den Kopf. „Wie sehr ich euch doch vermisst habe." Auch die Pferde stehen jetzt am Zaun und warten darauf, endlich von mir begrüßt zu werden. Ich kraule jedem Einzelnen über den Kopf, liebkose die samtweichen Nüstern, die mich freudig beschnuppern. Jedes Tier reagiert darauf, wenn ich es beim Namen nenne. Ihre Zuneigung berührt mein Herz. „Ja, ihr habt mich lieb, nicht wahr! Ihr freut euch immer sehr, wenn ich da bin." Ich lehne meinen Kopf an den Kopf des Leitpferdes. Dann verabschiede ich mich und gehe ins Haus, um zu essen. „Bis nachher, ihr Lieben!"

Mama ist nicht da, doch es riecht nach Essen. Hmmm, Knödel mit Soße und Salat, lecker. Wie das duftet! Mein Bauch knurrt erwartungsvoll, endlich essen. Ich setze mich hin und genieße die warme Mahlzeit. Gehe in Gedanken durch, was ich heute alles machen werde. Erst reiten, dann Stallarbeit und dann ins Pub zu den anderen. Ich freue mich, heute ist ein guter Tag!

Als ich gerade aus der Küche gehe, treffe ich auf Mama, die soeben das Haus betritt. Sie trägt eine schwarze Sonnenbrille, so habe ich sie noch nie gesehen. Mama begrüßt mich erfreut, ich grüße zurück. Kann es mir aber nicht verkneifen, einen dummen Kommentar hinterher zu schicken. „Na, heute bist du wohl besonders cool – mit dieser Brille!" Der Tonfall ist ironisch, leicht abfällig. Das Lachen verschwindet aus Mamas Gesicht. Sie zögert kurz, nimmt dann die Brille ab. Ich erstarre, halte instinktiv den Atem an. Ihr rechtes Auge ist blau und violett, stark angeschwollen. Mein Bauch verkrampft sich, die altbekannten roten Ameisen machen sich auf den Weg. Starten aus den Fingerspitzen, ziehen brennend und kribbelnd durch die Arme in den Kopf und in die Brust, bis in mein Herz. Es schmerzt so sehr, ich kann kaum atmen. Nein, nicht schon wieder. Nein. Nein. Nein. Das Stechen in meinem Herzen hört nicht auf, im Sekundentakt spüre ich es erneut. Es scheint jedes Mal stärker als zuvor.

Ich löse mich aus der Schockstarre, sage nichts. Was soll ich sagen? Löse meinen Blick von Mamas Gesicht. Sie sieht mich immer noch an, sagt jedoch auch kein Wort. Ihr Blick scheint hoffnungslos, resignierend. Ich will es nicht sehen. Ich will ihre Angst und Verzweiflung nicht spüren. Ich kann es nicht ertragen. Meine Seele schreit in all dem Schmerz, schreit und schreit, bis ihre Stimme bricht. Sie hört einfach nicht mehr auf, zu schreien. Ich glaube, meine Seele hat einen Nervenzusammenbruch.

Ich möchte auch schreien – und weinen, aber ich verziehe keine Miene. Ich bleibe stumm. Gehe in mein Zimmer, auf den Balkon. Ich brauche jetzt dringend eine Zigarette. Mein Blick schweift über den Wald, über den See. Die Idylle liegt vor meinen Augen, doch in mir tobt der eisige Sturm. Ich möchte mich in der Ruhe meiner Umgebung verlieren, doch der unbändige Schmerz reißt mich haltlos nach innen. Ich versuche, mich festzuhalten, an den kleinen Wellen auf dem See, an den grünen Zweigen, die sich ganz langsam und lautlos zum Rhythmus des Windes bewegen, als wollten sie gemeinsam tanzen. Ich habe Angst, zu stolpern und mich in dem tiefen, schwarzen Loch, das gerade in meiner Seele entsteht, zu verlieren. Nein, ich will nicht! In solchen Momenten wünsche ich mir, ich wäre ein Drogenjunkie. Ich würde so gerne den Widerstand aufgeben. Ich möchte nicht mehr gegen den Schmerz ankämpfen, ich möchte nicht mehr spüren, wie mein Herz in Stücke gerissen wird, ich möchte nicht mehr merken, wie meine Seele komplett den Verstand verliert. Ich will diesen brennenden Schmerz in meiner Brust nicht mehr ertragen müssen. Ich will nicht mehr andauernd die Kraft aufbringen, möchte mich einfach nur noch fallenlassen. Wenn ich Drogen nehmen würde, dann würde die Realität verschwinden. Ich könnte diese, meine Wirklichkeit löschen, ungeschehen machen. Doch leider bin ich zu vernünftig. Ich weiß genau, dass das nicht funktioniert. Ich weiß, dass das Abschalten nur für kurze Dauer wäre. Dass anschließend alles noch viel schlimmer wäre. Und dass ich dann schuld daran wäre, dass das Leben nicht positiv verläuft. Diese Schuld könnte ich nicht tragen. Ich werde auch weiterhin die Verantwortung tragen, damit endlich alles gut werden kann. Ich muss auch weiterhin stark sein. Ich muss den Schmerz ertragen. Ich weiß nur im Moment nicht, wie. „Ich kann nicht mehr. Ich kann es nicht ertragen!", brüllt mich meine Seele an. „Reiß dich am Riemen!", brüllt mein Kopf zurück. Doch seine Stimme klingt wenig glaubwürdig, geht nämlich am Ende des Satzes im Schluchzen unter.

Meine Brust, sie schmerzt so sehr. Das Brennen ist schier unerträglich. Ich möchte nicht an die Szene denken, in der Mama zu ihrem blauen Auge gekommen ist, doch ich kann die Bilder nicht aufhalten. Ich höre in meinem Kopf ihr Schreien, ihre Rufe nach Hilfe. Ihr Bitten, doch aufzuhören. Ihr nicht mehr wehzutun. Ihre Verzweiflung, ihre Angst. Fast drehe ich durch, beim Gedanken daran, dass ich nicht da war. Dass ihre Hilfeschreie ungehört blieben. Niemand hat sie gehört! Niemand hat sie geschützt! Niemand hat ihr geholfen! Sie war vollständig ausgeliefert, der endlosen Qual. Eine Träne läuft über mein Gesicht, ich kann sie nicht aufhalten. Ich bin so voller Schmerz, ich weiß nicht mehr, wohin damit.

Wie soll Mama das ertragen? Wie kann sie diesen Schmerz, dieses Leid ertragen, das ohne Ende scheint? Nein! Es ist fast nicht mehr auszuhalten. Ich bin hin und her gerissen zwischen ihrem Leid und meinem Schmerz, zwischen dem Versuch, stark zu sein und dem Verlangen, diesen nicht mehr auszuhaltenden Schmerz zu löschen. Meine Brust fühlt sich mittlerweile so an, als ob außen ein tonnenschwerer Lastwagen drüberrollen würde und innen die roten Ameisen inzwischen mit ihrer Säure all meine Organe zersetzen würden.

Ich versuche, weiterhin tief zu atmen, doch ich bekomme einfach keine Luft. Ziehe an der Zigarette, versuche, zu inhalieren, atme aus. Die Hand, die die Zigarette hält, sinkt nach unten. Ich stehe ans Geländer gelehnt, die Arme leicht überkreuzt. Ich sehe, dass die Zigarette meiner Haut nahe kommt, doch ich hindere sie nicht daran. Ich bin nur der stumme Beobachter. Ich kann nicht eingreifen, denn der Schmerz nimmt mir die Kraft und hindert mich. Der Abstand wird kleiner, wie in Zeitlupe nehme ich wahr, wie die rote Spitze des Glimmstängels schließlich meine Haut berührt. Ich höre ganz leise ein Knistern, als die kleinen Härchen in der Hitze schmelzen. Ein kaum hörbares Zischen sagt mir, dass die Haut nun von der Glut liebkost wird. Es ist eigenartig, fast, als ob die Haut gar nicht mir gehören würde. Ich sehe nur zu. Erst spüre ich auch nichts. Meine ganze Empfindung ist gefangen im unsagbaren Schmerz in meiner Brust. Ganz langsam nehme ich eine leichte Wärme wahr. Es fühlt sich angenehm an. Mein Arm strahlt Wärme aus. Nach einigen Sekunden verstärkt sich die Wärme, ein leichtes Piksen kommt dazu. Ich beobachte, dass meine Haut langsam rot wird. Irgendwann bildet sich eine Blase, Flüssigkeit sammelt sich darunter. Nachdem ich einmal tief an der Zigarette gezogen und die Asche abgeklopft habe, nachdem die Spitze wieder in einem kräftigen Orange aufleuchtet, lege ich diese wiederum auf die Blase. Dieses Mal ist das Stechen sehr heftig. Ich atme scharf ein, um dann in einem Schwall der Erleichterung, der durch meinen Körper zieht, lange auszuatmen. Das Stechen auf meiner Haut ist intensiv, und diese Intensität fühlt sich so erlösend an. All diese Empfindungen, die Wahrnehmungen meines Körpers, meines Herzens, meiner Seele und mein Denken bündeln sich in diesem Augenblick auf der kleinen Stelle meines Armes. Auf dem stechenden, brennenden Schmerz, auf der Hitze, die immer stärker spürbar wird. Mein gesamtes Bewusstsein ist gerade gebündelt auf diesem Fleckchen Haut. Und endlich kann meine gequälte Seele Erleichterung finden, endlich löst sich der Druck von meiner Brust.

In diesem Moment entspannt mein Körper spürbar. All die unerträglichen Schmerzen von eben können fliehen, mein Arm, meine Haut bilden ein Ventil dafür. Ich kann endlich wieder atmen. Die Anspannung, die mich zu zerreißen drohte, hat sich jetzt gelöst.

Am Abend ziehe ich ein langes Shirt über. Niemand soll die Verletzung sehen. Es sieht nicht besonders schön aus, ich habe die Blase später aufgekratzt, als ich das blaue Auge von Mama wieder gesehen habe und die Schmerzen in meiner Brust wieder aufzukommen drohten. Das hat geholfen. Ich will mich mit meinen Freunden amüsieren. Ich will lachen, ich will Unbeschwertheit ausstrahlen, in der Hoffnung, dass ich mir diese irgendwann vielleicht selbst glaubhaft machen kann.

Ich habe einen guten Abend. Darf nur niemals stillstehen. Immer mitten im Geschehen bleiben. Krampfhaft versuchen, die anderen Menschen zu spüren, Freude und gute Laune wahrzunehmen. Krampfhaft versuchen, dem Schmerz, dem unerträglichen Schmerz kein Schlupfloch zu bieten. Ihn nicht mehr in meine Wahrnehmung vordringen zu lassen.

*

Die nächsten Schulwochen gehen vorbei. Ich versuche, mich auf das Lernen zu konzentrieren und das unbeschwerte Leben zu genießen. Ich versuche, glücklich zu sein. Wenn die Kopfschmerzen aufkommen, probiere ich, wenn möglich, mich kurz auszuruhen. Wenn das nicht hilft, oder aber ich nicht zur Ruhe kommen möchte oder kann, und das kommt sehr oft vor, dann einfach ignorieren, solange es geht. Ignorieren und ablenken. Das klappt. Generell hilft zum Ablenken essen, wenn andere Dinge nicht funktionieren. Essen, manchmal fressen. Und wenn ich die Grenze überschreite, dann eben kotzen.

Das entscheide nicht mehr ich. Dieser Vorgang verselbstständigt sich. Ist ok so. Und wenn der Schmerz über diese Situation zu arg wird, wenn der Leidensdruck über die Gedanken, wie es Mama wohl gerade gehen mag, zu groß wird, wenn das Brennen in meinem Körper nicht mehr auszuhalten ist, dann verstecke ich mich in der Toilette. Ich hole das kleine Papierschneidemesser mit der dünnen, scharfen Klinge, das ich jetzt immer bei mir trage, aus meiner Tasche und ziehe es langsam und bedächtig durch meine Haut. Ich drücke fest zu. Das ist notwendig, um den gewünschten Effekt zu erzielen. Manchmal möchte etwas in mir sich diesem Schnitt entziehen, mich am Zudrücken hindern und davor abhalten. Aber ich überwinde mich. Es muss sein. Die Haut wird durchtrennt in einer klaren, geraden Linie. Sie öffnet sich, um dem Blut seinen Weg nach draußen freizugeben. Und mit dem Blut entweicht dann der unerträgliche Schmerz, die explosive Anspannung in meinem Körper kann sich verflüchtigen, wird abgebaut, und ich kann endlich wieder atmen.

Ich sehe in letzter Zeit davon ab, die Schnitte auf meinen Armen auszuführen. Es ist blöd, ständig lange Ärmel tragen zu müssen. Ich würde mich extrem schämen, wenn jemandem die Verletzungen auffallen würden. Ich empfinde sie, neutral gesehen, als ein Zeichen von Dummheit. Warum kann denn jemand so blöd sein, so etwas zu tun? Es wäre mir richtig peinlich. Klar, wo ich doch noch nie freiwillig Schwäche gezeigt habe. Und niemals könnte ich erklären, welche Auswirkung diese Selbstverletzungen auf mich haben, wie erleichternd sie sind. Ich weiche also manchmal auf die Schultern aus, um mich dort zu schneiden. Meistens aber auf die Oberschenkel. Ich will meinen Körper eigentlich nicht kaputtmachen. Ich bin traurig darüber, bin einsam, allein. Und ich ärgere mich, wenn ich die Verletzungen sehe. Aber ich kenne keinen anderen Weg, um diesen extremen Schmerz, diese Last zu ertragen. Viel zu stark ist der Wunsch, irgendwo Erleichterung zu finden, dieses unerträgliche Brennen und diesen Druck auch nur für einen kurzen Moment einfach ausschalten zu können.

*

Meine Eltern umarmen mich nie. Das letzte – vielleicht sogar einzige – Mal, an das ich mich bewusst erinnern kann, war, als ich etwa fünf Jahre alt war und nach einem Sturz mit dem Fahrrad im Gesicht verletzt war. Da hat Mama mich im Arm gehalten und mich getröstet. Danach nie wieder. Wir sind alle distanziert im Umgang miteinander. Obwohl wir doch „so eine tolle Familie" sind. Papa legt den Arm um mich, wenn ich mehr arbeiten soll oder etwas Besonderes geleistet habe. Das fühlt sich aber nicht nach Geborgenheit an. Nie würde ich mich berühren lassen, könnte mir nicht einmal vorstellen, von meinen Eltern umarmt und festgehalten zu werden, so fremd ist es mir. Fast ist es schon eigenartig, wenn wir uns nur zufällig berühren.

Mir fällt auf, dass ich Mama seit einiger Zeit nicht mehr in die Augen sehen kann. Mein Verhalten ihr gegenüber ist schon seit Längerem eher auffällig, abweisend und oft gemein. Aber jetzt merke ich, dass ich mich zunehmend sehr unwohl fühle, wenn ich mit ihr spreche. Ihre Nähe ist nur noch schwer zu ertragen, und ich kann dies nicht beeinflussen.

Wenn ich nun mit Mama spreche, dann schaue ich an ihr vorbei. Mein sowieso schon abweisendes Verhalten erleichtert es mir, ihr nicht in die Augen sehen zu müssen. Ich schaue zu Boden oder tue so, als ob gerade irgendwo etwas Spannendes passieren würde. Meine Antworten fallen durchgehend schroff aus. Etwas arrogant, herablassend. Das merke ich selbst. Ich betrachte mich dabei aber wie ein außenstehender Beobachter. Ich sage Gemeinheiten, ich weiß, dass ich verletze, obwohl ich es eigentlich gar nicht möchte. Mir scheint, als würde ich nicht mehr selbst entscheiden, was ich sage und vor allem, wie ich es sage. In mir sträubt sich alles; es fühlt sich immer so an, als ob mein Inneres sich einen Kampf liefern würde, als ob ein Teil von mir wegrennen möchte. Die Gefühle sind in diesem

Moment viel zu viele und in sich dermaßen widersprüchlich, dass es schmerzt. Ich bin so wütend auf Mama. Ich verachte sie, weil sie sich diese Situation, diese extreme Abwertung als Frau und als Person bieten lässt. Ich ertrage ihre Nähe nicht, weil sie es zulässt, dass all die Abwertungen, die sie erduldet, auch auf mich übergreifen, weil ich nun mal ebenso eine Frau bin. Ich fühle mich in meiner Rolle als Frau beschmutzt, es ist ein ekliges Gefühl, mit dem ich absolut nicht umgehen kann.

In meinem Kopf sind die Bilder von Papa, in denen er mit anderen Frauen liebäugelt. Ich verachte Mama dafür, dass sie ihre Würde und ihre Selbstachtung so kampflos abgegeben hat. Ich bin enttäuscht, weil Mama sich nicht dafür einsetzt, dass ich nicht mehr leiden muss. Wenn sie nun auch versucht, einen Schritt auf mich zuzugehen, mir zu zeigen, dass ich ihr wichtig bin, ich kann sie nur noch zurückweisen. Viel zu groß ist die Enttäuschung darüber, dass sie all die schlimmen Dinge zulässt, ohne etwas zu ändern. Nicht für mich, nicht für uns. Und ich bin einsam und bedrückt, verletzt, weil ich eine Rolle einnehme, die mir eigentlich gar nicht zusteht. Weil ich versuche, meine Eltern zu schützen, obwohl ich doch eigentlich selbst beschützt werden möchte. Mein größter Wunsch wäre es, dass bloß einmal jemand etwas für mich tun würde, etwas, von dem er weiß, dass es mich glücklich macht. Etwas, das mir das Gefühl gibt, dass es dabei ausschließlich um mich geht. Ohne dass ich darum bitten muss. Das gibt es nicht.

Aber am Schlimmsten ist beim Zusammentreffen mit Mama ihre unsagbare Traurigkeit. Ich fühle mich, als würde mir jemand jedes Organ einzeln aus dem Körper reißen und an die Wand klatschen. Es ist so kräfteraubend, so unerträglich schmerzhaft, zu beobachten, dass ich zusätzlich zu all den schlimmen Dingen, die Mama schon ertragen muss, selbst auch noch gemein bin und somit ihre Situation noch schlimmer mache. Ich würde sie so gerne trösten, ich möchte ihr beistehen, sie umarmen. Ich möchte ihr sagen, dass ich auf sie aufpasse. Dass sie eigentlich gar nicht so verkehrt ist in ihrer Art. Doch meine Miene bleibt finster und abweisend. Die Worte aus meinem Mund bleiben verletzend. Ich ertrage die Einsamkeit in meiner Brust nur schwer, von der ich nicht sicher sagen kann, ob es mein Gefühl oder das von Mama ist. Ich möchte ihr sagen, dass sie nicht alleine ist. Doch ich höre, wie meine Gemeinheiten in einen Tobsuchtsanfall ausarten. Ich höre, dass die gemeinen Worte immer verletzender werden, der Ton immer härter.

Mein Schreien wird schon fast schrill, ich möchte Mama am liebsten schütteln und schubsen. Jetzt wird es Zeit zu fliehen, um die Situation nicht noch mehr aus dem Ruder laufen zu lassen. Ich laufe an ihr vorbei. Laufe aus der Tür, fliehe aus dieser Situation, die ich weder ändern noch stoppen kann. Ich laufe, weil ich meine Tränen nicht mehr zurückhalten kann. Ich kann es nicht mehr ertragen. Ich heule, als ob ich das gesamte, schmerzende Herz aus meinen Augen schütten könnte. Kann kaum noch atmen. Mein Körper windet sich vor Schmerz. Es wird nicht besser; schmerzhaft ziept und haut mein Herz auch weiterhin in meiner Brust. Meine innere Stimme wiederholt endlos eine Entschuldigung an Mama. Wieder und wieder. Bitte verzeihe mir. Ich meine das wirklich nicht so. Ich möchte bloß, dass alles anders ist …

Einmal hat Mama überlegt, auszuziehen. Wir haben sie häufig dazu aufgefordert, haben immer wieder erklärt, dass das doch für alle viel besser wäre. Doch Mama antwortet darauf üblicherweise, dass sie unsere Familie nicht zerstören will. Sie will nicht unser Leben kaputt machen, denn wir gehören doch zusammen. Unsere Beteuerungen stoßen auf taube Ohren, irgendwann weiß ich nicht mehr so recht, was ich sagen soll, auch meine Brüder geben auf. Doch eines Tages hat Mama uns erklärt, dass sie doch in eine kleine Wohnung ziehen wird. Diese wäre im selben Dorf, und es gäbe außer dem Doppelbett im Zimmer noch eine ausziehbare Couch, so könnten wir jederzeit bei ihr übernachten.

Ich finde das toll, freue mich über diese Nachricht. Aufgeregt besichtigen wir die Wohnung, öffnen jeden Schrank, um zu sehen, was es alles gibt. Die Wohnung ist sehr gemütlich, es gibt einen Fernseher und hier muss man nicht arbeiten. Mama hat für uns gekocht. Die Stimmung ist gut. Ich fühle mich erleichtert, gelöst. Ich denke, hier kann ich ihr vielleicht anders begegnen, vielleicht ist hier weniger Stress zwischen uns. Ohne Papa. Dieser hat einen abwertenden Kommentar geäußert, darüber, dass Mama sich aus dem Staub gemacht hat. Aber ich kann darüber nur lachen. Er weiß doch selbst, dass es besser so ist. Jetzt wird alles gut.

Wenige Tage später, als ich aus der Schule komme, steht Mama wieder in unserer Küche. „Ich bin wieder da!", sagt sie erfreut. Ich erstarre. „Warum das denn?" Meine Stimme klingt monoton. „Wir kriegen das schon hin, unsere Familie gehört zusammen", sagt sie. Ich bin enttäuscht. Na super, wieder war alles umsonst. Jetzt fängt die Hölle wieder von vorne an.

*

Die Wochen ziehen vorbei. Ich bin immer viel beschäftigt. Wenn ich zu Hause bin, bin ich mit meinen Pferden unterwegs, verbringe viel Zeit mit Papa. Wir arbeiten, fahren ins Dorf, machen Besorgungen. Unterhalten uns oft und haben Spaß. Ich genieße nach wie vor seine Gegenwart, genieße es, mich mit ihm auszutauschen. Er ist so klug, so lieb. Im Internat bin ich fleißig am Lernen, Ich versuche krampfhaft, den Notendurchschnitt nach oben anzuheben. Meine Freundinnen helfen mir beim Lernen. Manchen von ihnen fällt das Lernen sehr leicht, sie schreiben gute Noten, ohne sich sehr anzustrengen und ohne dem besonderen Wert beizumessen. Das ärgert mich, aber ich gebe es nicht zu. Ich halte mich im Mittelfeld, versuche aber, mich nach oben zu kämpfen. Ich verstehe mich sehr gut mit den Mädels aus meiner Klasse, abwechselnd besuchen wir uns auch gegenseitig zu Hause. Ich bin gerne bei ihnen, genieße die Ruhe und die Sicherheit. Und wenn die anderen bei mir zu Besuch sind, bin ich stolz darauf, ihnen alles zu zeigen. Ich bringe ihnen das Reiten bei und freue mich darüber, dass sie auch sehen können, was für einen supercoolen Papa ich habe.

Mein Körper ist durch die vielen Krisen, durch den permanenten Druck, durch die Kopfschmerzen und durch die

Eskalationen in meiner Ernährung sehr erschöpft. Ich pusche mich, um immer weiter zu machen. Ich spiele mir selbst vor, dass ich stark und glücklich bin. „Schlimmer wäre ein Beinbruch", pflege ich mir selbst scherzhaft zu sagen. Ich lächle, habe Power. Doch immer dann, wenn ich in der Schule sitze, und um mich herum alles ruhig wird, wird es sehr schwer für mich, diese Fassade aufrechtzuerhalten. Schwindelattacken überkommen mich. Ich bekomme kaum Luft, fange an zu hyperventilieren, kalter Schweiß steht auf meiner Stirn. Meine Hände zittern. Ich ermahne mich, mich nicht unterkriegen zu lassen. Ich bin stark. Wäre doch gelacht, wenn dem anders wäre. Kopf hoch, Schultern zurück. Und fröhlich sein.

*

Heute steht eine Matheprüfung an. Ich muss dabei an der Tafel Aufgaben lösen. Mathe ist eines meiner Lieblingsfächer, und ich habe auch für diese Prüfung geübt, bis mein Kopf geraucht hat. Selbst im Bett liegend gehe ich in solchen Situationen noch die Inhalte durch. Manchmal träume ich vom Lernen. Jetzt aber fühle ich mich gut vorbereitet, bin dennoch richtig aufgeregt. Ich habe immer Angst, den Stoff im richtigen Moment nicht abrufen zu können, obwohl das eigentlich schon klappt.

In der Zwischenpause vor der Mathematikstunde betritt der Sekretär die Klasse und kommt auf mich zu. Am großen Schultor möchte mich jemand sprechen, erklärt er mir. Ich schaue ihn fragend an. Wer mag das bloß sein? Meine Freundinnen zucken mit den Schultern, scheinen sich ebenfalls zu wundern. Ich bekomme keine näheren Informationen und laufe die Treppen hinab zum Eingang. Ich trete durch die Tür, und da steht Mama. Mein Herz rutscht in die Hose. Ich spüre sofort, dass etwas nicht stimmt. Ihr Blick ist gesenkt, ihr Gesicht wirkt fahl und eingefallen. „Was willst du denn hier?", frage ich verwundert. „Ich musste weg von zu Hause. Papa ist ausgerastet. Jetzt weiß ich gerade nicht so recht, wo ich hin soll. Und ich wollte dich einfach sehen."

Ich merke, dass Mama mit den Tränen kämpft. Ich merke, dass sie verzweifelt ist, sehr einsam, dass sie sich verloren fühlt. Sie weiß nicht, was sie tun soll. Ich frage nicht, was passiert ist. Ich will es einfach nicht wissen. Fühle mich sehr beklommen. Was soll ich jetzt tun? Ich möchte weinen, die Situation überfordert mich vollends. Wir stehen beide am Eingang zu meiner Schule, wissen beide nicht, was sagen. Ich schaue nun auch zu Boden. Der Druck auf meine Brust ist groß, meine Kraft zieht sich aus meinem Körper zurück, weicht aus Händen und Beinen, um sich in meiner Brust zu sammeln und gegen meine Brust zu drücken. „Ich muss zu meiner Prüfung", sage ich leise. Erneut steigen Tränen in Mamas Augen. „Ok!", sagt sie. Ich drehe mich um, sehe Mama noch aus den Augenwinkeln, wie sie dasteht, komplett verloren, einsam, alleine. Und so voller Traurigkeit. Ihr Gesicht sieht älter aus, die Augen wirken schwer und eingefallen. Die Haut scheint schlaff, das Strahlen fehlt. Ihre Hände hängen an den Seiten, als ob sie nicht zu ihrem Körper gehören würden.

Mein Herz rast. Der Druck, er ist stark, ich kann kaum atmen. Gehe die Treppen hoch, Stufe für Stufe. Meine Füße fühlen sich an, als ob sie eingeschlafen wären; meine Hände sind kalt. Mein Kopf dröhnt. Bei jedem Schritt, den ich von Mama weggehe, wird der Schmerz stärker. Was wird sie jetzt tun? Wo geht sie hin? Sie hat wohl niemanden. Was hätte ich machen können? Ich bin so traurig, ich kann mit dieser Situation nicht umgehen. Ich müsste Mama helfen, doch ich weiß nicht wie.

Ich betrete die Klasse. Der Lehrer sieht mich tadelnd an, ist bereits dabei, einen Schüler zu prüfen. Ich murmle eine Entschuldigung. Setze mich an meinen Platz. Konzentriere dich jetzt, denk an Mathe, erinnere ich mich. Versuche verkrampft, die gelernten Vorgehensweisen in meinen Kopf zu rufen. Meine Hände zittern. Ich streiche mir über die Schläfen, fahre nervös durch mein Gesicht. Versuche, tief zu atmen. Und werde auch schon nach vorne gerufen. Der Lehrer sieht von oben auf mich herab, er scheint immer noch verärgert zu sein. Mein Bauch zieht sich zusammen, als ich nach der

Kreide greife. Ich stütze mich etwas an der Tafel ab, mir ist schlecht. Ich höre, wie der Lehrer eine Aufgabe diktiert, versuche, die Worte, die ich höre, zu meinem Gehirn durchdringen zu lassen. Rechnen. Doch in meinem Kopf rauscht der Nebel. Wirre Gedanken rasen durch die Windungen meines Gehirns, ohne sich einfangen zu lassen. Ich runzle die Stirn, versuche krampfhaft, zur Ruhe zu kommen und mich auf Mathe zu besinnen. Schüttle mich leicht. Meine Hände sind kalt und schweißnass. Ich streiche wieder über meine Stirn, als wollte ich schlechte Gedanken von außen löschen. Meine Knie zittern, meine Ohren rauschen, mein Herz schlägt schneller und schneller, es rast regelrecht und hämmert pausenlos und mit voller Wucht gegen meine Brust. Ich kann nicht atmen, krieg keine Luft. Versuche, verzweifelt nach Luft zu schnappen, wie ein Fisch. Doch es funktioniert nicht, ich komme nicht mehr gegen den Druck an. Bilder rasen durch meinen Kopf, ich sehe Mama, ihre Tränen, ihre Traurigkeit. Ganz alleine steht sie auf dem kalten Betonboden, den Blick zu Boden gesenkt. Um Mama herum fängt alles an, sich zu drehen; mein ganzer Körper zittert, ich versuche wieder, Luft zu schnappen. Höre in weiter Ferne, wie der Lehrer vorwurfsvoll die Übung erneut diktiert, ich schlucke, will die Hand zur Tafel heben, doch sie fällt nach unten, die Kreide wird zu schwer, kann sie nicht mehr halten, sie fällt. Die Kraft entweicht aus meinem Körper. Atmen. Stark sein. Ich kann nicht mehr. Konzentrieren. Ich will nicht mehr. Der Raum tanzt um mich herum, alles verschwimmt, die Füße lösen sich unter meinem Körper auf. Ich gebe auf, kämpfe nicht mehr dagegen an, rutsche wie ein Sack zu Boden. Nicht mehr. Nein. Nein. Nein. Vorbei. Ich kann nicht mehr.

Der kühle Boden fühlt sich angenehm an auf meiner Haut. Lindert das Brennen auf meinem Gesicht. Trägt mein Gewicht. Trägt die Last, die ich nicht mehr ertragen kann. Es tut gut, entspannt ein wenig meinen Körper. Mein Ohr hört die Ruhe, die im Boden ist. Meine Beine, mein Bauch, meine Arme, mein Kopf, jeder Zentimeter wird gehalten von dem starken Untergrund. Ich bleibe einfach so liegen. Am liebsten für immer.

Einfach nicht mehr aufwachen, nicht mehr zurückkommen in diese Welt.

Vor meiner Nasenspitze bewegen sich Schuhe. Meine Klassenkameraden sind neben mich getreten, ebenso der Lehrer. Meine Freunde sind bestürzt, aufgeregt, besorgt. Sie versuchen, mir wieder auf die Beine zu helfen. Ich möchte liegenbleiben, einfach nicht mehr da sein. Bin benommen, mir ist schwindelig. Mein Herz rast immer noch. Mein Körper ist so schwer, leistet argen Widerstand. Er will nicht aufstehen. Langsam komme ich mithilfe der anderen wieder auf die Beine. Zittern. Übers Gesicht streichen. Der Lehrer sieht mich vorwurfsvoll an. Er scheint zu denken, dass ich unvorbereitet war und gerade eine Show abziehe. Ich sage nichts. Konzentriere mich, das Gewicht meines Körpers zu tragen, das in den letzten Minuten so viel mehr geworden scheint.

An beiden Seiten gestützt verlasse ich die Klasse. Setze mich draußen im Gang auf einen Stuhl. Trinke einen Schluck Wasser. Und fange an zu weinen. Schäme mich. Versuche, mir die Tränen zu verkneifen. Weine weiter, voller Verzweiflung. Die anderen streichen über meinen Rücken, sehen mich fragend an. „Alles gut", murmle ich mit gesenktem Blick. „War bloß die Aufregung, ich hab zu viel gelernt." Schlage wieder beide Hände vors Gesicht, wische die Tränen von meinen Wangen. Flüchte ins Bad, um mit kaltem Wasser mein Gesicht zu waschen. Durchatmen. Verdammter Mist.

Die Stunde ist vorbei. Noch im Hinausgehen wirft der Lehrer mir einen Blick zu, der nicht besonders freundlich ist. Für die nächste Stunde muss ich noch besser vorbereitet sein, er wird mich nicht ungeschoren davonkommen lassen.

*

Mama war wieder zu Hause bei meinem nächsten Besuch. Alles beim Alten. Immer dasselbe. Das Schuljahr zieht an mir vorbei, mit seinen Höhen und Tiefen. Wir fahren auf Klassenfahrt, haben richtig Spaß. Scherzen mit den Lehrern, flirten mit italienischen Jungs, sehen Sehenswürdigkeiten an, genießen das Leben. In der Schule fleißig lernen, an den Wochenenden ausgehen. Im Winter Snowboard fahren, den Hang herunter-sausen, im Sommer ausreiten. Ich suche intensive Momente, um mich selbst spüren zu können. Ich bade im kalten Wasser des Bergsees, genieße es, die frische Luft zu atmen.

Ich möchte unbedingt die schönen Seiten des Lebens genießen. Ich freue mich, wenn ich zu Hause bin, ich kann die positiven Dinge im Leben bewusst wahrnehmen. Ich spüre das Feedback der anderen. Doch leider alles immer nur für einen Moment, nur ganz kurz. Dann fordern die Leere und die Einsamkeit ihren Platz zurück. Ich versuche, ihn unauf-hörlich wieder zu füllen. Ich versuche, auch, die Freundschaft der anderen zu spüren, versuche ihnen und der Freundschaft zu vertrauen. Jede Aufmerksamkeit bewusst wahrzunehmen. Manchmal schaffe ich auch das kurz. Doch dies zu speichern, klappt nicht. Jedes positive Gefühl dauert immer so lange, wie der jeweilige Moment. Um dann wieder zu kippen. Es ist anstrengend. Doch ich will glücklich sein. Mit all meiner Kraft. Mit ganzem Herzen.

*

Ich bin nun in der dritten Klasse, sechzehn Jahre alt. Seit drei Monaten habe ich wieder einen Freund. Im letzten Jahr hatte ich auch eine Beziehung, vier Monate hatte diese angehalten. Doch ich wollte lieber frei sein, genießen, habe die Beziehung also beendet. Gefühlskram war nichts für mich. Naja, eine Zeit lang gut und schön, doch dann hatte ich genug davon. Viel lieber mag ich machen, wozu ich gerade Lust habe, wenn ich denn mal Freizeit habe. Beziehung fühlt sich dann schnell einengend, ein bisschen klettig an. Darum habe ich ein Jahr in Freiheit genossen und mich dann erneut verliebt.

Ich suche mir die Männer aus, in die ich mich verliebe. Ich halte die Zügel in der Hand, jederzeit. Blindlings in die Liebe stürzen, so etwas kenne ich nicht. Staune und wundere mich, wenn meinen Freundinnen so etwas passiert. Und sie anschließend weinen. Wegen eines Mannes weinen würde ich niemals. Das Leben ist doch viel zu schön. Und wie bitte kann man bloß jemandem Vertrauen schenken und sich verlieben, wenn der dann anschließend verletzt? So etwas ist mir ein Rätsel. Doch meine Freundinnen scheinen nicht diesen siebten Sinn für andere Menschen zu haben, über den ich verfüge. Ich bemerke vorzeitig, mit welcher Absicht Menschen sich mir nähern und checke das auch gründlich ab, bevor ich mich jemandem nähere. Manches Mädchen scheint da anders vorzugehen, sich blind in etwas stürzen, um dann zu sehen, was passiert. Wie dumm das doch ist.

Jetzt bin ich also verliebt. Er ist echt süß, legt mir die Welt zu Füßen. Ich genieße es. Wir treffen uns am Wochenende, tanzen, küssen, haben Spaß. Unter der Woche schreiben wir SMS. Er beteuert mir, wie wichtig ich für ihn bin. Alles ist sehr unbeschwert, genauso, wie ich es mag. Inmitten meiner Freunde mit einem tollen Kerl an meiner Seite. Momentan läuft es echt gut. Papa ist eifersüchtig, wenn ich einen Freund habe. Eigentlich ist für ihn keiner gut genug. Mein Freund darf nicht zu uns ins Haus, und wenn er mich abholt, dann sollte er mich nicht vor seinen Augen küssen. Ich schmunzele. Jaja, mein Papa. Er meint das bestimmt gut. Ich bin doch schließlich seine einzige Tochter; klar will er nur das Beste für mich!

*

Ein ganz besonderes Wochenende steht vor der Tür. Es ist Anfang November, Allerheiligen. Am zweiten November gibt es jedes Jahr einen großen Markt bei uns, alle treffen sich dort, es wird den ganzen Tag gefeiert. Dieser Markt ist sozusagen der Höhepunkt des Jahres. Dort trifft man jeden aus der Gegend, selbst Bekannte von weiter her kommen extra zu diesem Anlass. Ich habe mich mit vielen Menschen verabredet. Freunde und Bekannte aus meinem Dorf, Schulfreunde, alle werden da sein. Und ich werde bestimmt jede Menge neuer Gesichter kennenlernen. Voller Vorfreude trete ich im Bus den Heimweg an. Wie üblich warten meine Pferde bereits auf mich, die Hunde begrüßen mich, die Gänse schnattern aufgeregt. Ich bin zu Hause. Jetzt im Herbst ist es einfach bezaubernd schön hier. Ich esse schnell, sattle dann mein Pferd. Muss unbedingt noch raus, über die Felder galoppieren. Alle Wiesen sind bereits gemäht, darum darf man jetzt auch querfeldein reiten. Ich atme tief durch, es ist bereits ziemlich kühl. Die Felder sind an manchen Stellen braun, bunte Blätter säumen die Wiesen und Wege. Die Sicht ist klar, ich sehe den See, am Ende des Tales den Gletscher, der in den Himmel ragt. Wahnsinn, ich bin einfach glücklich. Während ich mein Pferd spüre, das rhythmisch mit jedem Muskel seinen schweren Körper nach vorne schiebt, die Erde unter seinen Hufen mit lautem Klappern hinter sich lässt, schließe ich für einen Moment die Augen. Inhaliere diesen Moment. Ein Lächeln huscht über mein Gesicht. Das ist Leben. Es fühlt sich unbeschreiblich gut an.

Am Abend will ich noch in die Dorfbar, gemeinsam mit meinen Brüdern. Mama ist heute zu Oma gefahren, Allerheiligen fährt sie immer dorthin. Das ist Brauch. Sie fährt mit dem Bus, könnte also etwas später werden, bis sie wieder kommt. Wir laufen gemeinsam los. Unterhalten uns auf dem Weg ins Dorf. Haben uns viel zu erzählen. Heute sind nicht viele Menschen unterwegs, viele verbringen die Zeit zu Hause mit ihren Familien. Und ruhen sich aus für den großen Markt. Wir wollen Billard und Darts spielen. Es macht großen Spaß, mich mit meinen Brüdern zu messen. Sie sind gut, ich muss mich richtig anstrengen, wenn ich eine reale Chance haben will. Aber ich gebe niemals auf, kämpfe. Und schlage mich wacker. Wir unterhalten uns gut.

Seit wir abends gemeinsam losziehen, hat sich unser Verhältnis untereinander deutlich verbessert. Wir verstehen uns gut, streiten nur mehr selten. Ich bin stolz auf meine Brüder und sie stellen mich ihren Freunden vor. Ich genieße es, wenn wir gemeinsam unterwegs sind. Die erste Partie Billard hat mein Bruder gewonnen, ich will eine Revanche. Wir lachen laut, eben hat jemand einen Witz erzählt, der ist echt zum Schieflachen komisch. Ich kichere und wende mich wieder zum Billardtisch, als jemand mit einem lauten Krach die Tür aufstößt und im Laufschritt zu uns kommt. Es ist ein Mädchen aus unserem Dorf. „Schnell, schnell! Eure Mama!" Ich lasse den Stock fallen, den ich in der Hand halte und laufe noch in derselben Sekunde zur Tür hinaus, gefolgt von meinen Brüdern. Hatte keine Zeit nachzudenken, handle instinktiv. Das Blut gefriert in der nächsten Sekunde in meinen Adern, während ich nach draußen laufe. Ich halte den Atem an, als ich die wenigen Stufen vor der Tür empor eile, schubse jemanden zur Seite, der mir den Weg versperrt.

Sie steht da. Ich atme scharf ein, das Bild brennt sich in mein Herz, bevor es in tausend Scherben zerspringt. Meine Seele löst sich auf, ist einfach nicht mehr da. Mama trägt ein weißes Unterhemd, das an der einen Seite zerrissen ist und flattrig über die Schulter hängt. Sie trägt einen Hausschuh, bloß den einen, der andere Fuß ist nackt. Ihre Brust ist von Flecken übersät, am Hals sind förmlich die Abdrücke von Fingern abgezeichnet, sie scheint gewürgt worden zu sein. Die eine Schulter hängt leicht schief.

Mein Blick wandert nur zaghaft hoch zu ihrem Gesicht, meine Augen weiten sich im Schock. Fast glaube ich, mich erbrechen zu müssen. Nein!!!!!! Das Stechen in der Brust reißt mich fast zu Boden. Die roten Ameisen scheinen heute ihre komplette Siedlung mitgebracht zu haben, um meinen Körper in doppelter und dreitacher Ausführung zu durchwandern und leer zu fressen. Die Fingerspitzen kribbeln. Ich schaue Mama ins Gesicht. Ohne den Hinweis von vorhin wäre ich mir nicht sicher, dass es Mama ist. Ihr Gesicht ist kaum zu erkennen, es ist komplett zermatscht. Die Lippe ist aufgeschlagen und zur doppelten Größe angeschwollen, Blut läuft über das Kinn und tropft auf das weiße Unterhemd. Die Nase ist unförmig; die Konturen zwischen Wangen und dem restlichen Gesicht scheinen zu verlaufen, und alles geht einheitlich ineinander über. Das rechte Auge ist kaum noch zu sehen, es schließt sich unter einer dicken, roten Beule. Ich gehe zitternd zu ihr hin, handle wie ferngesteuert, bemerke gar nicht, dass mein Körper sich bewegt.

Menschen stehen um uns herum, alle beobachten mit weit geöffneten Mündern dieses schockierende Bild. „Es tut mir so leid", wimmert Mama. Sie weint ganz leise. „Für euch tut mir das alles so leid." Sie schluchzt. Ich stütze sie leicht an der einen Schulter. Mein Gesicht zeigt keine Regung. Obwohl ich heftige Schmerzen spüre, kommt kein Signal eines Gefühls bis zu meinem Gehirn durch. Ich muss jetzt stark sein. „Alles wird gut", murmle ich leise. „Es tut mir so leid", wiederholt sie. Sie scheint in einem schockartigen Zustand zu sein, ich auch.

Ein Rettungswagen hält neben uns, ich weiß nicht, wer ihn bestellt hat. Zwei Männer stützen Mama, legen sie auf eine Trage. Schieben die Trage in den Wagen. Ich folge ihr. Setze mich auf den einen Sitz, direkt am Kopfende der Liege. Die Blicke der anderen folgen uns, immer noch sprachlos und voller Entsetzen. Dann schließt sich die Tür. Der Wagen rollt los. Ich halte Mamas Hand, während einer der Männer ihre Wunden versorgt. „Es tut mir so leid", wimmert Mama wieder. „Ich wollte so etwas nie für meine Kinder." Unaufhörlich laufen die Tränen über ihr Gesicht, dessen Anblick sich so sehr in mir einbrennt. Ich ziehe die Decke etwas fester um ihren Körper, sie fröstelt. Erst jetzt wird mir bewusst, dass Mama fast nackt in der Kälte gestanden hat. Ich nehme das Tuch, das der Mann mir stumm reicht und tupfe vorsichtig das Blut von ihrem Gesicht. „Denk jetzt nicht daran, Mama. Uns geht es gut, es ist alles ok. Jetzt kümmern wir uns erst einmal um dich! Wir sind in Sicherheit." Sie wimmert weiter vor sich hin. Ich bin in meiner Beschützerfunktion. Jetzt, wo es doch eigentlich zu spät ist. Ich war nicht da, als Mama mich gebraucht hat. Darum haben auch jetzt meine Gefühle kein Recht, sich zu beschweren. Ich bin stark, versuche, Mama wieder Kraft zu geben. Versuche, nicht daran zu denken, was vorgefallen ist.

Ignoriere den Gedanken daran, dass dies allem Anschein nach hätte noch viel schlimmer enden können. Ich erlaube mir keine Gefühlsregung, um Mama zu beruhigen. Ich schiebe meine Seele, die plötzlich wieder da zu sein scheint, laut weint und jammert, sich vor Schmerz krümmt und windet, einem Zusammenbruch nahe ist, einfach energisch und mit Schwung beiseite. Jetzt ist nicht der richtige Moment für Gefühlsduselei und Schwäche. Reiß dich gefälligst am Riemen! Ich streiche ganz vorsichtig über Mamas Gesicht, sie klammert sich fest an meine Hand. Die Fahrt ins Krankenhaus scheint endlos zu sein. Doch sie hat sich etwas beruhigt. Zwischendurch scheint sie einen kurzen Moment einzudösen, dann weint sie wieder lautlos vor sich hin. Ein Seufzer entfährt meinem Mund. Wir sind am Krankenhaus angekommen. „Wir sind da, Mama. Jetzt wird alles gut! Versprochen!"

Ein Arzt spricht mit uns. Mama muss erzählen, was vorgefallen ist. Sie bringt kaum ein Wort über die Lippen. Ist viel zu aufgelöst, hat große Schmerzen und ist immer noch verwirrt. Sie erzählt, dass Papa sie in der Küche in eine Ecke gedrängt hat. Er hat ihren Hals gewürgt, wieder und wieder mit geschlossener Faust auf sie eingeprügelt. Sie dachte, sie würde sterben. Konnte sich in letzter Sekunde losreisen, als er den Griff für einen Augenblick löste. Sie ist zur Hintertür hinausgelaufen, quer über unser Grundstück, obwohl sie doch fast nackt war. Sie wollte einfach irgendwo hin, wo Menschen sind, um zu verhindern, dass er sie umbringt. In der Nähe des Hauses ist eine Bar, dort ist sie hingelaufen. Papa hat erst versucht, sie noch einzuholen, hat dann aber kehrtgemacht, als er gemerkt hat, dass Menschen aufmerksam werden. Jemand in der Bar wusste, wo wir uns aufhalten und hat Mama dann zu uns gebracht.

„Eine Meldung muss gemacht werden", sagt der Arzt. Er begutachtet die vielen Verletzungen. Dann wird die Liege in den Gang geschoben, wir warten. Eine Reihe von Untersuchungen steht an. Ultraschall, Röntgen. Es geht von einem Zimmer ins andere. Ich bleibe auf Schritt und Schritt bei Mama. Ignoriere die Müdigkeit, die langsam aufkommt. Versuche nur, ihr die Angst zu nehmen. Versichere ihr, dass ich auf ihrer Seite bin. Dass ich hinter ihr stehen werde und dass nun endlich etwas geschehen muss. So kann es nicht weitergehen. Mama pflichtet mir bei. Zum ersten Mal scheint sie einzusehen, dass ihr Kampf um eine intakte Familie sinnlos ist. Die Schlacht ist verloren.

Es ist früher Morgen, als Mama in ein Zimmer gebracht wird. Sie darf sich in ein Bett legen, schlafen. Die Prognose des Arztes höre ich nur noch in weiter Ferne. Quetschungen, Prellungen. Zum Glück ist nichts gebrochen. Ich verabschiede mich, lasse Mama schlafen. Gehe aus dem Krankenhaus, mein Kopf ist leer, mein Herz schwer wie Blei.

Mein Bruder wartet bereits auf mich. Er ist gekommen, um mich abzuholen. Wir sind uns einig, diesmal ist Papa zu weit gegangen. Er darf nicht wieder ungeschoren davonkommen. Wir wollen Mama unterstützen, damit sie nie wieder in Gefahr gerät.

*

Papa sitzt am Frühstückstisch, als wir den Raum betreten. Er lächelt mich strahlend an. „Na, mein Mädchen, wo warst du denn?"

Ich schaue ihn an, total entgeistert. Ist das sein Ernst? Nach dem, was passiert ist, tut er so, als ob nichts wäre? „Ich war mit Mama im Krankenhaus. Die ganze Nacht", entgegne ich mit monotoner Stimme. Ich kann es nicht glauben, dass er so gewissenlos ist. Die Auswirkungen seiner Tat müssen ihm doch bewusst sein? Ich weiß nicht mehr, was ich sagen soll, bin total perplex.

„Wie geht es Mama denn?", fragt Papa scheinheilig.

Ich würde ihn am liebsten anbrüllen. Ich möchte schreien, ihn schubsen. Wie soll es Mama bitte gehen, nach all dem, was du ihr angetan hast? „Es geht ihr sehr schlecht", sage ich nur.

Und kann es nicht fassen, als ich seine Antwort höre. „Richte ihr bitte einen schönen Gruß von mir aus. Sage ihr, dass ich dieses Mal leider mein Werk nicht vollenden konnte. Nächstes Mal wird sie bestimmt nicht mehr vom Boden aufstehen!"

Ich schaue starr in Papas Gesicht. Sehe sein Lächeln. Mir schaudert. Ich brauche jetzt ganz dringend eine Zigarette. Ich gehe auf den Balkon, ziehe tief am Glimmstängel in meiner Hand. Blicke über den See, doch nehme nichts wahr. Die Bilder erreichen mein Inneres nicht. Ich bin total erschöpft. Am Ende meiner Kräfte. Fühle mich kalt, irgendwie ausgeschaltet.

Ich weiß nicht, was ich fühle. Vielleicht fühle ich auch nichts. Ich kann mich nicht mehr spüren. Nur mein Körper fühlt sich schwer an, jeder einzelne Muskel, jedes Organ scheint wie Zement gegen die leere Hülle meiner selbst zu drücken.

Mein Freund schreibt mir eine SMS. Er wünscht mir einen guten Morgen. Sagt mir, dass er mich liebt. Fragt, wie es mir geht. Ob wir uns heute sehen. Ich antworte, dass es mir gut geht, dass ich ihn aber nicht mehr sehen möchte. Er ruft sofort an. Ganz aufgeregt, schockiert. Was los ist, fragt er mich. Nichts ist meine Antwort. Ich habe bloß keine Lust mehr, dich zu sehen. Ich liebe dich nicht mehr. Ganz einfach. Er versteht die Welt nicht mehr. Ob denn etwas vorgefallen sei, fragt er mich. Wir gehören doch zusammen. Wir lieben uns. Nein, es ist nichts vorgefallen. Bei mir ist alles gut. Ich will bloß einfach meine Ruhe haben, frei sein. Ich mag nichts mehr von dir hören. Finde dich damit ab. Ich beende das Gespräch. Denke nicht weiter darüber nach. Ich fühle nichts. Ich kann einfach nichts mehr fühlen. Und ich kann keine Nähe mehr ertragen.

*

Später gehe ich mit meinen Brüdern zum Markt. Das Event des Jahres, auf das ich mich so gefreut habe. Wir trinken erst noch einen Kaffee in der Bar. Treffen dort auf Bekannte, Nachbarn, Menschen aus unserem Dorf. Sie grüßen freundlich. Fragen mich beiläufig, wie es mir geht. Wünschen einen schönen Tag. So, wie man das eben macht, so, wie es als wohlerzogen gilt. Sie fragen so, wie man jeden im Vorbeigehen fragt. So, wie man fragt, wenn man keine Antwort erwartet. Eine Floskel eben. Sie tun so, als ob alles beim Alten wäre. Obwohl sie genau wissen, dass nichts beim Alten ist. Einige von ihnen haben die Szene gestern Abend miterlebt. Die anderen haben bereits davon gehört. In unserem Dorf leben ein paar hundert Menschen, jede Nachricht verbreitet sich hier wie ein Lauffeuer. Jeder weiß über jeden Bescheid. Ich weiß, dass die Menschen darüber gesprochen haben, bevor wir den Raum betreten haben. Doch alle tun so, als ob nichts wäre.

Ich spiele das Spiel mit. Danke, mir geht es gut. Bei dir, alles klar? Ich fühle mich in diesem Moment einsamer als je zuvor in meinem Leben. Dieses Gefühl ist dermaßen erdrückend, entwürdigend, mir fehlen die Worte, um diese Empfindung zu beschreiben. Tiefer kann ich nicht mehr sinken. Ich fühle mich komplett wertlos, durchsichtig, unwichtig. Und vollkommen alleine auf dieser Welt. Es interessiert keinen Menschen, wie es mir geht. Diese Erkenntnis hatte ich schon früher gemacht, dennoch trifft sie mich jetzt wie eine Faust in die Magengegend. So offensichtlich war es noch nie. Ich versuche, zu lächeln. Versuche, diesen Tag irgendwie hinter mich zu kriegen. Small Talk, Leute treffen, über sinnfreie Themen sprechen. Freude heucheln. Ich schwöre mir, tief in meinem Herzen, nie wieder in meinem ganzen Leben meine wahren Gefühle zu zeigen. Niemandem. Ich fühle mich in diesem Moment ausgeliefert und an der ausgestreckten Hand fallen gelassen. Von jedem einzelnen Menschen, der mich kennt. Es ist so entwürdigend, so unfassbar, dieses Gefühl.

Ich versuche, mir selbst auf vernünftige Art klar zu machen, wie schwer es doch für die Menschen ist, die richtigen Worte zu treffen. Die meisten wissen bestimmt nicht, was sie jetzt zu mir sagen sollen. Aber die Vernunft interessiert mich gerade einen feuchten Dreck, um ehrlich zu sein. Ein Blick, eine Geste, ein ernsthaft interessiertes: „Wie geht es dir denn wirklich?", würde schon ausreichen, um mich ein klein wenig aufzufangen. Doch nichts. Die Finsternis in meinem Inneren verschlingt mich mit Haut und Haar und gibt mich nicht mehr frei.

*

Am Sonntagabend fahre ich mit dem Bus ins Internat zurück. Ich unterhalte mich mit den anderen, versuche, so wenig wie möglich nachzudenken. Das klappt auch ziemlich gut; mein Kopf ist geschult darin, solche Situationen irgendwie zu überstehen. Zwar kostet es sehr viel Kraft und Energie, die Gedanken zu verdrängen, zu lächeln, mich mit normaler Geschwindigkeit zu bewegen. Mein Körper versucht zwischendurch, mir einen Strich durch die Rechnung zu machen, er fühlt sich schwer und träge an, möchte lieber die verfügbare Energie meinem Inneren zur Verfügung stellen. Doch ich kann mich kontrollieren.

In der Nacht werde ich von fürchterlichen Albträumen gequält. Ich träume, dass Papa sich ins Krankenhaus einschleicht und Mama erwürgt, in ihrem Bett. Er legt beide Hände um ihren Hals und drückt mit aller Kraft zu, während er ihr mit ausdrucksloser Miene erklärt, was für ein dummer, wertloser Mensch sie doch sei. Sie versucht panisch, sich zu wehren, ringt mit aller Kraft um ihr Leben. Ihre Augen sind vor Entsetzen weit geöffnet, ihr Mund ringt nach Luft, röchelt. Sie versucht, zu kämpfen. Hat keine Chance. Sie stirbt. Sein Gesicht ist jetzt eine fürchterliche Fratze. Ich habe solche Angst und kann weder Mama zu Hilfe kommen, noch aus der Szene fliehen. Ich versuche, um Hilfe zu schreien, doch aus meinem Mund kommt kein Wort. Ich versuche, Papa abzuhalten, doch ich bin unsichtbar. Ich versuche, wegzurennen, doch meine Beine sind eingefroren. Als Mama nicht mehr atmet, dreht Papa sich um; jetzt kann er mich sehen. Diese Fratze, sie fixiert mich mit ihrem Blick. Er kommt auf mich zu, mein Herz rast, ich zittere, ich versuche, zu entkommen, doch nichts funktioniert. Jetzt bin auch ich dran, er wird mich töten. Panik pur, ich kann mich einfach nicht bewegen, bin vollkommen ausgesetzt dieser Gefahr, dieser Angst, dieser Hilflosigkeit. Papa steht jetzt vor mir, hebt die Hand. Ich weiß, dass ich jetzt sterben muss. Weil ich gesehen habe, dass er Mama getötet hat. Seine Hand schnellt mir entgegen, direkt auf mein Gesicht zu. Ich zucke zusammen. Die Angst ist unendlich groß. Mein Atem flach und schnell. Die Hand erreicht mein Gesicht, ich sehe im Hintergrund Mamas Leiche, Blut. Ich warte auf den Schlag, die Schmerzen. Da streicht Papas Hand ganz vorsichtig über mein Gesicht, liebkost meine Wange. Das Gesicht, die fürchterliche Fratze, lächelt mich an. Es ist absurd. „Na, mein Mädchen! Alles gut bei dir?" Die Hand streicht durch mein Haar. Mich fröstelt. Eiskalter Schauer läuft über meinen Rücken, meinen ganzen Körper entlang. Ich schrecke hoch. Mein Herz rast. Ich atme schnell. Schweißnass. Ich bin in meinem Bett. Es war nur ein Traum.

Das Schlimmste daran ist, dass diese Träume immer wiederkehren. Dass sie sich immer real anfühlen. Dass ich sie lebe, selbst im Traum. Ich bin komplett eingebunden und darum am Morgen total erschöpft und emotional am Ende.

*

Am Montagmorgen gehe ich zur Schule. Alles nimmt seinen normalen Lauf. Niemand kann ahnen, wie schrecklich mein Wochenende war. Ich sage kein Wort. „Na, wie war der Markt?", fragen mich meine Mitschüler: „Hattest du Spaß?" „Ach, es war nichts Besonderes", antworte ich. „Ich war nicht so gut gelaunt. Aber alles in allem war es okay, habe viele Leute getroffen." Somit war das Thema vom Tisch. Der Unterricht beginnt. Latein, Grammatik. Ich öffne das Buch und das Heft, sammle meine Konzentration. Ruhe kehrt ein, es wird still in der Klasse.

In der Stille beginnt mein Kopf, zu toben. Jetzt, wo alle äußeren Reize, die mir das Ablenken ermöglichen, verstummen, bricht in meinem Kopf das Chaos aus. Bilder, Gedanken und Gefühle überschlagen sich förmlich, stürzen allesamt ohne Vorwarnung und haltlos auf mich ein. Es trifft mich wie eine Lawine, überrollt und begräbt mich unter sich. Ich versuche, Ruhe zu bewahren, die auf mich einstürzende Flut aufzuhalten, wieder Ordnung im Kopf zu schaffen, doch es gelingt mir nicht. Mein Herz fängt an zu rasen, meine Hände und meine Stirn sind schweißnass. Ich balle die Hände zu Fäusten, versuche krampfhaft, nicht die Kontrolle zu verlieren. Ich bringe meine gesamte Kraft auf, spanne meinen Körper an. Fange an zu zittern, erst die Hände, dann der ganze Körper. Sum, es, est, sumus, estis, sunt. Ich lese wieder und wieder dieselben Wörter, versuche verzweifelt, lateinische Grammatik zu lernen. Nicht an das zu denken, was vorgefallen ist. Sum, es, est, sumus, estis, sunt. Ich bin, du bist, er ist … Die Last auf meinen Schultern ist immens, meine Brust schwer wie

Blei. Ich versuche, normal zu atmen, doch die Luft wird mir zunehmend abgeschnürt. Ich fange an zu röcheln, es ist, als ob mein Mund nicht mehr in der Lage wäre, die Luft in den Hals zu befördern. Beängstigend, ich bekomme einfach keine Luft. Eine Träne läuft über mein Gesicht. Verdammt, warum schaffe ich es denn nicht, Latein zu lernen. Eine zweite Träne folgt, lautlos.

Mein Bewusstsein ist in diesem Moment nicht traurig über das Vorgefallene, sondern traurig und verzweifelt, weil es die Ereignisse nicht mehr beiseiteschieben kann, und es nicht schafft, weiter zu lernen, unauffällig zu sein. Mir ist schwindelig, ich nehme schnell einen Schluck Wasser aus der Flasche, doch der erwünschte Effekt der Beruhigung bleibt aus. Was soll ich machen? Ich kann nicht mehr! Meine Brust schmerzt so sehr, mein Körper gerät langsam aber sicher in Panik, mein Kopf wird von Bildern bombardiert und schafft es nicht länger, dagegen anzukämpfen.

„Ich muss hier raus!", flüstere ich meiner Banknachbarin zu. Sie reagiert nicht gleich, erst als sie die Verzweiflung in meinem Gesicht sieht, die einzelnen Tränen und meine zitternden Hände bemerkt, wird ihr die Lage bewusst. Ich kann nicht mehr atmen. Bringe die Kraft nicht auf, mich zu erheben und aufrecht zu gehen. Gestützt von zwei Mitschülern verlasse ich die Klasse, der Lehrer sieht uns skeptisch an. Vor der Klasse ist es nun endgültig aus. Mein Körper zieht sich krampfartig zusammen, Bäche aus Tränen strömen über mein Gesicht. Ich versuche, jeden Laut zu vermeiden, es ist so was von bescheuert, vor anderen zu weinen. Der Druck auf meine Brust wird stärker, ich versuche verzweifelt, zu atmen. Hyperventilieren, dieses Wort habe ich schon einmal gehört. Ich hyperventiliere. Drohe in Ohnmacht zu fallen. Weiß nicht, was ich tun soll. Meine innere Stimme schreit und schreit, sie hört einfach nicht mehr auf. Sie schreit so schrill, dass mein Kopf schmerzt und sticht. Sie soll endlich still sein, meine innere Stimme! Meine Seele hingegen weint verzweifelt, sie findet keinen Halt mehr, dreht und wendet sich hektisch nach allen Seiten, vergeblich. Tiefe Wunden haben sich durch sie hindurch gebohrt. Sie kann nicht mehr, die Verletzungen sind zu groß. In all dem Chaos versucht mein Kopf weiterhin, für Ordnung zu sorgen. „Reiß dich am Riemen, verdammt noch mal", sagt er mit ernster Stimme. Dann brüllt er: „Es reicht jetzt, geht's noch? Schäm dich doch, hier so ein Theater zu veranstalten!"

Ich versuche verzweifelt, gegen das Weinen, gegen die Krämpfe und die Verzweiflung anzukämpfen. Ich versuche, zu atmen. Es will einfach nicht funktionieren. Jemand reicht mir eine Tüte. Ich soll dort hineinatmen. Das soll helfen. Ich kann kaum aufrecht sitzen, der Schmerz nimmt meine komplette Kraft in Anspruch. „Was ist denn los?", fragen meine Mitschüler besorgt. Ich bleibe stumm. Äußere zwischendurch verworrene Sätze, von wegen „müde" und „keine Ahnung, ich fühl mich einfach nicht besonders heute". Die anderen sehen mich verwirrt und ratlos an. Fragen nicht nach, streichen vorsichtig über meinen Rücken und versuchen, mir Unterstützung, Kraft und Zuspruch zu geben. Sie spüren meinen Schmerz, können doch die Zusammenhänge nicht verstehen, weil meine Seele sich weigert, auch nur ein Wort aus meinem Mund entweichen zu lassen.

Ich versuche, mich zu sammeln. Keine Ahnung, wie lange dieser Ausbruch gedauert hat. Die Schüler kehren nach und nach in die Klasse zurück. Ein Mädchen bleibt bei mir. Erst gegen Ende des Vormittages nehmen auch wir wieder am Unterricht teil. Ich versuche es zumindest. Doch mein Kopf will heute einfach nicht funktionieren.

*

Ich muss zur Polizei. Soll eine Aussage machen, meine Version der Vorfälle schildern. Ich habe Angst; eigentlich möchte ich auf keinem Fall offiziell Partei ergreifen. Noch nie im Leben habe ich mich gegen Papa gestellt. Aber mir ist klar, dass mir in dieser Situation keine Wahl bleibt. Papa ist zu weit gegangen und Mama braucht jetzt meine Unterstützung. Außerdem kann ich das, was vorgefallen ist, mit meinem Gewissen nicht mehr vereinbaren, es muss Konsequenzen geben.

Ich soll jemanden mitbringen, der volljährig ist, um meine Aussage zu unterzeichnen. Wie bitte? Warum das denn? Die Person sollte aber nicht in die Vorfälle involviert sein. Mir läuft es kalt über meinen Rücken. Ist das ihr Ernst? Wo um Himmels willen soll ich eine Person auftreiben, die meine Aussage unterzeichnet? Wo ich doch mit niemandem darüber spreche? Es ist zum Verzweifeln, die ganze Situation ist niederschmetternd. Schweren Herzens mache ich mich auf dem Weg zu einem Mädchen aus dem Internat, das schon achtzehn Jahre alt ist. Ich erkläre ihr nur das Allernötigste, bitte sie mit gesenktem Blick, mich zu begleiten. Sie stimmt mir zu. Sitzt auf dem Polizeirevier neben mir, während ich von all den Vorfällen der letzten Jahre erzähle. Ich versuche, konzentriert die Abläufe wiederzugeben. So neutral, aber so real als möglich. Und ich versuche auszublenden, was dem Mädchen wohl durch den Kopf gehen mag. Sie tut mir leid. Was für ein Schock muss es wohl sein, so unvorbereitet all die schrecklichen Geschichten zu hören. Doch mein Blick ist starr auf den Tisch vor mir gerichtet. Ich erzähle alles, was mir wichtig scheint. Versuche alle Fragen gewissenhaft zu beantworten. Dann ist es endlich vorbei. Das Mädchen unterzeichnet das Protokoll. Als ob sie bestätigen könnte, was ich gesagt habe. Wir verlassen das Gebäude. Gehen ins Internat zurück, ohne ein Wort über das Vorgefallene zu verlieren.

Ich fühle mich mies. Gehe in mein Zimmer und lege mich ins Bett. Nicht ohne vorher im Badezimmer mithilfe meiner Rasierklinge meine Haut an den Oberschenkeln mit vielen, kleinen Schnitten zu durchziehen. Ich sehe zu, dass niemand meine Tränen sieht. Ich fühle mich so unendlich schwer. So unendlich müde. So voller Trauer. Und das Gefühl der Einsamkeit zieht sich zäh durch jede Faser meines Körpers. Schmerzhaft, unaufhaltsam.

*

Die nächste Zeit zieht wie in weiter Ferne an mir vorbei. Ich fühle mich betäubt. Dass Mama nun nicht mehr nach Hause zurückkehren wird, ist für alle klar. Wir sollen in einer Struktur des Frauenhauses untergebracht werden, zum Schutz. Mit gemischten Gefühlen besichtige ich die Einrichtung. Es sieht ganz nett aus, die Menschen sind freundlich. Die Wohnungen sind ansprechend eingerichtet, sogar mit TV. Aber ich weiß nicht, was ich von dem Gedanken im Allgemeinen halten soll. Ich müsste die Schule wechseln, ganz neu starten. Diese Vorstellung kann ich im Moment nicht wirklich bewerten oder einordnen.

Im Frauenhaus wären Menschen, die für uns da sind, die sich um uns kümmern und uns unterstützen; das finde ich gut. Ich wünsche mir schon lange, dass jemand uns die schwere Last von den Schultern nimmt. Dass jemand uns mit Rat zur Seite steht, uns erklärt, welche Möglichkeiten es gibt, wie man unsere Situation ändern könnte. Ich wage es nicht, die Initiative zu ergreifen und über all das zu sprechen. Ich hätte nie den Mut, würde mich nicht getrauen, könnte mich nicht überwinden. Aber ich würde mir wünschen, dass mir jemand diese Entscheidung abnimmt. Dass jemand diesen Schritt für mich macht. Dass jemand mit mir darüber spricht, so wie man eben auch über andere Dinge im Leben spricht. Und dass jemand vielleicht erkennt, dass diese Situation alles andere als einfach ist. Ich würde gerne hören, dass ich weder Schuld, noch Verantwortung trage für unsere Situation. Dass ich mir keine Sorgen mehr zu machen brauche, dass jemand da ist, der mich an die Hand nimmt und mir zeigt, wo es langgeht. Ich würde mich so gerne sicher fühlen. Rein die Anerkennung der Tatsache, dass es nicht leicht ist, dass die Situation wirklich sehr belastend ist, würde mir schon viel bedeuten. Ich getraue mich nämlich nie, das zuzugeben. Ich habe Angst, dass jemand glauben könnte, ich würde mich selbst zu wichtig nehmen. Es ist doch bestimmt sehr egoistisch, von eigenen Sorgen zu sprechen, wenn auch andere Menschen in derselben misslichen Lage sind. Wahrscheinlich leiden die anderen noch mehr darunter, und dann muss ich doch froh sein, dass es mir verhältnismäßig gut geht. Wie könnte ich es mir herausnehmen, mich selbst ernst zu nehmen.

Mama lehnt das Angebot, ins Frauenhaus zu ziehen, ab. Sie möchte nicht, dass wir die Schule wechseln müssen. Sie möchte, dass unser Leben so normal als möglich weiter geht, dass wir nicht noch mehr Verluste hinnehmen müssen. Das bedeutet, dass wir eine Wohnung suchen müssen. Und es bedeutet auch, dass ich das Internat verlassen werde. Mama möchte, dass wir jetzt zusammen sind. Nicht zuletzt ist hierbei für mich ebenso wie für die anderen der finanzielle Aspekt von Bedeutung. Das Internat kostet viel Geld, jeden Monat. Und von nun an muss Miete bezahlt werden. Wo doch jeder Cent bisher in den Hausbau gesteckt wurde, und wir ohne finanzielles Polster starten. Wir besichtigen Wohnungen, informieren, beratschlagen uns. Ich möchte eigentlich kein neues zuhause haben. Dieser Gedanke macht mich sehr traurig. Und die Wohnungen, die wir besichtigen, lösen ein beklommenes Gefühl in meinem Bauch aus. Hier gehöre ich nicht hin.

Schlussendlich entscheiden wir uns für eine Wohnung, die in der Nähe der Schulen ist. Eine Wohnung, die wir uns leisten können. Natürlich ist es nicht möglich, dass jeder wie bisher ein eigenes Zimmer bezieht. In der neuen Wohnung gibt es zwei Schlafzimmer, eines für die Jungs und eines für Mama und mich. Ich bin immer noch wie in Schockstarre, stimme all dem zu. Ich räume mein Zimmer im Internat, richte das neue Zimmer ein, gehe weiterhin zur Schule. Das Leben läuft wie in Ferne an mir vorbei. Ich sehe alles etwas verschwommen, mir ist dauernd schwindelig. Ich gehe in die Apotheke, dort gibt man mir Vitamine. Die helfen mir aber nicht. Dieser Zustand kostet mich sehr viel Energie.

In der Schule erlebe ich wieder und wieder Zusammenbrüche. Hyperventilieren, Schwindelanfälle, extreme Kopfschmerzen. Ich esse manchmal tagelang nichts, um dann in einen Fresswahn zu verfallen. Ich habe die Kontrolle über mich und meinen Körper vollends verloren. Gefühle gibt es nur noch in der extremen Variante für mich, alles, was dazwischen liegt, kann ich nicht spüren. Ich schreibe schlechte Noten, die Lehrer nehmen mir Kopfschmerzen und Übelkeit nicht ab. Ich kann es auch nicht beweisen, habe doch schließlich kein

Fieber oder andere messbare Symptome. Vielleicht bilde ich mir all das auch wirklich nur ein. „Man sieht genau, dass du nicht gelernt hast!", sagt eine Professorin, und ich muss die schlechte Klausur von Mama unterzeichnen lassen. „So geht das nicht weiter!", sagen andere Lehrer streng. Ich kriege die Kurve nicht. Ich lerne und lerne, schaffe es aber nicht mehr, den Stoff im richtigen Moment abzurufen. Ich kippe um oder habe Blackouts. Und der Druck in mir steigt, ebenso die Verzweiflung. Irgendwann ziehe ich es vor, nicht mehr in die Schule zu gehen, wenn Klassenarbeiten anstehen. Ich bleibe einfach im Bett. Weine. Versuche, die nicht enden wollenden Kopfschmerzen zu ertragen. Verstehe nicht, warum mein Körper mich so sehr im Stich lässt. Jetzt ist nicht einmal auf mich selbst noch Verlass.

*

Der Gerichtstermin steht an. Ich muss noch einmal meine Aussage machen. Mir ist kotzübel, ich möchte mich am liebsten in Luft auflösen. Finde keinen Ausweg, um dieser unerträglichen Situation zu entfliehen. Meine größte Sorge ist, dass Papa im selben Raum anwesend sein wird, und ich vor ihm Position gegen ihn beziehen muss. Doch dem ist nicht so. Richter sind im Raum und noch andere Menschen. Ich werde mich im Nachhinein nicht mehr an alle Details erinnern, denn die Situation ist dermaßen unangenehm, dass sie sich nicht real anfühlt. Eher so, wie ein Albtraum, aus dem man nicht entfliehen kann, doch den man so schnell wie möglich aus dem Kopf verdrängen möchte. Einfach ungeschehen machen. Sich selbst aus der Gegenwart entfernen, sich abtrennen von Geschehnissen, die unerträglich sind. Sich nicht weiter ausliefern an Situationen, die von Geist und Seele nicht mehr erfasst werden können, weil der Schmerz zu groß ist und zu einer Explosion führen würde.

Nachdem wir wieder in der Wohnung sind, gibt es keinen Ort für mich, an den ich mich zurückziehen könnte. Ich muss alleine sein, ich muss weinen, vielleicht schreien. Es irgendwie schaffen, diesem höllischen Mix an Emotionen in mir ein Ventil zu gewähren, um nicht den Verstand zu verlieren. Ich drehe nämlich schier durch, ich glaube, ich zerspringe bald in tausend Stücke. Der Druck auf meiner Brust lässt sich nicht mehr ertragen. Nein, ich halte es nicht mehr aus. Gehetzt, wie ein wildes Tier in einem viel zu kleinen Käfig, ich muss raus. Ich verliere den Verstand.

Ich ertrage es nicht, Mama zu sehen. Ich ertrage es nicht, die Fassade zu wahren. Und ich ertrage es nicht, an diesem Ort zu sein, an dem ich nicht sein will. zuhause würde ich jetzt mein Pferd satteln und durch den Wald galoppieren. Doch hier gibt es kein Pferd. Und keinen Wald. Hier gibt es nichts, keinen Zentimeter Raum für mich. Ich verlasse das Haus, schmeiße donnernd die Tür ins Schloss, sodass die Wände beben. Ich laufe die Treppen hinab, verlasse das Haus. Fühle mich gehetzt, getrieben. Ohne Ausweg.

Überall sind Menschen. Wo soll ich hin? Der Druck in mir nimmt weiter zu, ich muss es schaffen, ihn zu lösen. Ich kann es nicht mehr aushalten. Laufe die Straße entlang, mit starrer Miene. Renne, als ob ein Rudel Wölfe hinter mir her wäre. Biege ab in eine Seitenstraße, auch hier sind Menschen. Nein! Laufe durch eine Wiese, schon beginnen Tränen zu rollen. Verdammt, ich kann nirgendwo alleine sein. Ich halte es nicht aus. Verstecke mich hinter dem breiten Stamm eines alten Baumes. Hämmere mit den Fäusten gegen das harte, brüchige Holz. Ich möchte schreien, ich möchte loslassen, mich selbst verlieren. Doch halte die Anspannung, weil mich möglicherweise jemand hören könnte. Tränen strömen über mein Gesicht, mein Mund formt sich, um einem Schrei freien Lauf zu bieten; doch kein Laut ertönt. Meine Zähne beißen aufeinander, der Kiefer spannt sich krampfhaft an, bis es schmerzt. Ein Knurren ertönt, ein Wimmern. Ich habe Angst, zu explodieren. Ich habe Angst, den Verstand zu verlieren. Wohin mit all dem Schmerz? Wohin mit all der Wut, der Verzweiflung? Wie kann ich die Einsamkeit ertragen? Ich kratze an den alten Wunden auf meinen Armen. Wie wahnsinnig, wie verrückt. Ich will Schmerzen auf meiner Haut spüren, um meine Seele zu vergessen. Ich will endlich Erleichterung, Ablenkung. Befreiung aus dieser unerträglichen Situation.

Ich bin voller Wut, auch an den darauf folgenden Tagen ändert sich dieser Zustand nicht. Die Wohnung scheint von Tag zu Tag kleiner zu werden. Ein Vogelkäfig. Und ich bin der Adler, der zuvor in der Freiheit die Gipfel der Berge umkreist hat. Jetzt bin ich gefangen, eingesperrt. Mit gebrochenen Flügeln.

*

Die Wochenenden verbringe ich auch weiterhin bei Papa. Ich freue mich, obwohl es nicht mehr dasselbe ist. Wo gehöre ich denn nun hin? Es fühlt sich so an, als ob es für nichts mehr Sicherheit gäbe. Ich habe irgendwie meine Basis verloren. Treibe nun durch das offene Meer. Ohne jedoch zu ahnen, dass es nur noch schlimmer werden kann.

*

Wochen sind vergangen. Es ist Samstag. Nach der Schule fahre ich zu Papa, wie üblich, gemeinsam mit meinem Bruder. Ich habe einen Bärenhunger und genau heute scheint die Fahrt ewig zu dauern – auf der Straße ist Stau. Wir unterhalten uns, über dies und über jenes. Schmieden Pläne für den Abend. Und dann sind wir endlich da. Während wir das Stück der Straße entlang zum Haus laufen, überlegen wir uns, ob wir noch kurz auf den Berg zum Snowboardfahren sollen. Eine Stunde würde bleiben, bis der Lift geschlossen wird. Wir betreten die Küche, hmmm, wie lecker das doch heute duftet! Papa hat gekocht, es gibt Lasagne. Meine Lieblingsspeise. Ich freue mich; Papa ist der Beste.

Ich sehe, dass nur ein Teller gedeckt ist. Das fällt mir sofort auf, und etwas in mir erstarrt. Vorsicht! Mein Körper spannt sich kaum merklich an. Papa kommt lächelnd mit der dampfenden Lasagne zum Tisch, fragt meinen Bruder, wie es denn in der Schule war. Ich beobachte die Situation; etwas in mir schlägt Alarm. Papa belädt den Teller, der auf dem Tisch steht,

und stellt ihn vor meinen Bruder hin. „Lass es dir schmecken!"
Ungläubig sehe ich zu. Was geht hier vor? Mein Bruder isst,
ich stehe weiterhin mitten im Raum, wage es nicht, mich zu
setzen. Papa belädt den Teller erneut. „Jetzt bin ich aber satt",
sagt mein Bruder. Auch er weiß sichtlich nicht, wie er diese
Situation einschätzen soll. Papa nimmt den Behälter in die
Hand, der noch mehr als halb voll mit Lasagne ist und sagt:
„Schade." Dann lässt er den Behälter in den Mülleimer fallen.
Schließt den Deckel. Mein Herz pocht bis zu meinem Hals.
Mist. Was ist hier los? „Ich habe auch Hunger", wage ich nun
vorsichtig einzuwenden. Wohl wissend, dass es sinnlos ist.
Papa dreht sich um, greift nach ein paar Blättern Papier und
schmeißt sie wortlos vor mich hin. Was soll das? Ich spüre
die roten Ameisen. Sie krabbeln lautlos durch meine Brust.
Sie breiten sich in meine Arme aus. In meinen Kopf. Und in
meinen Bauch. Vorsichtig greife ich nach den Blättern.

Nein! Das ist jetzt hoffentlich ein schlechter Scherz. Meine
Hände zittern, vor meinen Augen tanzt flimmernder, grauer
Nebel. Meine Ohren rauschen. Auf den Blättern steht schwarz
auf weiß meine Aussage vor Gericht. Mir wird schlecht. Jedes
Wort, der genaue Wortlaut. Mein Verrat an Papa. An ihn adres-
siert. Ich schaue ihn sprachlos an. Bin geschockt. Warum sind
diese Unterlagen hier? Niemand hat mir gesagt, dass sie ihm
zugesandt werden, niemand hat mir gesagt, dass er es lesen
wird. Sein Blick trifft mich wie ein Blitz. Er sieht böse aus. Ich
habe Angst. Gehe ein paar Schritte zurück. „Ich musste doch
aussagen." Meine Stimme verstummt. Nein, jetzt ist jedes
Wort überflüssig.

„Du hast in meinem Haus nichts mehr verloren!" Papas
Worte sind hart und kalt.

„Aber, ich ..."

„Du bist dieselbe verlogene Schlampe wie deine Mama. Jetzt
hast du dir deine Privilegien endgültig verspielt. Denk nicht,
dass du noch einen angenehmen Moment hier verbringen
wirst. Von nun an gibt es für dich hier nichts, außer Arbeit!"

Ich gehe noch einen weiteren Schritt zurück. Stehe an der
Tür. Spüre den Griff in meinem Rücken. Zögere. Dann drehe

ich mich um und laufe aus dem Haus. Weg hier. Nichts wie weg.

Ich verbringe den Abend in verschiedenen Lokalen. Ich war mit meinen Freunden verabredet. Dort gehe ich auch hin. Denke nicht an später. Versuche, den Abend und die Gesellschaft zu genießen. Spaß zu haben. Die Stunden verstreichen. Als nach und nach alle nach Hause gehen, wird mir meine Lage bewusst. Der Letzte aus meiner Clique verabschiedet sich. Ich stehe alleine da. Auch die Diskothek wird bald geschlossen. Draußen herrscht eisige Kälte. In mir auch. Mir ist klar, dass ich nicht nach Hause kann. Ich weiß aber nicht, wo ich jetzt hin soll. Ich habe meinen Freunden nichts gesagt. Sie denken, dass ich auch auf dem Weg nach Hause bin. Im Freien kann ich nicht bleiben. Es herrschen Minusgrade. Mein Herz ist schwer. Was soll ich jetzt tun?

Ein Bekannter verlässt das Lokal. Er hat mir früher mal Avancen gemacht; das ist aber schon länger her. „Darf ich bitte bei dir schlafen?" Mein Blick drückt jene Verzweiflung aus, die ich empfinde. Er zögert, sieht mich fragend an. „Klar", sagt er dann. „Komm mit!"

*

Am nächsten Morgen fahre ich in die neue Wohnung zurück. Am Boden zerstört. Ich kann diese Situation weder begreifen noch richtig erfassen. Ich habe furchtbare Angst. Eine Welt bricht für mich zusammen. Ich versuche, Mama und meinen Brüdern aus dem Weg zu gehen. In der Wohnung ist das nicht möglich, darum bin ich jetzt meistens irgendwo unterwegs. Sinnlos, ohne Ziel. Oft setze ich mich in eine Bar. Manchmal laufe ich stundenlang, um einen ruhigen Platz zu finden. Wo niemand sieht, dass ich weine. Ich habe kein zuhause mehr. Ich gehöre nirgendwo hin. Ich fühle mich verstümmelt, entwurzelt, von mir selbst schmerzhaft abgetrennt.

In den Nächten habe ich fürchterliche Albträume. Nacht für Nacht werde ich gejagt, geschlagen, gefoltert. Panik, unendliche Panik. Oft stehe ich in meinen Träumen nackt in einer

Menschenmenge. Mit nackten Füßen und es ist eisigkalt. Ich versuche, mich zu bedecken, mich vor den Blicken der Menschen zu schützen, doch es gelingt mir nicht. Obwohl ich schreie und panisch weine, kommen mir die Menschen aber nicht zu Hilfe. Niemand kommt mir zu Hilfe. Und ich kann mich nicht wehren.

Wenn ich nicht selbst Opfer bin, muss ich zusehen, wie Mama gefoltert wird. Gequält. Getötet. Ich komme keinen Schritt voran, kann mich nicht bewegen. Bin starr. Kann weder helfen noch fliehen. Nacht für Nacht.

Und immer wieder fahre ich aus dem Schlaf. Ich schrecke hoch. Mein Herz rast. Mein Atem geht schnell. Verdammt, was passiert? Doch alles ist still. Ich bin in der Wohnung. In dieser Wohnung, in der ich doch jetzt lebe. Papa ist weit weg. Ich sinke in mein Bett zurück. Versuche krampfhaft, wieder einzuschlafen. Falle wieder in furchtbare Träume. Bis ich erneut hochschnelle. Gerädert. Erschöpft. Am Boden zerstört. Unendlich einsam und innerlich kaputt, gejagt von Angst und Sorgen.

*

Die Wochen vergehen. Ich quäle mich von Tag zu Tag. Lächeln. Lernen für die Schule. Stark sein. Doch es klappt nicht. Mama zu ertragen, wird zunehmend schwieriger für mich. Rasende Gefühle leiten mich. Ich fühle mich getrieben. Explosiv. Es kocht in mir. Und findet keinen Raum. Ich mache mir Sorgen um Mama. Immer, wenn sie außer Haus ist, befürchte ich, dass ihr etwas zustößt. Ich zittere, und wenn sie dann das Haus betritt, merke, dass ich tief durchatme, die Luft hörbar ausstoße.

Aber sie weiß das nicht. Denn mein Ton wird zunehmend rauer. Böse. Abweisend. Verletzend. Ich halte es kaum aus, in ihrer Nähe zu sein. Meine Seele gibt ihr die Schuld dafür, dass ich jetzt nicht bei Papa bin. Obwohl mein Kopf mir sagt, dass sie nichts dafür kann. Die ständige Sorge um Mama macht mich wütend. Und wenn ich es nicht mehr aushalten kann, und ich dann nächtelang draußen unterwegs bin, dann fühle ich mich richtig schlecht. Ich fühle Mamas Einsamkeit. Ich fühle, dass sie nun auch von mir im Stich gelassen wird. Und diese Gewissensbisse zermürben mich. Umso angespannter trete ich Mama das nächste Mal entgegen. Ein Teufelskreis.

Ich fühle mich vernachlässigt, obwohl ich sehe, dass Mama sich um mich bemüht. Sie versucht zu erreichen, dass ich mich wohlfühle. Versucht, wieder Kontakt zu mir herzustellen. Doch sie kann mich nicht erreichen. Ich kann sie nicht spüren. Wenn sie was Leckeres mitbringt für mich, hasse ich sie dafür. Ich hasse sie, weil sie nicht merkt, dass ich meinen Hunger nicht zügeln kann. Weil sie nicht merkt, dass ich sinnlos alles in mich hineinstopfe. Dass ich sogar nachts alles fresse, was ich finden kann. Dass ich kotze, bis nichts mehr von mir übrig bleibt. Ich hasse sie, weil sie wortlos den Kühlschrank wieder auffüllt, wenn das schwarze Loch in mir alles aufgefressen hat. Und wenn einmal nichts da ist, dann hasse ich sie, weil ich ihr nicht genug wert bin, um für mich was Leckeres zu kaufen. Es braucht nur ganz wenig, um mich total ausrasten zu lassen. Wenn Mama die falsche Sorte Joghurt kauft, oder keine Milch im Kühlschrank steht, sehe ich rot. Ich bin nicht wichtig genug. Ich bin einfach nicht da. Ich fange hysterisch an zu schreien, rasende Wut kocht in mir. Ich würde so gerne Gegenstände zerstören. Ich möchte komplett durchdrehen. Scheiben einschlagen. Porzellan zertrümmern. Mama schlagen. Sie schubsen und rütteln.

Doch ich mache nichts von alle dem. Ich schreie, beleidige, zittere, tobe. Der Druck in mir ist immens. Und ehe ich noch mehr die Kontrolle verliere, verlasse ich das Haus. Rasend. Haue erst noch gegen die Tür. Laufe wiederum stundenlang durch die Gegend. Rauche viel. Verletze mich. Weine. Und bin alleine in dieser trostlosen Welt.

*

Mein Geburtstag ist da. Ich hoffe, sehne mich danach, bin mir sicher, dass Papa sich zu diesem Anlass endlich bei mir melden wird. Wir werden normal miteinander sprechen und alles wird wieder gut. Langsam und immer öfter nehme ich wahr, wie sehr ich Papa vermisse. Meinen geliebten Papa. Mit dem ich durch dick und dünn gehe, dem ich alles erzähle. Für den ich die Hand ins Feuer halten würde. Den ich über alles liebe. Und der mich über alles liebt. Sein Mädchen. So oft denke ich mir in unterschiedlichsten Situationen: „Das muss ich ihm unbedingt erzählen." Er vermisst mich bestimmt ebenso, wie ich ihn. Bestimmt denkt er jeden Tag an mich. Er wird mir verzeihen, dass ich ihn verraten habe. Dass ich ihm in den Rücken gefallen bin. Das Band unserer Bindung ist so stark.

Ich bin den ganzen Tag über angespannt. Gleich am Morgen gilt mein erster Blick dem Handy. Nichts. Papa hat sich noch nicht gemeldet. Doch er hat ja noch viele Stunden lang Zeit. Ich verbringe Zeit mit meinen Freunden. Nach der Schule feiern wir. Ich versuche, ihre Gegenwart zu spüren. Ich versuche, ihre Geschenke als Zeichen der Freundschaft zu empfinden. Ich versuche, ihre Zuneigung wahrzunehmen. Ich versuche, es zuzulassen, dass ich heute wichtig bin. Es gelingt mir für wenige Momente. Naja, ein kleines bisschen wenigstens. Ich muss mich sehr konzentrieren, um nicht zwischendurch abzurutschen in Traurigkeit. Und um meine Einsamkeit inmitten meiner Freunde nicht überhandnehmen zu lassen. Nur wenn ich zwischendurch aus dem Raum gehe, auf Toilette, oder wenn ich kurz abseits stehe, überkommt mich das starke Bedürfnis, in einen Heulkrampf auszubrechen. Ich möchte kotzen. Mich schneiden. Mich fallen lassen. Endlich nicht mehr kämpfen müssen.

Doch ich atme tief durch, Schultern nach hinten, drehe mich um und gehe lächelnd zu meinen Freunden zurück.

Der Tag geht zu Ende. Mama möchte mir zum Geburtstag gratulieren. Ich will sie nicht sehen. Leide, weil ich sie wieder ausschließe. Ich kann einfach nicht. Ich feiere mit meinen Freunden. Versuche, nicht nachzudenken. Mitternacht ist vorbei, als ich nach Hause gehe. In den Händen halte ich fest die Geschenke meiner Freunde. Will mich darauf konzentrieren und mich freuen. Bin aber todtraurig. Kann meine Tränen einfach nicht zurückhalten. Ich hasse meinen Geburtstag. Zum Glück ist er jetzt vorbei. Mein Geburtstag ist vorbei. Und Papa hat sich nicht gemeldet. Nichts. Ich heule. Heule. Meine Seele schmerzt so sehr. Ich möchte tot sein. Ich hasse mein Leben und ich hasse mich.

Ich werde ein paar Wochen später Papa zu seinem Geburtstag eine SMS schreiben. Ich werde versuchen, ihn in mein Leben zurückzuholen. Ich werde versuchen, den ersten Schritt zu machen. Ich werde es niemals glauben können, dass es möglich ist, einen Elternteil zu verlieren, obwohl er noch am Leben ist. Obwohl nicht weit entfernt. Aus freier Entscheidung. Papa wird mir nicht antworten. Er wird sich in Kürze mit Mama soweit versöhnen, dass sie wieder normal miteinander sprechen können. Sie werden manchmal telefonieren, Mama wird mir davon erzählen. Er wird meine Brüder an ihrem Geburtstag anrufen, um ihnen zu gratulieren. Das werde ich mitbekommen. Doch das weiß ich heute zum Glück noch nicht. Ich würde es noch nicht ertragen können. Ich würde es nicht überleben.

*

Die Wochenenden verbringe ich oft bei Freunden. Auch während der Woche verbringe ich viel Zeit dort, schlafe so oft es geht auswärts. Ich versuche, meiner Traurigkeit zu entfliehen. Doch leider klappt das nicht. Jeder Abend bei Freunden endet damit, dass ich vorgebe, Luft schnappen zu gehen. Manchmal sage ich auch, dass ich mich draußen mit jemandem unterhalten möchte. Oder ich schleiche mich einfach raus, ohne irgendwas zu sagen. Um mich dann irgendwo zu verstecken. Hinter dem Haus, hinter einem Auto. Zusammengekauert am Boden. Um in ungehemmte Weinkrämpfe zu verfallen. Rotz und Wasser zu heulen. Bis ich kaum noch atmen kann. Und bis alles schmerzt. Ich will hier nicht sein. Ich will einfach wieder nach Hause gehen. In mein Zimmer. Zu meinem Papa. Zu meinen Pferden. In meine Welt. Dort, wo ich herkomme. Dort, wo ich hingehöre. Doch diese Welt gibt es nicht mehr. Nicht für mich.

Wenn Papa tot wäre, dann könnte ich darüber trauern. Ich könnte mich verabschieden, ich könnte offiziell traurig sein, weil das jeder verstehen würde. Ich würde leiden, doch ich würde in der Trauer alles klären, das vorher noch zwischen uns gestanden hat. Ich könnte ein Foto von ihm bei mir tragen. Er würde in meinem Herzen weiterleben.

Doch Papa ist nicht tot. Er lebt. Er ist da. Er lacht. Er scherzt. Er ist lieb. Nur nicht für mich. Er umgibt sich mit anderen Menschen. Jemand anderes reitet meine Pferde. Ich darf sie nicht mehr sehen. Bei dem Gedanken daran frisst die Eifersucht sich quer durch mein Herz, es ist kaum erträglich. Jemand anderes streichelt meine Hunde. Papas Strafe wurde vom Gericht auf Bewährung ausgesetzt. Alles bleibt für ihn beim Alten. Es geht weiter. Das Leben zieht weiter. Nur, dass es mich komplett aus seiner Bahn gekickt hat.

*

Das Schuljahr ist zu Ende. Heute werden die Zeugnisse verteilt. Ich mag meine Klasse, meine Mitschüler. Wir haben viel gemeinsam erlebt. Auf verschiedenen Klassenfahrten hatten wir Spaß. Wir sind eng zusammen gewachsen, haben gescherzt, gequatscht. Es macht mich immer etwas wehmütig, wenn ein Schuljahr zu Ende geht. Doch dieses Jahr soll es noch schlimmer sein. Ich habe ein mulmiges Gefühl. Versuche, positiv zu denken. Alles wird gut. Ich habe leider viele Prüfungen verhauen, aufgrund meiner Krisen. Ich habe in zwei Fächern irgendwann den Anschluss verloren, obwohl ich nächtelang gelernt habe. Ein paar Lehrer haben mich fallen gelassen. In einem Fach durfte ich keine mündliche Prüfung mehr ablegen, weil ich die doch eh nicht schaffen könnte, nach Meinung der Lehrerin. Keine Chance. Und jetzt wird abgerechnet. Ich halte die Luft an, entferne mich unmerklich von den anderen, als die Verteilung der Zeugnisse beginnt. Mein Name wird genannt … Ich bin tatsächlich durchgefallen! Werde nicht in die nächste Klasse versetzt. Werde abgetrennt von meinen Freunden. Ich hatte es geahnt, doch bis zuletzt nicht wahrhaben wollen.

Die Lehrer sehen nicht ein, warum sie jemanden in die nächste Klasse versetzen sollten, der es nicht verdient hat.

Ich habe es also nicht verdient. Ich habe nicht ausreichend funktioniert. Meine Leistung war nicht mehr perfekt und auf Kommando abrufbar, so wie ich – und alle anderen – es vorher von mir gewohnt waren.

Ich komme mit diesem Ergebnis nicht klar. Die anderen wollen mich trösten. Doch ich fühle mich verlassen, im Stich gelassen, gedemütigt. Ich verlasse den Raum. Will einfach nur weg. Macht doch, was ihr wollt, ich gehöre hier sowieso nicht dazu. Verpisst euch alle. Ich komm schon klar. Lasst mich einfach in Ruhe.

*

Im Sommer suche ich mir einen Job. Das fällt nicht schwer; arbeiten kann ich schließlich. Ich gebe mehr, als von mir erwartet wird. Bin überpünktlich, gewissenhaft, schnell. Jetzt kriege ich sogar Geld dafür. Das ist auch gut so. Ich hasse es nämlich, Mama nach Geld zu fragen. Ich hasse den Gedanken daran, dass sie jeden Cent zur Seite legt, um uns ein normales Leben zu ermöglichen. Ich hasse es sogar, wenn sie sich erkundigt, ob ich denn etwas brauche. Wie kann ich ihr Geld annehmen, wenn ich doch weiß, dass sie sich selbst nichts gönnt? Ich fühle mich schlecht, mein Gewissen foltert mich. Ich versuche, die Nachfrage also aufs Minimum zu reduzieren. Und weise Mama regelmäßig zurück. Ich kann selbst für meine Wünsche arbeiten, sparen. Und das tue ich jetzt auch. Gegenstände, die ich unbedingt brauche, mir aber nicht leisten kann, wünsche ich mir manchmal zu Weihnachten oder zum Geburtstag, wenn es gar nicht anders geht. Aber soweit es im Bereich des Möglichen liegt, erarbeite ich mir nun alles selbst. Was ich nicht habe, brauche ich nicht, so lautet meine Devise. Ich will niemandem gegenüber in der Schuld stehen. Für mich braucht keiner mehr sorgen. Obwohl es das Gericht so entschieden hat, zahlt Papa keinen Unterhalt, nicht einen Cent. Er scheint damit im Recht zu sein, wie immer. Mit einer Selbstverständlichkeit, als ob es das Natürlichste der Welt ist. Und niemanden scheint das zu interessieren. Unterhalt scheint mir also auch nicht zuzustehen. Verbittert nehme ich es zur Kenntnis. Jahrelang geackert, nichts habe ich davon. Ich scheiß drauf; ich komm schon alleine klar.

Schulbücher werde ich mir in Zukunft kaum noch kaufen, die sind sehr teuer. Gerade noch das Allernötigste beschaffe ich mir. Die meisten Klassenfahrten werde ich absagen. Ich gehe dann lieber in der Zwischenzeit zur Schule und konzentriere mich aufs Lernen. Bringt mir eh viel mehr. Es ist nicht so schlimm, denn mit den neuen Klassenkameraden will ich auch nicht allzu viel Kontakt haben. Ich habe keine Lust, neue Freundschaften aufzubauen. Ich will mich auch nicht ablenken lassen. Ich bin zum Lernen in der Schule. Verbissen konzentriere ich mich darauf, ab jetzt wieder hohe Noten zu kassieren. Und das werde ich auch schaffen. Unter andauernden Kopfschmerzen. Doch darauf werde ich jetzt keine Rücksicht mehr nehmen.

*

In dieser Zeit treffe ich meine Firmpatin, als ich zu Besuch in meinem Heimatdorf bin. Wir begegnen uns eigentlich fast zufällig, unterhalten uns ganz beiläufig. Bisher hatten wir nur sporadisch Kontakt. Zu Weihnachten, zum Geburtstag, zu Allerheiligen. Ab und zu, wenn ich mit ihren Jungs verabredet war. Wie das eben üblich ist bei Paten. Jetzt fragt sie mich, wie es mir geht. Wo ich mich denn rumtreibe. Die Nachfrage klingt warm und herzlich.

Sie lädt mich ein, am nächsten Wochenende zu ihr zu Besuch zu kommen, sagt, dass die ganze Familie sich sehr darüber freuen würde. Ich bin verlegen. Weiß erst gar nicht recht, wie ich mit diesem Angebot umgehen soll. Sich auf Besuch von mir freuen? Sich über MICH freuen? Wie eigenartig das doch klingt. Ich sage dennoch zu. Meine Sehnsucht nach meiner Heimat ist so groß. Nichts wünsche ich mir sehnlicher, als am Wochenende mit meinen Freunden in unserem Dorf abends wegzugehen, ganz normal, so wie es immer war.

Die ganze Woche über freue ich mich darauf. Ich befürchte, dass etwas dazwischen kommt. Dass meine Patin mich anruft, um mir zu sagen, dass es doch nicht klappt, oder dass sie es sich anders überlegt hat. Solche Zweifel habe ich immer. Ich kann mich eben auf nichts verlassen. Und es ist ein echt blödes Gefühl, wenn etwas im letzten Moment nicht klappt. Wenn man sich sehr gefreut hat.

Doch es kommt nichts dazwischen. Ich fahre am Wochenende zu meiner Patentante, zu meinem Paten, zu den Jungs, zu deren Oma, zum Onkel. Eine ganze Familie, die mich mit offenen Armen begrüßt. Alle erkundigen sich, wie es mir geht. Es gibt leckeres Essen, ich werde richtig umsorgt. Es macht Spaß, mit den Jungs zu scherzen, zu toben. Abends ziehen wir gemeinsam los. Ich drehe mich immer wieder um, als wir durch das Dorf gehen. Bevor wir eine Bar betreten, schaue ich genau, welche Autos davor stehen, welche Menschen im Lokal sind. Ich habe große Angst, Papa zu begegnen. Diese Angst begleitet mich auf Schritt und Tritt. Aber dennoch genieße ich es, da zu sein. Wenigstens ein Stückchen meines Lebens für einen kurzen Moment zu spüren. Meine Seele kann für ein paar Stunden nach Luft schnappen.

Am Sonntag essen wir alle gemeinsam. Ich bedanke mich wieder und wieder, für jede Geste. Kann es gar nicht fassen, hier mitten in dieser Familie zu sitzen, so als ob ich dazugehören würde. So, als ob es ganz selbstverständlich wäre. Die Jungs machen Platz für mich, alles wird durch vier geteilt, das ist gar keine Frage. Ich beobachte dies ungläubig. Als es Zeit zum Verabschieden ist, werde ich sogar im Auto zum Bus gebracht. Ich weiß gar nicht, wie sehr ich meine Dankbarkeit zum Ausdruck bringen soll. Und als ich aus dem Auto steige und mich verabschiede, sagt meine Patin: „Ich wünsche dir eine gute Woche! Nächste Woche kommst du doch wieder, oder?" Ich bin verblüfft. Ich darf wiederkommen? Eigentlich klang es nicht mal nach einer Frage, sondern eher wie eine Feststellung. „Klar!", antworte ich mit einem schüchternen Lächeln. Ich muss nicht zweifeln, nicht selbst entscheiden, nicht darum bitten.

Ich komme wieder. Und wieder. In den kommenden Jahren verbringe ich sehr viel Zeit in dem Haus dieser Familie. Du gehörst dazu. Dieser Satz wird immer mit einer Selbstverständlichkeit ausgedrückt, die keine Fragen offenlässt. „Jetzt haben wir neben unseren drei Jungs endlich auch ein Mädchen", lächeln meine Paten oft. Und die Buben stellen mich meist als ihre Schwester vor. Ich liebe diese Familie. Noch nie in meinem Leben wurde ich mit einer solchen Art aufgenommen, die einfach nicht infrage gestellt werden kann. Ich gehöre dazu. Ohne Diskussion. Das ist einfach so.

Über Jahre erstaunt mich diese Haltung immer wieder. Wir müssen nicht über Probleme sprechen. Doch ich habe nun eine Basis. Zum ersten Mal gibt es eine Konstante, die auch dann nicht gebrochen wird, wenn ich einen Fehler mache oder ein falsches Wort sage. Einen kleinen Steg, der mich über die großen Abgründe hinwegführt. Immer wieder ein kleines Stück. Die Dankbarkeit und das Erstaunen darüber, dass es Menschen gibt, die mit einer derartigen Selbstverständlichkeit geben, einfach da sind – ich kann es nicht in Worte fassen. Solche Menschen zu kennen, ist für mich das größte Glück auf Erden.

*

Die Zeit vergeht. Am Ende des Jahres lobt mich der Direktor persönlich bei der Zeugnisvergabe. Noch nie hat ein Schüler, der durchgefallen ist, es geschafft, die Klasse in Folge mit einem so hohen Notendurchschnitt abzuschließen. Ich lächle, bedanke mich. Mein Stolz kann sich ein kleines bisschen erholen. Kaum merklich, aber dennoch. Papa wäre bestimmt stolz auf mich, wenn er davon wüsste. Sein Mädchen ist gut, wenn es besondere Leistungen erbringt, aus der Menge herausragen kann. Und das habe ich jetzt ein ganz klein wenig geschafft. Für Papa. Auch wenn er nicht da ist. Ich möchte ihm gefallen.

*

Irgendwie schaffe ich es, die Oberschule abzuschließen. Die letzte Zeit vor dem Abschluss geht es mir immer schlechter. Meine Kopfschmerzen sind so extrem, dass ich öfters nicht mehr aufstehen kann. Ich kann nichts sehen. Könnte heulen vor Schmerz. Hinzu kommen Zahnschmerzen. Meine Zähne haben schon arg unter dem andauernden Erbrechen gelitten. Die Magensäure macht sie kaputt. Ich möchte diese Signale nicht hören. Möchte einfach nur lernen, einfach meinen Abschluss machen. Aber keinesfalls mit einem durchschnittlichen Ergebnis. Ich gebe nicht auf. Kämpfe. Jeden Tag. Die Lehrer haben mich schon wieder im Blick, da ich oft krank bin. Sie glauben mir wieder nicht. Ein so kräftiges, fröhliches Mädchen – was soll dem schon fehlen? Ein Lehrer warnt meine Mutter, dass ich mir die guten Noten verspiele, wenn ich die Schule nicht ernst nehme. Er wird am Ende Punkte abziehen, wenn ich dem Ganze nicht mehr Bedeutung schenke. Mama regt sich fürchterlich auf. Erklärt dem Lehrer, wie viel ich lerne, jeden Tag. Dass es viel besser wäre, wenn ich endlich etwas zur Ruhe kommen würde. Das wirkt. Er sagt nichts mehr. Und ich schaffe es tatsächlich, den Abschluss hinter mich zu bringen. Mit einem Ergebnis, mit dem ich leben kann.

*

Ich kann mich nicht entscheiden, welches Studium ich beginnen möchte. Ich will unbedingt studieren, das ist klar. Doch unzählige Gedanken prasseln auf mich ein, der Druck steigt wiederum immens. Die meisten meiner Freunde gehen ins Ausland. Sie wollen unbedingt weg von zu Hause, um die Welt zu erkunden. Ich beneide sie sehr dafür. Ich würde das auch so gerne, so sagt es mir mein Kopf. Doch mein Herz sagt mir ganz klar und deutlich, dass ich nirgendwo hingehen kann. Wenn du kein zuhause hast, wenn du das Gefühl hast, nirgendwo hinzugehören, dann kannst du keine Reise beginnen. Ich verspüre das unbedingte Bedürfnis, erst anzukommen, bevor ich in der Lage sein werde, erstmals richtig zu starten. So gerne ich auch wollen würde. Ich könnte es nicht.

Ich könnte mir auch keine Wohnung leisten. Doch dieser Problematik brauche ich mich nun gar nicht erst anzunehmen.

Ich informiere mich, welche Möglichkeiten es in der Nähe gibt. Doch ich weiß gar nicht, wonach ich suche. Ich höre

Papas Stimme, die mich daran erinnert, dass ich ein Studium, einen Beruf wählen muss, der Ansehen und Niveau hat. Soziale Berufe gehören nicht dazu. Obwohl mein Gefühl mich dorthin bringen würde. Ich könnte Informatik studieren. Oder Sprachen. Ist das niveauvoll genug? Anwältin, das würde ganz toll klingen. Aber der Gedanke daran, Gesetze zu lernen, stimmt mich traurig. Nein, das wäre nicht ich. Mist.

Der Druck wird immer größer, ich kann mich nicht entscheiden. Ich fühle mich schlecht. Einsam. Hilflos. Unter Druck. Erschöpft. Da ich mich nicht entscheiden kann, kann ich nicht beginnen zu studieren, ich setze gezwungenermaßen ein Jahr aus. Ich arbeite in der Zwischenzeit viel. Fühle mich kaputt. Bei meinen Jobs bekomme ich sehr oft Komplimente dafür, dass ich immer gut gelaunt bin. Dass ich immer freundlich bin und stets lache. Mehr als einmal höre ich auch verbitterte, altkluge Sprüche. „Du hast leicht lachen. Hast ja keine Ahnung, wie es ist, Probleme zu haben. Wenn ich es doch immer so einfach hätte wie du …“ Ich verkneife mir meine Gedanken dazu. Es geht niemanden etwas an, wie es in Wirklichkeit in mir aussieht. „Ich bin eben optimistisch, sehe das Leben positiv“, lächle ich. Und ein klein wenig hilft es tatsächlich, positiv zu sein. Manchmal.

*

Im Laufe der Jahre habe ich diverse Beziehungen zu Männern. Bei einigen spüre ich, dass sie mich wirklich lieben. Dass sie für immer mit mir zusammen sein möchten. Ich finde das Gefühl schön. Ich habe das Glück, sehr einprägsamen und guten Menschen zu begegnen. Doch immer beende ich die Beziehung nach nicht allzu langer Zeit. Ich verliebe mich ganz selten, doch ich liebe nie. Ich lasse es einfach nicht zu. Behalte zu hundert Prozent Kontrolle über meine Gefühle. Lasse mich auf niemanden wirklich ein.

Die Männer sind verletzt, können oft die Welt nicht mehr verstehen, wenn ich mich ganz plötzlich entschließe, dass ich nun keinen Bock mehr auf die Beziehung habe. Für mich fühlt es sich befreiend an. Das extreme Gefühl der Einsamkeit in mir kann nämlich auch eine Beziehung nicht auslöschen. Obwohl ich auf der Suche nach irgendetwas bin, merke ich genau, dass diese beiden Ebenen nicht dieselben sind. Im Gegenteil. Mich mit Gefühlen auseinanderzusetzen, macht mein Leben komplizierter, dazu habe ich schlichtweg keine Lust. Und Männer, die nicht stark genug sind für mich, sortiere ich vorweg schon aus.

Fünftens

Ein Jahr später habe ich nun doch beschlossen, eine soziale Fachrichtung für mein Studium auszuwählen. Dafür schlägt mein Herz. Alles andere wäre falsch. Nicht weit entfernt wird mein Studiengang angeboten, auch das passt. Ich fahre im Zug zur Universität, nutze unterwegs die Zeit, um zu lernen. Schriftliche Arbeiten erledige ich sofort, mein Ehrgeiz ist wieder geweckt. Und ich habe großes Glück, die Inhalte interessieren mich sehr. Ich mag mein Studium, es erfreut und fordert mich.

Jeden Abend, wenn ich wieder zurückgekehrt bin, gehe ich direkt zur Arbeit. Das Studium ist nicht gerade günstig; Bücher, Unterlagen, alles will bezahlt werden. Für ein Stipendium komme ich nicht infrage, dafür muss das Einkommen meiner Eltern angegeben werden, und somit falle ich aus der entsprechenden Klasse. Ich arbeite bis Mitternacht, morgens um 6 Uhr beginnt mein Tag. Die Arbeit macht mir Spaß, auch wenn die Kombination sehr anstrengend ist.

Mein Chef hätte Verständnis, wenn ich einmal später kommen oder etwas früher gehen würde. Doch das erlaube ich mir selbst nicht. Perfektion und Disziplin, ganz oder gar nicht. Nur so kann es für mich funktionieren. In keinem Augenblick Schwäche zeigen. So bin ich eben. Trotz dieser Doppelbelastung schaffe ich es, anschließend oft noch wegzugehen. Ich will tanzen, ich will lachen. Ich will nach der Arbeit nicht in die Wohnung zurück. Dort kann ich nicht ausruhen, dort ist kein Platz für mich. Dauernd in Bewegung zu bleiben, ist wie das Benzin, das meinen Motor am Laufen hält. Nur so kann ich mich spüren. Und nur so kann ich verhindern, dass noch Zeit zum Nachdenken bleibt. Alles läuft nach Plan.

*

Im zweiten Studienjahr muss ein Praktikum absolviert werden. Organisatorisch kommt eine große Herausforderung auf mich zu. Praktikum, Vorlesungen und meine Jobs unter einen Hut zu bringen, ist echt schwierig. Doch es klappt, ich gebe mehr als hundert Prozent. Ich lerne und esse unterwegs, im Laufschritt eile ich zwischen den einzelnen Stationen hin und her. Alles perfekt geplant, die Unterlagen für jede einzelne Aktivität bereits am Morgen eingepackt. Keine Sekunde darf im Leerlauf vergehen, jeder Moment muss maximal ausgenutzt werden, um mein Ziel zu erreichen. Ich bin erleichtert und freue mich, dass ich das Praktikum mit Höchstnote abschließen kann. So muss es sein.

Ich werde gefragt, ob ich denn im nächsten Jahr nebenher in dieser Stelle für ein paar Stunden in der Woche arbeiten möchte. Ich sage zu. Ich möchte mir Türen öffnen, jede Chance ergreifen, alles dafür geben, um mir selbst später einmal ein gutes Leben zu ermöglichen.

Im dritten Jahr bin ich also noch in einer zusätzlichen Arbeitsstelle aktiv. Studium, lernen, abends Fixstelle, an freien Tagen zusätzlich als Aushilfe arbeiten, zweimal in der Woche vormittags eine Kindergruppe betreuen. Ich beginne nebenbei, schon an meiner Abschlussarbeit zu schreiben. Alles, was ich mir nach hintenhin an Studienzeit einsparen kann, bedeutet bare finanzielle Ersparnis für mich. Und so oft wie möglich feiern, mit meinen Freunden unterwegs sein. Keine Ahnung, wie all das funktioniert, doch es geht. Ich verfalle in einen Wahn, rase, funktioniere, liefere permanent Höchstleistung. Bin zufrieden mit mir selbst, die Rückmeldungen sind super. Daran messe ich mich. Ich kann nicht mehr stillstehen, nicht für einen Moment. Mein Kopf rattert selbst im Schlaf, zwischen den Albträumen laufen die Inhalte meines Studiums durch, Termine und Besprechungen. Manchmal stehe ich mitten in der Nacht auf, um mir Notizen zu machen oder um etwas zu recherchieren, wovon ich im Halbschlaf gemerkt habe, dass es nicht perfekt sitzt.

Mein zweites und letztes Praktikum steht an. Die Entscheidung darüber, in welcher Einrichtung ich es absolvieren möchte, nehme ich sehr ernst. Ein Praktikum ist eine große Chance für einen späteren Job, außerdem ist die Chance, einen Einblick hinter verschlossene Türen zu erhalten, manchmal einmalig.

Ein Gedanke, eine Idee entsteht in meinem Kopf. Nimmt langsam Form an, wächst, breitet sich aus. Ich könnte doch mein Praktikum im Frauenhaus machen. Die Arbeitsweise dort, die Struktur an sich, die Angebote würden mich unglaublich interessieren. Da die Einrichtung nur zum Teil öffentlich ist, könnte der Einblick sehr interessant sein. Die Vorstellung klingt vielversprechend. Ich werde eine Anfrage stellen.

Mein Unterbewusstsein lässt durchsickern, dass ich hier eine Art Konfrontation anstrebe. Dass ich mir überlege, mich bewusst mit Themen zu beschäftigen, Mechanismen genau zu analysieren, die ich bisher systematisch und vollkommen aus meinem Leben verbannt hatte. Themen, die ich nicht mal annähernd in die Nähe meiner Gedanken habe kommen lassen. Mein Unterbewusstsein zögert, äußert leise seine Zweifel. Meine Seele versteckt sich vorsichtshalber hinter Lunge und anderen Organen. Tu bloß das nicht, scheint sie inbrünstig zu flehen. Doch mein Hirn und mein Tatendrang waren viel schneller. Die Anfrage per Mail ist bereits versendet, gemeinsam mit Lebenslauf und einem Motivationsschreiben. Wäre doch gelacht. Natürlich ziehe ich das durch! Ängste und Zweifel? Ich doch nicht!

*

Das Praktikum beginnt. Mit viel Einsatz und Begeisterung versuche ich nun, so viel wie möglich zu lernen. Ich bin konzentriert, höre gut zu, sammle Unterlagen, erweitere Notizen. Die Mappe wird jeden Tag umfangreicher, ich kann hier echt viel lernen. Man ermöglicht mir, Einblick in jeden Bereich zu erhalten, und ab und zu darf ich auch aktiv mithelfen. Ich bin Feuer und Flamme, verstehe mich gut mit dem Team. Obwohl ich den Großteil des Praktikums in italienischer Sprache absolviere, kann ich alles gleich verstehen. Fast könnte ich darüber hinwegsehen, dass dieses Thema doch so ein schweres für mich ist. Nur, dass ich in dieser Zeit sehr erschöpft bin, noch viel mehr als sonst, deutet darauf hin, dass all das doch nicht spurlos an mir vorbei zieht. Ich kann manchmal morgens kaum aufstehen, alles fühlt sich anstrengender, schwerfälliger an. Doch ich kämpfe weiter, Tag für Tag. Lasse mir nichts anmerken.

Heute ist Freitag, ich verabschiede mich von meiner Tutorin. Wir besprechen noch kurz, was für die nächste Woche im Programm steht, gehen die einzelnen Punkte durch. Die Tutorin möchte, dass ich in einem Rollenspiel versuche, mich in die Situation einer betroffenen Frau hineinzuversetzen. Ich soll mir vorstellen, dass ich in die Einrichtung komme, um nach Hilfe zu fragen. Ich soll mir bewusst machen, in welch misslicher Lage die Frau sich befindet, welche Gefühle sie in dem Moment empfindet. Angst, Traurigkeit, Verzweiflung. Diese Übung ist nützlich, um zu verstehen, wie ein Erstgespräch verlaufen sollte. Welche Informationen sind vorrangig? Mit welchen Worten könnte die Frau sich verstanden fühlen?

Ich nicke und verabschiede mich. Starr. Stumm. Geschockt. Nein. Nein. Nein. Ich konzentriere mich auf Zahlen und Fakten. Ich bemühe mich und bin fleißig. So war es bisher. Doch das hier ist außerhalb des Möglichen, mein Limit ist erreicht. Mich in eine Situation versetzen, die ich seit Jahren vor mir selber leugne. Rein beim Gedanken daran wird mir schlecht, mein Herz rast. Regelrechte Panik bricht in mir aus. Alles in mir schmerzt. Nein. Ich kann das nicht. Ich werde nie wieder zur Praktikumsstelle zurückgehen. Werde mein Praktikum abbrechen. Ich kann nicht mehr. Es war schon schwer genug, die ganze Zeit zu lächeln, freundlich interessiert zu sein, wenn Themen besprochen wurden, die mich so sehr betreffen. Es war anstrengend, doch ich habe es geschafft. War professionell genug. Hier ist meine Grenze. Wie soll ich in der Uni erklären, dass ich mein Praktikum abgebrochen habe? Ich muss mir eine neue Stelle organisieren. Alles war umsonst. Ich stehe kurz vor Abschluss und muss wieder von vorne beginnen.

Die ganze Nacht über verfalle ich immer wieder in Weinkrämpfe. Ich bin verzweifelt, die Situation scheint so hoffnungslos. Der Gedanke an Montag löst wieder und wieder Panikattacken in mir aus. Am nächsten Morgen fehlt mir die Kraft, um aufzustehen. Ebenso am Sonntag. Pausenlos spiele ich alle Möglichkeiten in meinem Kopf durch. Und wieder beginne ich zu weinen. Ich kann einfach nicht mehr. So erschöpft war ich noch nie. Ich kann meinen Körper nicht mehr tragen. Meine Glieder sind aus Stein. Selbst meine Haut scheint plötzlich Tonnen zu wiegen und mit schmerzhafter Gewalt auf meinen Körper zu drücken. Mein Herz, es ist so schwer. Mir fehlt die Kraft, um zu atmen.

Am Montagmorgen stehe ich auf, stelle mich unter die Dusche. Ich atme ganz tief durch, schiebe die Schultern nach hinten. Hebe mein Kinn an. Kneife die Augen zusammen. Ich habe mich noch nie vor einer Herausforderung gedrückt. Wegrennen gehört nicht in mein Repertoire. Ich werde mein Praktikum beenden und dabei mein Gesicht wahren. All die Arbeit soll nicht umsonst gewesen sein, ich habe es bisher so gut gemacht. Ich wäre nicht ich, wenn ich nicht auch das hier schaffen würde, wie so viel zuvor in meinem Leben.

Am Weg zur Einrichtung überlege ich mir genau meinen Text. Ich überlege mir, welche Körperhaltung ich einnehmen werde, wie mein Blick sein soll, meine Stimme. Ich bereite mich vor, wie ich es immer tue. Nachdem ich meine Tutorin begrüßt habe, bitte ich sie darum, sie kurz unter vier Augen sprechen zu dürfen. Ich erkläre ihr, dass es um die anstehende Übung geht, dass ich am Wochenende darüber nachgedacht habe. Ich sage mit ruhiger Stimme, dass ich mich beim Gedanken dabei, mich in die Situation zu versetzen, nicht wohlfühle. Frage, ob es möglich wäre, die Übung auszulassen und mir die Informationen weiterhin aus der Theorie zu erschließen. „Kein Problem", sagt meine Tutorin. Wir gehen weiter im Programm.

Von meinem Körper fällt eine tonnenschwere Last. Ich kann wieder durchatmen. Erleichterung macht sich breit. Ich bin stolz auf mich, dass ich mich der Situation gestellt habe und sie souverän meistern konnte. Nun stehe einem erfolgreichen Abschluss nichts mehr im Wege.

*

Am letzten Tag steht eine Praktikumsbesprechung an. Alle loben meine Leistung, ich erhalte die Höchstnote mit Auszeichnung.

Ich freue mich sehr. Bin ganz aufgeregt und hibbelig. Ich habe es geschafft! Nach der Gruppenbesprechung bleibe ich mit meiner Tutorin zurück. Sie wiederholt ihre Bewertung, fügt aber noch hinzu, dass ihr aufgefallen ist, dass ich Schwierigkeiten mit dem persönlichen Aspekt des Themas habe. Ich hätte hier die Möglichkeit gehabt, auch meine Probleme anzusprechen.

Ich fahre zusammen. Halte den Atem an. Versteife mich. Soll das heißen, ich wäre nicht professionell genug gewesen? „Ich habe alles perfekt verstanden", versuche ich mich zu rechtfertigen. Ich fühle mich getadelt. Die Note, die ich erhalten habe, lässt doch keine Abzüge zu, oder? Die Tutorin erklärt sich genauer. Nein, meine Leistung war ausgezeichnet. Darum die Bewertung. Aber dennoch hat sie gemerkt, dass ich einen persönlichen Zugang zum Thema habe. „Weißt du, ich arbeite jeden Tag mit Betroffenen, das spürt man einfach." Meine Fassade fällt. Ich weiß nicht, wie ich jetzt reagieren soll. Habe Angst, dass meine Leistung selbst im Nachhinein noch getrübt werden könnte. „Ich möchte nicht darüber sprechen", sage ich. „Ich will mir meine Zukunft nicht verbauen." Wir verabschieden uns. „Du weißt, wo du uns finden kannst", sagt meine Tutorin zum Abschied.

Das Gespräch geht mir nicht mehr aus dem Kopf. Ich gehe alle Varianten durch. Es dauert sehr lange, bis ich für mich selbst akzeptieren kann, dass es wirklich keine Kritik war, dass ich nichts falsch gemacht oder Schwäche gezeigt habe. Vielleicht ist der Vorschlag gar nicht so schlecht. Ich habe mir doch eigentlich schon immer gewünscht, dass mir endlich jemand zuhören würde. Dass ich ernst genommen werde. Und dass sie mich ernst nimmt, das hat sie mir gezeigt, dadurch, dass sie auf mich zugekommen ist. Ohne, dass ich danach fragen musste. Es vergehen Wochen, Monate. Irgendwann fasse ich mir ein Herz. Wähle die Nummer. Frage nach einem Termin. Meine Tutorin fragt mich, bei wem ich den Termin haben möchte. Da sie italienischer Muttersprache ist, wäre es vielleicht vorteilhafter, wenn nicht sie die Gespräche führt. Über Persönliches, Gefühle, ist es einfacher, in seiner eigenen Sprache zu sprechen. Ich lehne vehement ab. Nein.

Mit jemandem anderen werde ich nicht sprechen. Es hat ewig gedauert, um mich zu überwinden, mich mental vorzubereiten. Meine Tutorin war richtig nett, wir haben uns super verstanden. Außerdem habe ich großes Vertrauen in sie. Ich konnte schließlich neben ihrem Verhalten mir gegenüber auch beobachten, wie ihre Art betroffenen Frauen gegenüber war. Und ich fand es toll. „Also machen wir einen Termin aus, ich freue mich!", sagt sie.

*

Woche um Woche gehe ich nun in die Beratungsstelle. Erst fühlt es sich eigenartig an, über meine Situation zu sprechen. Es ist etwas ganz Neues. Ich muss mich sehr überwinden. Doch die größte Hürde wurde bereits von außen gebrochen. Durch meine Praktikumserfahrung kann ich mir sicher sein, dass ich hier verstanden werde. Ich bin aufgebracht. Gefühle zu kontrollieren, wenn man die Situation zulässt und nicht mehr verdrängt, ist nahezu unmöglich. Manchmal werde ich laut, manchmal kommen mir die Tränen, kann sie nur zum Teil zurückhalten. Doch ich merke, dass es in Ordnung ist. Ich versuche konzentriert, die richtigen Worte zu finden. Ich versuche, zum Beantworten der Fragen mit einzubeziehen, wie meine Mama sich wohl gefühlt hat. Ich versuche zu berücksichtigen, wie es meinen Brüdern geht. Ich will zeigen, dass ich alle verstehen kann. „Hier geht es um dich, um deine Situation und um deine Gefühle!" Ich bin erstaunt. Das sind ganz neue Töne. Ich weiß gar nicht genau, wie ich damit umgehen soll. Es ist anstrengend, die Antworten aus meiner Sicht, unter Einbezug meiner eigenen Gefühle zu erklären. Ich erzähle, wie sehr ich Papa vermisse. Wie einsam ich mich fühle. Ein einziger Fehler meinerseits hat dazu geführt, dass ich meinen Papa verloren habe.

Die Antwort der Frau ist vorsichtig, doch direkt. Sie weist mich behutsam darauf hin, dass Papa mich eingesetzt hat, für seine Zwecke. Meine Leistungen wurden belohnt, schon immer. Nicht aber mein reines Sein.

Es ist hart, das zu hören. Ich verstumme. Die Stunde ist eh vorbei. Ich gehe nach Hause. Papa hat mich geliebt, über alles geliebt. So wie ich ihn liebe. Aus diesem Grund habe ich doch alles für ihn getan. Tränen laufen über mein Gesicht. Papa hat mich nie geschlagen, er hätte mir doch niemals wehgetan! Das weiß ich ganz genau. Noch mehr Tränen nehmen ihren Lauf. Von ganz weit unten, aus den tiefsten Abgründen meiner Seele, steigen einzelne Bilder empor. Ganz langsam sickern Erinnerungen zu mir durch. Zurückweisung, Verletzung, Vernachlässigung. Gewalt. Ich kann es nicht mehr leugnen, nicht vor mir selbst. Das Bild, das ich mir aufgebaut habe, schon immer, seit ich denken kann, das Bild von meinem geliebten Papa – es war falsch. Es war schlicht und ergreifend nicht real. Ich hatte vor mir selbst verleugnet, dass er mich verletzt hat. Ich habe mir alles gut geredet, ihn immer und für alles entschuldigt. Meine Liebe war grenzenlos, hat alles andere verdeckt. Weil ich mich so sehr danach gesehnt hatte, geliebt zu werden. Ich wollte einfach nur geliebt werden, frei von allen Urteilen, egal, welche Fehler ich mache, egal was ich sage. Liebe ohne Kompromisse. Und darum habe ich ihm genau diese Liebe entgegengebracht, in der Hoffnung, dass ich dasselbe verdiene. Doch ich bin dabei leer ausgegangen. Es wird Zeit – und ich bin es mir selbst schuldig – zu erkennen, dass dieses Bild nicht real ist, nie real war. Diese Erkenntnis schmerzt so sehr. Sie hat eingeschlagen wie eine Bombe. Mitten in mein Herz.

Meine Tutorin hat recht. Ich war nur ein Mittel zum Zweck. Ich weine, lautlos, so viele Emotionen scheinen gleichzeitig ihren Weg aus meinem Körper zu suchen. Neben dem Schmerz verspüre ich nach einiger Zeit auch Erleichterung. Mit dieser neuen Erkenntnis macht alles ein wenig Sinn. Ich kann damit aufhören, mir selbst einen Fehler vorzuwerfen und mich selbst dafür zu hassen. Ich habe meinen Papa nicht verloren, weil ich eine falsche Entscheidung getroffen habe. Ich habe richtig gehandelt, habe mich für Gerechtigkeit eingesetzt, Position gegen Gewalt bezogen. Er fand mich nur gut, solange ich ihn gestützt habe. Solange ich all das gemacht habe, was er von mir verlangt hat. Rücksichtslos, ohne meine Gefühle und meine

Wünsche auch nur für einen Moment miteinzubeziehen. Er hat mich aus seinem Leben gekickt, weil ich mich einmal geweigert habe, sein Spiel mitzuspielen. Die Liebe wurde abgedreht wie ein Wasserhahn, an dem man willkürlich schalten kann.

*

Die Gespräche ändern vieles für mich. Meine Tutorin erklärt mir, dass wir keine alten Wunden aufarbeiten können. Dies ist eine Beratungsstelle. Sie empfiehlt mir aber, einen Psychologen aufzusuchen. Doch zu diesem Zeitpunkt macht das keinen Unterschied für mich. Der Druck in meinem Inneren lässt ein kleines bisschen nach. Ich versuche nun, meine Emotionen in Worte zu fassen. Rein die Tatsache, endlich Verständnis zu spüren, löst sehr viel in mir aus. Ich erhalte zum ersten Mal in meinem Leben Zuspruch in meinem Verhalten und Anerkennung für die Situation. Ich höre zum ersten Mal, wie schlimm es doch als Kind ist, in so einer Situation zu stecken. Ich bekomme das Recht zugesprochen, traurig zu sein, Schmerzen zu spüren. Meine eigenen Gefühle wahr und ernst zu nehmen, nicht bloß die der anderen. Zuvor hatte rein das Erwähnen von Papa, schon, wenn andere über ihren Vater gesprochen haben, emotionale Krisen und Zusammenbrüche in mir ausgelöst. Explosionsartig. Nun kann ich langsam und behutsam anfangen, über meine Empfindungen zu sprechen.

Ich versuche in Folge, einen Termin bei einem Psychologen zu erhalten, wende mich an eine dafür geeignete Beratungsstelle. Es ist leider kein Termin frei. Die Wartelisten sind lang, Monate würde es dauern, bis ein Termin frei wird. Ich finde dies aber im Moment nicht weiter schlimm. Die neuen Erkenntnisse zu akzeptieren und in meinem Kopf umzusetzen, ist im Moment sehr viel, mehr würde ich jetzt eh nicht schaffen. Dass ich zum ersten Mal in meinem Leben diese Situation angesprochen habe, ist sehr befreiend. Eine Hürde ist gefallen. Dort wo zuvor eine unüberwindbare Mauer aus Beton und Stacheldraht stand, steht jetzt nur noch ein hoher Zaun aus Holz.

Zum ersten Mal in meinem Leben schaffe ich es, mit meiner besten Freundin über Teile der Ereignisse zu reden. Ich kann, wenn auch nur ganz selten und in ausgewählten Situationen, über manche Schwierigkeiten sprechen. Die Situation ist brisant, denn mit dieser Überwindung und diesem extremen Vertrauensbeweis lege ich eine große Last auf meine Gesprächspartner. Ich betrachte nämlich die jeweiligen Reaktionen mit Argusaugen. Meine Angst, verletzt, nicht verstanden oder nicht ernst genommen zu werden, ist noch genau so groß wie zuvor. Aus diesem Grund ist es nahezu unmöglich, die richtigen Worte zu finden. Nicht selten breche ich nach Gesprächen zusammen. Fühle mich oft in meinem Zweifel und Misstrauen bestätigt. Ich kann den richtigen Halt nicht finden. Meine Seele ist dermaßen instabil, sie steht auf der Kippe.

*

Mein Studium geht dem Ende zu. Ich habe es tatsächlich geschafft, auch die Abschlussarbeit schon fertigzustellen, und somit kann ich gleich nach der letzten offiziellen Prüfung die Arbeit präsentieren und mein Diplom abholen. Ich bin so aufgeregt. Endlich ist dieser Druck vorbei. Endlich kann mein Kopf wieder durchatmen.

Meine beste Freundin kommt mit und erwartet mich nach der Prüfung mit einem Gläschen Sekt vor der Tür. Sie umarmt mich freudestrahlend, lacht, gratuliert mir zu meinem Studienabschluss. Doch ich kann mich nicht freuen. Ich habe die Höchstnote nicht erreicht. Ein super Ergebnis, doch nicht das, was ich wollte. Ich fühle keine Freude. Der ganze Druck verpufft, doch an seine Stelle tritt ein Gefühl der Leere. Und Ärger. Ich will einfach nur nach Hause. Mich in mein Bett legen. Nichts mehr hören und nichts mehr sehen. Meine ganze Kraft ist aufgebraucht. Ich merke, dass nicht nur die Note der Auslöser für meine Enttäuschung war, ich habe einfach keine Kraft mehr. Die letzten Jahre waren zu viel für mich. Das ständige Streben hat mich angetrieben, in Bewegung gehalten. Meinen Kopf nur auf Leistung zu fixieren, hat mich größtenteils davon abgehalten, mich selbst zu spüren. Doch dieser ständig auf Hochtouren laufende Motor ist nun ausgeschaltet worden.

Der Zug, der Druck, der durch mein Studium entstand, ist erloschen. Und in mir bleibt nichts mehr übrig. Außer Leere und Schmerz. Ich bin so müde. Ich kann nicht mehr lachen. Ich kann nicht mehr atmen. Ich kann mich nicht mehr bewegen. Ich kann nicht mehr. Eine ganze Woche lang schaffe ich es nicht, mein Bett zu verlassen. Ich will niemanden sehen oder hören. Ich kann nicht mehr reden. Ich kann einfach nicht mehr. Ich bin am Ende.

*

Zehn Tage später steht eine große Abschlussfeier an, nur für mich. Alle meine Freunde sind da; es wurde vieles organisiert, gebastelt, dekoriert. Ich bekomme einen schwarzen Hut. Ich werde so richtig gefeiert. Und freue mich riesig. Es geht mir etwas besser, jetzt kann ich meinen Studienabschluss auch genießen. So viel Zuneigung schlägt mir entgegen, mein bester Freund hat als Überraschung sogar ein kleines Feuerwerk für mich organisiert. Ich bin total überwältigt von alledem. Ich spüre, dass es nun wieder bergauf gehen kann. Ich bin wieder da.

Bereits vor Abschluss meines Studiums habe ich ein Arbeitsangebot erhalten. Die Stelle wollte ich schon immer haben. Ich kann es kaum glauben, mein Fleiß hat sich ausgezahlt. Ich trete also direkt die neue Arbeitsstelle an, bin bereit für einen neuen Abschnitt in meinem Leben. Nur noch ein Job, ein reguläres Leben. Jetzt liegt alles in meiner Hand. Jetzt wird alles gut. Ich spüre es. Die Arbeit bietet viel Herausforderung, außerdem macht sie mir unheimlich viel Spaß. Ich weiß genau, dass ich die richtigen Entscheidungen getroffen habe. Ich weiß, dass ich in meinem Job gut bin. Und ich gebe alles.

Sechstens

Im Herbst mache ich mit Freunden einen Bootsausflug. Wir sind eine tolle Gruppe, haben unglaublich viel Spaß. Ich lache Tränen, alles ist so herrlich unbeschwert. Quatsch reden, tanzen, feiern, essen. Ich bin glücklich, der Wind bläst durch mein Haar. Ich rieche den Duft des Wassers. Versuche jedes Detail, jede Wahrnehmung zu inhalieren. In vollen Zügen genießen. Auftanken. Speichern. In dieser Gruppe fühlte ich mich geborgen, akzeptiert, zugehörig. Ich fühle mich gut.

Ich lerne einen Mann kennen. Ihm gehört das Boot. Wir unterhalten uns, er ist sehr nett. Wir flirten. Unverbindlich, nur aus Spaß.

Am nächsten Tag ruft er mich an. Er will mich wieder sehen, mich besser kennenlernen. Er ist lieb und sehr bemüht, doch ich bin skeptisch. Dieser Mann löst in mir ein Warnsignal aus, meine Seele meldet Gefahr. Ich will niemanden an mich heranlassen, niemanden näher kennenlernen. Ich will Abstand zu mir selbst wahren, Distanz zu meinen Empfindungen aufbauen.

Der Mann ist hartnäckig. Er will mir beweisen, dass es ihm ernst ist. Anscheinend habe ich Eindruck bei ihm hinterlassen. Er könnte viele Frauen haben, doch er will mich. Ich versuche, mich dieser Situation zu entziehen, zu flüchten. Er gibt nicht auf. Unaufdringlich, aber konsequent. Ich suche nach einem Vorwand. Keine Zeit. Verschiedene Faktoren, die nicht passen. Gebe ihm einen Korb. Wieder und wieder. Doch langsam beginnt seine Stärke, seine Ruhe, seine Sicherheit in Handeln und Tun, mich zu faszinieren. Ohne dass ich es will. Und das macht mir Angst. Ich kontrolliere meine Gefühle, wie ich es immer tue. Mich auf einen Mann ernsthaft einlassen? Nein! Es wäre zu bedrohlich für mich. Ich konzentriere mich auf meinen Job. Ich konzentriere mich darauf, meine Emotionen so flach wie möglich zu halten. Ich konzentriere mich darauf, alle Einflüsse, die Krisen auslösen könnten, zu umgehen.

*

Durch seine Hartnäckigkeit, schleichend, hat der Mann es jetzt, Monate später, geschafft, einen kleinen Platz in meinem Leben zu erringen. Ob ich will oder nicht, ich freue mich mittlerweile, von ihm zu hören. Manchmal treffen wir uns. Gehen zusammen weg. Unterhalten uns. Es ist spannend, mit ihm zu sprechen. Wir haben ähnliche Anschauungen, Motivationen. Er versteht es, ebenso wie ich, das Leben im Augenblick zu genießen, sich nicht von Rückschlägen nach unten ziehen zu lassen. Wir verbringen herrliche Momente miteinander. Er strahlt so viel Ruhe und Stärke aus und das tut mir gut. Immer wieder versuche ich, ihn zurückzuweisen. Immer wieder teile ich ihm mit, dass ich ihn nicht sehen will. Dass ich auf gar keinen Fall eine Beziehung will. Doch er ist felsenfest davon überzeugt, dass es richtig ist. Ich bin verwirrt. Warum lässt er mich denn nicht in Ruhe? Ich schaffe es normalerweise immer, Distanz zu wahren. Abstand zu halten oder Abstand zu schaffen. Doch dieser Mann ist anders. Meine Taktik scheint hier nicht zu funktionieren. Auch nach einigen Monaten sind seine Zuneigung und sein Interesse ungeteilt. Eine Konstante dieser Art kannte ich bisher in meinem Leben noch nicht. Er gibt mir das Gefühl, etwas ganz Besonderes zu sein. Ich sehe in seinen Augen, dass er mich atemberaubend schön findet. Ich spüre durch seine Worte, durch sein Verhalten, dass er mich und meine Art toll findet. Dass er mich liebt. In allem, was ich bin.

Es ist ein unglaubliches Gefühl. Und Anlass für mich, ganz schnell die Flucht zu ergreifen. „Ich muss weg", und schon bin ich aus der Tür. Mein Herz schlägt Alarm. Panik. Ich will kein Hochgefühl spüren. Die unbeschreibliche Angst vor dem tiefen Fall nimmt mir den Atem. Ich will nicht, dass mein Gefühl abhängig ist von einer anderen Person. Ich will keine Verbindung. Ich vertraue nur mir selbst. Nie wieder in meinem Leben will ich mein Herz ausliefern. Muss mich selbst schützen. Nein. Ich könnte es nicht noch einmal überleben. Nein. Es gibt keine Konstante für mich. Keine Beständigkeit.

Mein Körper gerät in Stress. Lauf weg! Es ist ein automatischer Reflex. Ich kann dann nichts dagegen tun. Außer zu laufen. Mich selbst und meine Seele in Sicherheit zu bringen.

Weit weg von der Gefahr. Von diesem unbändigen Schmerz. Vor diesem schwarzen, tiefen Loch.

*

Er hat für mich gekocht. Dieser Mann versteht, was Genuss bedeutet. Gewürze verblenden meine Sinne. Kerzenschein. Gedämmtes Licht. Musik. Ein Gläschen Wein. Ich bin fasziniert. Er schafft es gerade, mich zu überzeugen. Mit Witzen und lautem Lachen versuche ich aber, jedes Gefühl zu überspielen. Keine Intimität aufkommen lassen. Ich möchte nur diesen Moment genießen, keine längere Verbindung soll entstehen. Er lächelt mich an. Will, dass es mir an nichts fehlt. Erkundigt sich, ob ich glücklich bin. Nach dem Essen dreht er die Musik etwas lauter. Der Klang einer tiefen Männerstimme hallt durch den Raum. Gänsehaut überzieht meinen Körper. Musik löst Emotionen in mir aus, doch diese Kombination übertrifft alles. Ist überwältigend. Explosiv. Ich spüre jedes Wort des Liedes auf meiner Haut. Er setzt sich neben mich. Streichelt sanft über mein Gesicht. Seine Augen sind voller Liebe. Zärtlichkeit. Hoffnung. Er küsst mich. Zieht mich in eine Umarmung an seine starke Brust. Er ist kräftig, fühlt sich unglaublich gut an. Wir versinken im Moment. Ich versuche immer noch, mich zu wehren. Ich versuche, mich dieser Umarmung zu entziehen. Dieser Zuneigung. Diesem Sog.

Es ist alles perfekt. Und gerade deshalb ist meine Angst riesengroß. Mein Herz rast, meine Seele springt im Kreis. Wohin? Es ist wahnsinnig schön und wahnsinnig schrecklich zugleich. Gitarrenklänge, ihre Intensität unfassbar. Die Stimme des Sängers trifft mich mitten ins Herz, der Text, wie für diese Situation geschrieben. „Wir werden lernen, gemeinsam zu gehen … Hand in Hand werden wir die Distanz besiegen … Es wird Frieden für uns geben …" Ich halte es nicht aus, die Intensität dieser Situation raubt mir den Atem. Der Druck auf meine Brust wird von Sekunde zu Sekunde stärker. Ich versuche, mich der Umarmung zu entziehen, will fort. Doch er hält mich fest, lässt mich nicht mehr los. Mit ernstem Blick drückt er mich ganz fest an sich. Bestimmt. Regungslos. Einfach, weil es richtig ist. Ohne ein Wort zu sagen, weil jetzt kein Wort das richtige wäre. Ich spüre diese Sicherheit. Seine Stärke. Meine Angst. Noch ein letzter Versuch, dann gebe ich den Widerstand auf. Lasse mich fallen, lehne mein Gesicht an seine Brust. Spüre seine Nähe und die Wärme.

Meine Seele setzt sich am Boden hin, mit überkreuzten Füßen. Sie schlägt die Hände vors Gesicht. Sie hält diese Nähe nicht aus. Ist verzweifelt, weil sie nicht aus dieser Situation fliehen kann. Ich spüre seinen Atem in meinem Haar. Fühle mich geborgen. Es ist so gut. Und doch so schlimm. Ich finde keinen Ausweg in diesem Chaos der Gefühle. Tränen steigen in mein Gesicht. Normalerweise wäre ich jetzt schon geflüchtet und würde heimlich weinen. Doch ich bin immer noch da. In seinen Armen. Lasse den Tränen freien Lauf. Zum ersten Mal. Zeige meine wahren Gefühle. Weine, heule, kann kaum noch atmen. Ein heftiger Weinkrampf bricht aus mir heraus, all die Emotionen suchen Befreiung. Er zieht mich noch etwas fester an sich. Versteht nicht die Hintergründe, lässt sich nur leiten von seinem Gefühl. Ist einfach da. Ich kann nicht mehr fliehen. So sehr es schmerzt. So sehr es mich verwirrt – ich kann es nicht mehr leugnen: Ich liebe ihn.

*

Monate vergehen, nach außen hin scheint alles gut. Endlich kehrt Ordnung und Ruhe in mein Leben ein. Zum ersten Mal, seit ich denken kann, schlafe ich eine Nacht durch, ohne Albträume, ohne Hochschrecken, ohne Herzrasen. Er hält mich fest in seinen Armen, die ganze Nacht. Ich ziehe bald bei ihm ein. Und langsam greift seine Ruhe auch auf mich über. Er gibt mir Sicherheit, Geborgenheit. Passt auf mich auf. Er ist mein Fels in der Brandung. Zum ersten Mal in meinem Leben habe ich das Gefühl, loslassen zu können.

Seltsam nur, dass mir immer öfter furchtbar schlecht ist. Ich entwickle plötzlich Allergien gegen Cremes und Kosmetika, die ich eigentlich immer schon verwendet habe. Meine Augen sind entzündet. Meine Gelenke schmerzen, eine Entzündung in der Wirbelsäule muss sogar mit einer Spritze behandelt werden. Mir ist oft schwindelig. So sehr, dass ich das Gefühl habe, ohnmächtig zu werden. Ich versuche, dagegen anzukämpfen, doch es überkommt mich, ohne dass ich etwas tun kann. Ich fange an zu zittern, am ganzen Körper. Kann nicht mehr atmen.

Ich habe Angst vor diesen Anfällen; beruflichen Terminen sehe ich mit Furcht entgegen. Ich kann nie vor einer neuen Attacke sicher sein. Egal, wo ich gerade bin. Hinzu kommt ein Stechen in meiner Brust. Es wird stärker, von Tag zu Tag. Manchmal denke ich, dass ich einen Herzinfarkt erleide. Es sticht so sehr, ich schreie vor Schmerz. Was passiert mit mir?

Mein Freund bringt mich ins Krankenhaus. Ich kann nicht mehr aufrecht stehen vor Schmerz. Mein Körper wird genau kontrolliert, getestet. Nichts. „Sie sind kerngesund!", sagt der Arzt. Ich sehe ihn ungläubig an. Unter Schmerzen. Ich bilde mir das doch nicht ein! Er zuckt mit den Schultern. „Vielleicht sollten sie sich etwas ausruhen", meint er. Ich war selten so ausgeruht.

Ich bin verzweifelt. Hilflos. Verlasse das Krankenhaus unter Schmerzen und Schwindel. Tränen laufen über mein Gesicht. Ich weiß nicht, was ich tun soll. Gehe zur Arbeit, obwohl ich mich nicht danach fühle. Es bleibt mir nichts anderes übrig. Ich fühle mich unglaublich hilflos. Allein. Früher war ich schon öfter beim Arzt, um meine Kopfschmerzen überprüfen zu lassen. Sein Rat damals war derselbe: Ausruhen, vielleicht ein Aspirin. Bin ich verrückt? Ich habe keine Erlaubnis, mich schlecht zu fühlen. Es gibt anscheinend keinen Grund dazu.

Wir fahren für ein paar Tage weg. Nach Venedig. Ich möchte entspannen. Möchte es genießen. Alles scheint perfekt dafür. Doch die Schmerzen bringen mich um den Verstand. Ich schmeiße die Zigaretten in den Müll; ab heute rauche ich nicht mehr. Will alles dafür tun, um mich besser zu fühlen. Doch nichts. Ich kann es kaum aushalten. Ich stehe auf einer romantischen Brücke, da übermannt mich eine Attacke. Ein Stechen, ich kann nicht mehr atmen. Versuche noch, mich am Geländer der Treppe festzuhalten. Sacke zu Boden. Tränen laufen über mein Gesicht. Ich weiß keinen Ausweg. Es ist so hoffnungslos. Wir fahren sofort zurück. Gehen wieder ins Krankenhaus. Dasselbe Ergebnis. „Ruhen Sie sich etwas aus!" Und wieder werde ich entlassen.

Ich möchte nicht mehr leben. Ich kann nicht mehr kämpfen. Ich bin mit meinem Latein am Ende. Ich bin an dem Punkt, an dem ich alleine nicht mehr weiterkomme. Meine ganzen Strategien, die ich mir im Laufe meines Lebens angeeignet habe, sie sind wirkungslos. Ich kann mich nicht mehr ablenken, nichts überspielen, nicht fliehen. Die Schmerzen – sie sind real. Sie sind stark. Nehmen mir die Kraft. Jeden Tag. Es scheint, als ob ich jeden Tag weniger Luft zu mir nehmen könnte. Ich fühle mich, als würde ich langsam ersticken. Ich kann es nicht aufhalten. Warum hilft mir denn niemand? Der Optimismus, die unbändige Kraft und der Wille, weiter zu kämpfen, alles gut werden zu lassen. Alles das wird von Tag zu Tag weniger. Ich kann nicht mehr. Das Lachen fällt mir schwer. Mir fehlt die Energie, Sport zu machen. Bisher konnte ich dort Kraft und Ruhe schöpfen. Alles fühlt sich so anstrengend an.

*

Mein Rücken brennt, als ich aufwache. Es ist noch früh. Mir ist schwindelig, schlecht. Mein Kopf schmerzt, steht unter Druck. Ich gehe ins Badezimmer. Versuche tief zu atmen, doch es gelingt mir nicht. Als ich am Spiegel vorbeigehe, zucke ich zusammen. Ich drehe mich zur Seite, um meinen Rücken besser sehen zu können. Erstarre. Rote Flecken, am ganzen Rücken. Abgegrenzt von einem scharfen Rand. Es brennt. Juckt. Das bilde ich mir doch nicht ein! Mein Körper schlägt Alarm. Etwas stimmt nicht mit mir. Ich weiß bloß nicht, was ich tun soll.

*

Ich melde mich krank. Das fällt mir nicht leicht, weil ich doch eigentlich Leistung abliefern will. Gehe erneut zum Arzt. Er überweist mich ans Krankenhaus, ist ratlos. Die Dermatologin sagt, dass die Flecken Reaktion auf extremen Stress sind. Ich soll mir Urlaub nehmen. Ich sehe sie entgeistert an. Ich bin nicht gestresst! Ich war erst kürzlich im Urlaub. Sie schickt mich an den Hausarzt zurück. Er verschreibt mir Kranken-stand – drei Wochen. Ich soll mich ausruhen. Mit schwerem Herzen gehe ich nach Hause. Es fühlt sich nicht richtig an. Ich brauche Hilfe. Doch kann sie nicht finden.

Die nächsten Wochen sind furchtbar. Der Schwindel wird stärker, ich wache jetzt sogar manchmal nachts auf, weil ich das Gefühl habe, dass mein Bett sich dreht. Ein Karussell. Ich schließe die Rollos, damit mich niemand sehen kann. Ich schäme mich für meine Hilflosigkeit, für meine Schwäche. Ich kann diese Situation niemandem erklären. Weil ich es selber nicht verstehe. Ich weine viel. Ich sehe keinen Sinn mehr im Leben. Ich wünsche mir, tot zu sein. Ich möchte einfach nur noch, dass das alles aufhört. Mir fehlt die Kraft, aus meinem Bett zu steigen. Wenn ich in den Spiegel schaue, sehe ich, dass meine Augen ihren Glanz verloren haben. Ich sehe aus, als ob ich tot wäre. Bin blass, mein Gesicht wirkt aufgedunsen. Ich habe keine Hoffnung mehr. Ich möchte kämpfen, doch habe keine Waffen mehr.

Meine beste Freundin reist extra an, um mich zu unterstüt-zen, doch auch sie stößt an ihre Grenzen. Mama versucht, mich zu erreichen, ich wimmle sie ab. Ich will niemanden mehr sehen, es kann mir doch eh niemand helfen. Auch meine Bezie-hung wird tagtäglich auf harte Proben gestellt. Ich bin unaus-geglichen. Verzweifelt. Meine Äußerungen werden immer ext-remer. Ich fühle mich allein mit meinen Ängsten und Sorgen.

Wenn mein Freund abends nach Hause kommt, ist er müde von langen Arbeitstagen. Durch mich schläft er momentan nicht viel. Ich fordere so viel Aufmerksamkeit. Seine Geduld, seine unzerstörbare Ruhe, seine Stärke. Sie zeigen langsam Risse auf. Langsam weiß er auch nicht mehr, was er tun soll. Ich werde eifersüchtig. Auf das Leben draußen. Schlimme Bilder ziehen durch meinen Kopf. Ich fordere Beweise seiner Liebe. Beweise dafür, dass er mich nicht fallen lässt.

Ich kann nicht mehr denken. Bin nur noch ein Wrack. Mein Freund weiß nicht mehr, was er sagen soll. Während einer erneuten Provokation meinerseits verlässt er einfach den Raum. Und das ist zu viel für mich. Ich raste aus. „Du darfst mich nicht verlassen!", brülle ich ihn an. Meine Seele ist so voller Schmerz, ich kann mich nicht mehr beherrschen. „Beruhige dich erst mal." Resigniert dreht er sich um. „Ich habe keine Lust mehr auf all das." Er wendet sich von mir ab. Meine größte Angst, die schlimmsten Befürchtungen scheinen sich nun zu bewahrheiten. Ich habe ihm vertraut, ihm meine Liebe geschenkt und jetzt verlässt er mich. Ich sehe rot. „Nein!" Ich schreie so laut, dass es bestimmt sogar die Nachbarn hören können. Bäche voller Tränen stürzen über mein Gesicht. „Du Arschloch, du darfst mich nicht verletzen! Das darfst du nicht!" Ich springe aus dem Bett, wie von der Tarantel gestochen, laufe ihm hinterher. Packe ihn am Arm. Ich will ihn schütteln. Ich will, dass der Schmerz in mir aufhört. Ich kann nicht mehr denken. Reine Panik und Todesangst sprechen aus mir. Er sieht mich an, sichtlich überfordert, sein Blick wird langsam kalt. „Hör auf mit dem Theater!", sagt er.

Diese Worte hat Papa so oft gesagt. Reines Theater, obwohl meine Seele am Verrecken war. Jetzt brennt eine Sicherung in mir durch. Nein! Ich werde diesen Horror nicht noch einmal durchleben. Ich würde es nicht überleben. Ich greife nach seinen Haaren. Ziehe ganz fest daran. Brülle, heule. „Du darfst mir nicht wehtun, hörst du! Du hast kein Recht dazu! Du mieses Arschloch, du spielst mit mir!" In seinen Augen sehe ich Angst.

Nur ein ganz kleiner Teil meines Gehirnes scheint noch zu funktionieren. Es starrt mich entsetzt an. Spinnst du denn total? Was machst du hier? Ich fühle mich gefangen in der Situation. Keine Ahnung, wie ich das hier beenden könnte. Mein Gefühl, meine Schmerzen, alles bindet sich gerade an diesen Moment und weigert sich, sich auch nur für einen Zentimeter zu entfernen. Nicht, bevor die richtige Rückmeldung gekommen ist. Doch diese Rückmeldung existiert nicht. Denn der Ursprung meines Ausrasters liegt eigentlich ganz woanders. Ich merke das bloß nicht. In diesem Moment gibt es keine Befriedigung, keine Linderung. Obwohl meine Seele danach schreit. Ich habe das Gefühl, total den Verstand zu verlieren. Ich bin rasend. Ich drehe durch. Um nicht noch mehr anzurichten, laufe ich zur Hintertür. Laufe aus dem Haus. Es ist dunkel. Ich laufe durch die Wiesen. Jetzt bin ich wirklich übergeschnappt. Ich schreie, heule. Habe keine Ahnung, was ich hier eigentlich tue. Ich drehe durch. Ich will sterben. Endlich tot sein.

Doch dafür bin ich nicht entschlossen genug. In Wahrheit möchte ich doch einfach nur glücklich sein. Ich möchte, dass mir jemand hilft. Einen Weg finden. Diesem Horror endlich ein Ende setzen.

*

Ich entschuldige mich am nächsten Tag. Fühle mich unendlich schlecht. Ich merke erst im Tageslicht, wie viele Haare ich ihm ausgerissen habe. Kleine blutverschmierte Krusten zieren seinen Hinterkopf. Mir schaudert, ich muss mich übergeben. Mein Herz gefriert. Diese Situation übertrifft alles Bisherige an Furchtbarkeit. Was soll ich bloß tun? So kann es nicht weitergehen. Ich rufe bei einer Beratungsstelle an. Ich brauche Hilfe, und zwar ganz dringend! „Es tut uns leid, alle unsere Psychologen sind besetzt. Wir können Sie gerne auf die Warteliste setzen." Die Warteliste ist immer noch monatelang. Ich versuche eindringlich, den Ernst der Lage zu erklären. Ich flehe sie an. „Bitte, ich brauche Hilfe!" „Es tut mir leid, ich kann nichts machen. Andere brauchen auch Hilfe." Ich beende das Gespräch. Kann nicht mal mehr weinen. Es ist ausweglos. Das alles scheint mir nicht real. Ein nicht enden wollender, furchtbarer Albtraum.

Es läutet an der Tür. Der Amtsarzt kontrolliert, ob ich denn im Rahmen meines Krankenstandes auch zuhause bin. Er fragt mich nach meiner Diagnose. Sieht mich abwertend an. Fragt, ob ich mich denn nicht schämen würde. Erläutert mir, dass ich offensichtlich nur die Arbeit verweigere. Ob ich denn keine Freunde hätte, fragt er mich. Ob ich es darum vorziehe, den ganzen Tag über alleine zu Hause zu bleiben. Ich entgegne nichts. Schockiert starre ich ihn an. Seine Worte ziehen an mir vorbei, in weiter Ferne. Lieber Gott, lass mich aufwachen aus diesem Albtraum! Bitte, lass das nicht wahr sein. Bitte sag, dass das hier nicht wirklich mein Leben ist!

Als der Mann das Haus verlässt, breche ich zusammen. Ich weine, kann nicht atmen. Ich will nicht mehr dagegen ankämpfen. Mein Körper ist total ausgelaugt. Ich gebe nach, lasse mich fallen. Ohnmacht.

Als ich wieder zu mir komme, gehe ich zum Arzneischränkchen. Ich sehe Tabletten. Keine Ahnung, wofür die sind. Ich hole sie allesamt aus der Verpackung. Ganz viele, kleine, weiße Perlen liegen nun vor mir auf dem Tisch. Mein Blick ist resigniert.

Was mache ich denn da? Ich will doch nicht sterben. Ich möchte doch leben! Und glücklich sein. Ich lege den Kopf auf meine Arme und weine. Verzweifelt. Lege mich ins Bett und versuche zu schlafen.

*

Es folgen weitere Ausraster, Ausbrüche. Es geht mir zunehmend schlechter. Der Arzt verlängert meine Krankschreibung um weitere Wochen, meine Hilflosigkeit wird größer und größer. Ich weiß nichts mit mir anzufangen, die Zeit arbeitet gegen mich, weil ich keine Strategien habe, um etwas zu verbessern. Ich wechsle den Hausarzt, suche einen anderen auf. Er schreibt mich erst krank, dann bittet er mich um ein Gespräch. Er kommt zum Schluss, dass hinter meinen Symptomen viel mehr stecken muss. „Die Werte sind in Ordnung. Wenn der Körper so arg randaliert, setzt er sich gegen etwas zur Wehr. Der Ursprung liegt in Ihrer Seele. Ich würde Ihnen eine stationäre, intensive Therapie verschreiben, wenn sie damit einverstanden sind."

Ich bin geschockt. Heißt das, dass ich jetzt tatsächlich durchgeknallt bin? Ich wollte auf der anderen Seite stehen, Menschen helfen. Und jetzt bin ich anscheinend selbst verrückt. Ich gehe nach Hause. Erzähle meinem Freund davon.

Er findet die Idee gut. Ich schaue ihn an, bitterböse. „Willst du mich also doch loswerden. Verräter!"

Langsam gewöhne ich mich an den Gedanken. Ich realisiere, dass ich nun Hilfe bekomme. Dass ich nicht mehr darum betteln muss. Ich vereinbare einen Termin im Therapiezentrum. Erzähle in knappen Worten meine Geschichte. Ende damit, dass ich alles versucht habe, jetzt aber nicht mehr weiter weiß. Bitte darum, mich ernst zu nehmen. Mich nicht wegzuschicken. Nur wenige Tage später werde ich aufgenommen. Das Haus, das ganze Zentrum ist wunderschön. Es liegt an einem ruhigen Ort, mitten in der Natur.

Am ersten Tag im Zentrum breche ich vollends zusammen. Ich gebe all den Widerstand auf. Jetzt, endlich, habe ich Menschen gefunden, die mich unterstützen. Die mir weiterhelfen werden. Die mir wieder eine Richtung zeigen. Obwohl mein Blick, mein Körper, meine Seele wie tot sind, spüre ich ganz tief in mir, dass jetzt alles gut wird. Ich werde wieder stärker werden. Ich werde wieder kämpfen. Ich werde alles dafür tun, dass mein Leben gut wird. Ich werde Strategien lernen. Ich will meine Zukunft genießen, ich will glücklich sein. Nur ansatzweise kann ich erahnen, welche Knochenarbeit auf mich zukommt, um neu zu starten. Doch ich werde es schaffen. Denn ich bin bereit, alles dafür zu tun, dass es gut wird. Alles und noch mehr, um mein Leben endlich selbst in die Hand nehmen zu können. Um die alten Wunden endlich verheilen zu lassen. Ich bin voller Dankbarkeit, dass ich jetzt Werkzeuge in die Hand bekomme. Ich möchte einfach nur glücklich sein.

Epilog

Es ist tatsächlich möglich, auch Verletzungen, deren Ursprung ganz weit zurückliegen, zu überwinden. Es erfordert sehr viel Kraft und benötigt sicherlich auch professionelle Unterstützung. Ich glaube aber, dass es Mut machen kann und neue Kraft gibt, zu wissen, dass es nicht hoffnungslos ist. Ab einem bestimmten Punkt liegt es an uns selbst, das Leben in die Hand zu nehmen und es so zu gestalten, wie wir selbst es wollen. Es ist Chance und auch Pflicht, die Verantwortung für unser Sein und unser Handeln zu übernehmen.

Die Beziehung zu dem Mann aus meiner Geschichte hat noch weitere Höhen und Tiefen durchlebt. Wir haben diese schwere Zeit gemeinsam durchstehen können, doch hatten sich Risse gebildet, die wir mit aller Kraft zu kitten suchten. Egal, was die Zukunft bringt, dieser Mann wird für immer einen besonderen Stellenwert für mich haben und ein wichtiger Teil meiner Geschichte bleiben. Ohne seine unzerstörbare Liebe, seine innere Kraft, seine starken Arme und seine Stabilität hätte ich vielleicht nie die Möglichkeit gehabt, mich so intensiv mit meinen Ängsten zu konfrontieren und neu zu starten. Vielleicht wäre ich auch heute noch auf der Flucht vor mir selbst.
Aus tiefstem Herzen – Danke P.!

Meine Mama und ich, wir sind noch immer im Prozess der Annäherung. Es ist nicht leicht und wird noch dauern, bevor dieser Prozess abgeschlossen werden kann. Vielleicht dauert es ein Leben lang. Doch wir kommen voran und darüber freue ich mich sehr. Erst im Nachhinein habe ich erkannt, welch tolle Person und welch starke Frau sie ist. Obwohl ich sie im Laufe der Geschichte immer als den schwachen Part empfunden habe, weiß ich heute, dass sie es ist, die mir diese unbändige Kraft, den Kampfgeist, den Willen und vor allem das positive Denken mit ins Leben gegeben hat. Ich weiß jetzt, dass sie immer an meiner Seite war, obwohl ich sie so lange nicht spüren konnte.

Zu meinem Papa habe ich seither keinen Kontakt. Es war sehr schmerzhaft, doch heute bin ich im Reinen mit ihm. Ich bin nicht mehr wütend, auch nicht traurig. Ich verstehe jetzt, dass auch er seine Geschichte hinter sich hat, die ihn zu dem gemacht hat, was er ist. Es tut mir leid, wenn jemand nicht die Kraft aufbringen kann, sich seine Schwächen einzugestehen und daran zu arbeiten. Ich wünsche ihm alles Gute!

Ich führe heute ein sehr gutes Leben. Ich habe es geschafft, die Leere aus meinem Herzen verschwinden zu lassen. Ich kann endlich spüren, dass ich nicht alleine bin, dass ich jedoch auch alleine sein kann. Ich genieße das Leben auch in ruhigen Momenten, nehme mir Zeit für mich selbst. Ich habe gelernt, mich selbst zu achten und zu lieben. Mein Körper konnte zur Ruhe kommen, psychosomatische Schmerzen und Ess-störungen gehören seit Jahren der Vergangenheit an. Meine Seele konnte sich erholen; die schmerzhaften, roten Ameisen haben meinen Körper verlassen. Ich fühle mich heute durch meine Vergangenheit sehr stark und stabil, so schnell kann mich nichts mehr aus der Ruhe bringen oder gar aus der Bahn schmeißen. Ich kann sehr viel aus meiner eigenen Erfahrung in meine Arbeit als Sozialpädagogin einbringen und umsetzen. Ich weiß, wie es ist, auf der anderen Seite zu stehen.

Ich habe das erreicht, was mir einst ein Wunsch in weiter Ferne schien: Ich bin angekommen. Angekommen zu Hause und angekommen bei mir selbst. Ich fühle mich gut, ich mag mich und ich bin glücklich.

Meine Freunde, Bekanntschaften, Menschen, die in mei-nem Herzen einen Eindruck hinterlassen, sind für mich das tollste und wertvollste auf der Welt. Ich habe das Glück, immer wieder auf Menschen zu treffen, die mein Leben ungemein bereichern und jetzt kann ich auch erkennen, dass solche Menschen immer schon da waren, auch als ich es nicht sehen konnte. Sie haben mich mein ganzes Leben lang begleitet, mir so viel Unterstützung gegeben. Das Schönste ist, dass ich aufgrund meiner vorhergehenden Unfähigkeit, die Verbindun-gen zu spüren, diese heute viel bewusster und viel intensiver wahrnehmen kann. Ich freue mich ungemein und habe oft das Gefühl, dass ich meine Dankbarkeit, mein Glück, meine Wertschätzung niemals in dem Ausmaß zeigen kann, wie ich es empfinde, es gibt keine Worte dafür. Ich hoffe, dass diejenigen es spüren, auch wenn mir die Worte fehlen.

Ich bin davon überzeugt, dass im Leben alles einen Sinn hat. Man kann ihn oft nicht gleich erkennen, manchmal muss erst viel Zeit vergehen. Doch die Geschichten des Lebens machen uns zu dem, was wir sind. Und jeder Sturz birgt die Möglichkeit, wieder aufzustehen und uns noch viel stärker und reifer werden zu lassen, als wir es zuvor waren. Es öffnet uns die Augen für die wirklich wichtigen Dinge im Leben; kaum etwas wird noch als selbstverständlich angesehen. Ich denke, dass, wenn mein Leben anders verlaufen wäre, ich heute nicht der Mensch wäre, der ich bin. Das wäre schade, ich möchte nicht anders sein. Ich bin froh, dass ich so viele Möglichkeiten hatte und habe, immer wieder an mir zu arbeiten. Dabei gibt es kein Ende, jeder wird immer wieder Schwächen an sich entdecken können. Doch mit den richtigen Werkzeugen zur Hand wird die Schwäche zu einer Stärke, wenn es gelingt, sie richtig einzuordnen, zu verarbeiten und neu anzuwenden.

Ein ganz besonderer Dank geht an:

Neni! Ohne dich wäre ich an so vielen Punkten in meinem Leben verzweifelt. Du warst in all den Jahren oft das erste Argument dafür, dass ich mir einreden konnte, doch nicht ganz alleine zu sein. Ich bin so froh, dass es dich gibt.

Touti! Ich werde im Leben nie genügend Dankbarkeit und Liebe zeigen können für das, was du und deine Familie für mich getan habt. Es lässt sich nicht in Worte fassen. Ich weiß nicht, was ich ohne dich getan hätte. Eine Bindung in Liebe, für immer.

Jasse, ohne dich hätte ich nie begonnen, dieses Buch zu schreiben. Dein ehrliches Feedback, dein Rat und vor allem der Zuspruch waren sehr wichtig und hilfreich für mich im Laufe dieses Prozesses.

Mannu, ohne deinen PC hätte ich auf Papier schreiben müssen und wäre in hundert Jahren noch nicht fertig damit.

An alle meine Freunde, von früher und von heute. Ihr seid die Sonne in meinem Leben!

Stimmen zum Buch

Wenn Sie, geschätzte Leserinnen und Leser, nun am Ende dieses Buches angekommen sind, welches Gefühl bleibt bei Ihnen zurück? Welcher Eindruck hat sich in Ihrem Kopf, in Ihrem Herzen eingebrannt? Wo sind vielleicht auch bei Ihnen Erinnerungen geweckt worden, leid- und schmerzvolle? Oder haben Sie sich bewusst machen können, wie glücklich Sie aufgewachsen sind? Oder mit wie viel Stärke Sie selbst Belastungen in Ihrem Leben überwunden haben? Haben auch Sie Ihre Narben entdeckt, obwohl sie gut verheilt erscheinen?

Die Geschichte, die Sie hier gelesen haben, ist so eindrucksvoll, weil es eine von so vielen ist. Sie ist nicht sensationslüstern, sie heischt nicht nach Aufmerksamkeit und Mitleid. Es ist auch keine Anklageschrift. Vielmehr liefert sie in nüchtern metallener Sprache einen authentischen Einblick in die Gefühls- und Lebenswelt eines kleinen Mädchens, das in seinem Leben die Erfahrungen von Gewalt und emotionalem Missbrauch ertragen und verarbeiten musste. Dabei werden die Wünsche, Gedanken, die Vorstellungen, die Erwartungen ebenso vor uns vertrauensvoll ausgebreitet, wie die unmittelbaren Auswirkungen und Spätfolgen der beschriebenen Erlebnisse. Wir wissen heute, dass Gewalterfahrungen biologische Narben hinterlassen, nicht nur seelische. Und aus der neueren Hirnforschung mussten wir erkennen, dass Schmerzen, die anderen zugefügt werden, unser eigenes Schmerzzentrum aktivieren, gerade so, als ob wir sie selbst erleben würden. Wenn wir von Gewalt an Kindern reden, geht es nicht nur um jene traurigen und erschütternden Berichte, die wir in den Medien verfolgen können, sondern auch um jene sogenannten „geringgradigen Misshandlungen" von der Ohrfeige bis zum Klaps auf den Po.

Es gibt keinen Grund und auch keine Rechtfertigung dafür, die Hand gegen ein Kind zu erheben! Es gibt keine „gesunde Watschn" und darf auch keinen „respektvollen Schlag auf den Po" geben. **Wer liebt, der züchtigt eben nicht!**

Welche Spuren Gewalt hinterlässt, finden wir in den Krankengeschichten jener Menschen, die sich mutig in psychotherapeutische Behandlung begeben und die Scham ablegen, über Ungeheuerliches und Leidvolles zu reden. Ob es sich dann letztlich um depressive Störungen, um psychosomatische Beschwerden unterschiedlichster Art, um selbstverletzendes Verhalten, um sogenannte Persönlichkeitsstörungen und anderes mehr handelt, mag durchaus auch noch von weiteren Faktoren abhängen. Die erlebten körperlichen, seelischen Verletzungen und Kränkungen machen jedoch einen zentralen Teil aus. Kinder sind sensible Beobachter. Sie stehen oft vor der Frage: „Warum machen meine Mutter, mein Vater, meine Großeltern das mit mir, wo sie mich doch so lieben und ich sie auch?"

Für sehr viele Menschen ist die Geschichte der eigenen Kindheit auch heute noch eine Geschichte der Gewalt! Für Menschen, die mit einem suchtkranken oder auch psychisch kranken Elternteil aufgewachsen sind, gilt dies besonders. Dies bedeutet, dass nicht nur die betroffenen Eltern unsere frühzeitige Hilfestellung und Unterstützung brauchen, sondern vor allem auch die Kinder in diesen Familien.

Es liegt an uns, ob wir weiter wegschauen wollen und uns damit beruhigen, dass ja nicht wirklich Schlimmes passiert sei. Es liegt auch an uns, die hohe „soziale Vererbung" von Gewaltbereitschaft von Generation zu Generation zum wichtigen Präventionsziel zu machen. Dazu bedarf es allerdings eines Rechts- bzw. neuen Unrechtsbewusstseins und einer generellen Einstellungsänderung gegenüber Gewalt in der Erziehung. Es bedarf unserer Bereitschaft, auch die notwendigen Finanzen zu investieren, es bedarf natürlich der Zusammenarbeit der verschiedensten Berufsgruppen und des politischen Willens.

Und es bedarf dieses Buches!

Dr. Helmut Zingerle
Direktor des Therapiezentrums Bad Bachgart

*

Art. 19 der UN-Kinderrechtskonvention: „Jedes Kind hat das Recht auf Schutz vor Vernachlässigung und Gewalt".

Vor mir sitzt eine junge Frau, und während ich ihren Worten lausche, sortiere ich bereits meine Gedanken für den Text, den ich verspreche, für ihr Buch zu schreiben. Ich bin erstaunt, mit welcher Energie diese Frau ihre als Kind erlebte Ohnmacht gegen die Gewaltausbrüche ihres Vaters umdreht und sich die Macht über ihr Leben zurückholt und dadurch die Kraft erlangt, ihr Leben zu meistern, ein Buch zu schreiben und Menschen für ihre Präventionskampagne zu gewinnen

Hinschauen, Zeichen sehen und eingreifen lautet der Aufruf ihres Buches, welches ihre eigene Geschichte erzählt. Sie möchte mit ihrer Präventionskampagne Menschen wachrütteln, darauf hinweisen, dass auch in unserem Land immer noch Eltern leben, welche nicht gelernt haben, für eigene Bedürfnisse zu sorgen, Erlebtes aufzuarbeiten, und die ihre Unfähigkeit äußern, indem sie ihren Kindern psychische und physische Gewalt zufügen. Nicht beachtend, was dies mit zarten Kinderseelen macht und dass ihre Kinder keine Chance haben, diesen Kreislauf zu unterbrechen und auszusteigen und noch viel mehr, dass diese Kinder sie vielfach dennoch lieben, einfach weil sie ihre Eltern sind. Sie weist uns darauf hin, dass Gewalt im Kinderzimmer keine Privatangelegenheit ist, dass auch Kinder eigenständige Menschen sind und dass kein Elternteil dieser Welt das Recht hat, seine eigenen Kinder bewusst zu verletzen.

Monika Habicher will jeden Einzelnen von uns ermutigen, aufzustehen, den zerstörerischen Kreislauf in Familien zu unterbrechen und vor allem Kinder ganz nach dem so wichtigen Art. 19 der UN-Kinderrechtskonvention: „Jedes Kind hat das Recht auf Schutz vor Vernachlässigung und Gewalt" zu schützen und ihnen so frühzeitig die Möglichkeit zu bieten, Erlebtes aufzuarbeiten und dadurch ihre eigene Stärke wiederzufinden.

Dr. Vera Nicolussi-Leck

Wie viele Kinder erleben Gewalt in ihrer Familie?

Exakte Zahlen dazu gibt es nicht. Denn viel zu oft bleibt das Leid unbemerkt - das Kind selbst lernt, dass es nicht darüber sprechen darf. Unsere Definition von Gewalt hindert uns oft ebenso daran, diese überhaupt als solche wahrzunehmen. Nein, Gewalt bedeutet nicht nur, körperlich angegriffen zu werden! Gewalt läuft sehr häufig auf psychischer und emotionaler Ebene ab. Auch Vernachlässigung ist Gewalt. Das Kind traumatischen Erfahrungen aussetzen, es nicht zu schützen, das ist ebenso Gewalt. Gewalt hat unzählige Gesichter.
Exakte Zahlen können wir nicht nennen. Doch Fakt ist, dass jedes Kind, das Gewalt erfahren muss, ein Kind zu viel ist!

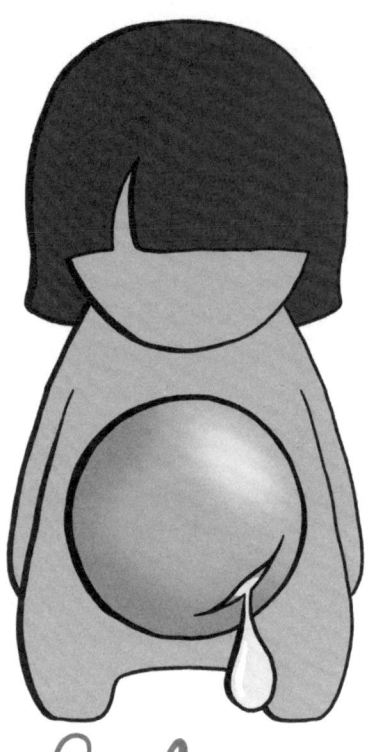

Meine-Seele-weint.it

Verstummten Kindern Stimme geben

Gerne unterstützen wir
dieses Projekt und wünschen
der Autorin Monika Hobischer
Gutes Gelingen.
Franz Inderst

inderst
landhandel

Ideen für Hof, Haus und Garten

Liebe Moni,
dein Projekt liegt uns
am Herzen und deshalb
unterstützen wir dich gerne,
damit in Zukunft Kinderseelen
nicht mehr weinen müssen.

Happm pappm